数智财经·产教融合系列教材

财务软件实训教程

（用友U8+V15.0版）

龙　飞　占慧莲　主　编
熊　燕　张　琴　王兴芝　副主编

立信会计出版社
LIXIN ACCOUNTING PUBLISHING HOUSE

图书在版编目(CIP)数据

财务软件实训教程:用友 U8＋V15.0 版/龙飞,占慧
莲主编. --上海:立信会计出版社,2025.7. --(数
智财经·产教融合系列教材). -- ISBN 978-7-5429-7969-
8

Ⅰ. F232

中国国家版本馆 CIP 数据核字第 2025H8A463 号

策划编辑　　　陈　旻
责任编辑　　　陈　旻
美术编辑　　　吴博闻

财务软件实训教程(用友 U8＋V15.0 版)

出版发行	立信会计出版社			
地　　址	上海市中山西路 2230 号		邮政编码	200235
电　　话	(021)64411389		传　　真	(021)64411325
网　　址	www.lixinaph.com		电子邮箱	lixinaph2019@126.com
网上书店	http://lixin.jd.com		http://lxkjcbs.tmall.com	
经　　销	各地新华书店			
印　　刷	常熟市人民印刷有限公司			
开　　本	787 毫米×1092 毫米　　　1/16			
印　　张	17.25			
字　　数	432 千字			
版　　次	2025 年 7 月第 1 版			
印　　次	2025 年 7 月第 1 次			
书　　号	ISBN 978-7-5429-7969-8/F			
定　　价	42.00 元			

如有印订差错,请与本社联系调换

前　言

党的二十大报告强调"加快建设数字中国",指出"高质量发展是全面建设社会主义现代化国家的首要任务"。会计信息化作为企业数字化转型的核心引擎,不仅是提升企业管理效能的关键手段,而且是服务国家战略、筑牢经济安全防线的重要基石。在数字经济时代,培养既精通技术又坚守职业信仰的会计人才,是落实立德树人的根本任务。

根据财税新规定和会计信息化工作新场景的要求,我们编写了本书。本书主要以用友"U8＋V15.0"为平台,将思政元素融入实训设计,在引导学生掌握财务软件操作技能的同时,深刻理解会计信息化的社会价值与国家使命。

全书以企业业务流程为主线,通过模块化实验体系培养学生业财融合地处理会计业务的能力。本书构建了基础管理、财务管理、供应链管理和 NC 财务四大模块,涵盖 13 个知识单元、39 个实验项目。其中,基础管理模块涵盖系统管理和基础设置等信息化环境;财务管理模块集成总账、报表、薪资、固定资产、应收款和应付款等核心财务系统应用;供应链管理模块贯通采购、销售、库存和存货等业务财务一体化流程;NC 财务模块拓展用友 NC 系统多组织协同管理能力。

本书通俗易懂、易于操作。实验要求具体明确,实用性强;实验资料完整统一,连续性强;实验指导图文并茂,步骤详尽、难点突出、可操作性强。本书的实验项目是根据会计工作规律和财务软件的特点精心设计的,既相互联系又自成一体。教师可以依据学生的层次和专业要求,设计不同的教学实验方案,完成不同的教学目标。学生也可以根据自己的操作进度和兴趣,在课余时间按照实验指导进行自学。另外,本书提供了丰富的电子资源,教师和学生可向立信会计出版社索取。

本书既可以作为高等学校会计专业"会计信息系统"课程和"财务管理软件"课程专用教材,又可以作为自学人员和经济管理从业人员自学用书。

本书由龙飞、占慧莲担任主编,熊燕、张琴和王兴芝担任副主编。占慧莲编写第二和第六章,龙飞编写第三、第十一和第十二章,熊燕编写第一、第八和第九章,张琴编写第七和第十章,王兴芝编写第四、第五和第十三章。

本书的编写主要由龙飞和占慧莲负责,并进行了试用。

由于编者水平有限,书中若有不足之处,敬请读者批评指正,以便我们不断改进和完善。

编　者

2025 年 7 月

目 录

第一篇 基 础 管 理

第一章 系统管理 ·· 3

实验一 设置角色和用户 ··························· 4

实验二 建立新账套 ······························· 8

实验三 用户权限设置 ···························· 14

实验四 系统运行监控与账套管理 ············· 19

第二章 基础设置 ··· 23

实验一 系统启用 ································· 24

实验二 基础档案录入 ···························· 26

第二篇 财 务 管 理

第三章 总账系统 ··· 49

实验一 总账系统初始设置 ······················ 51

实验二 凭证处理 ································· 64

实验三 出纳管理 ································· 72

实验四 账表查询 ································· 79

实验五 期末处理 ································· 83

第四章 报表系统 ··· 93

实验一 报表格式设计 ···························· 94

实验二 报表数据处理 ···························· 100

实验三 报表模板的运用 ·························· 101

第五章　薪资系统 ···································· 106
　实验一　薪资系统初始设置 ···················· 107
　实验二　薪资业务处理 ························ 121
　实验三　薪资数据统计分析 ···················· 128

第六章　固定资产系统 ································ 130
　实验一　固定资产系统初始设置 ·················· 131
　实验二　固定资产系统的日常业务处理 ·············· 140
　实验三　固定资产系统期末处理 ·················· 144

第七章　应收款系统 ································ 149
　实验一　应收款系统初始设置 ···················· 151
　实验二　日常业务处理 ························ 161
　实验三　单据查询及账表管理 ···················· 173
　实验四　期末业务处理 ························ 175

第八章　应付款系统 ································ 177
　实验一　应付款系统初始设置 ···················· 178
　实验二　应付款系统的日常业务处理 ·············· 187
　实验三　账表管理与期末处理 ···················· 199

第三篇　供应链管理

第九章　采购系统 ································ 205
　实验一　采购系统初始设置 ···················· 206
　实验二　采购系统日常业务处理 ·················· 209
　实验三　月末结账与报表查询 ···················· 217

第十章　销售系统 ································ 218
　实验一　销售系统初始设置 ···················· 219
　实验二　销售系统日常业务处理 ·················· 224
　实验三　月末结账与报表查询 ···················· 232

第十一章 库存系统 ·· 236

  实验一 库存系统初始设置 ·································· 237

  实验二 库存系统日常业务处理 ······················ 238

  实验三 账表管理和期末处理 ·························· 243

第十二章 存货系统 ·· 244

  实验一 存货系统初始设置 ·································· 245

  实验二 存货系统日常业务处理 ······················ 246

  实验三 账簿查询和月末处理 ·························· 247

第四篇 NC 财 务

第十三章 用友 NC 系统 ·································· 251

  第一节 用友 NC 系统概述 ································ 251

  第二节 客户化 ·· 252

  第三节 总账系统 ·· 260

  第四节 报表系统 ·· 261

参考文献 ·· 265

第一篇
基 础 管 理

第一章　系　统　管　理

 学习目标

知识目标：了解系统管理的主要功能；明确账套库管理、系统安全维护的内容；掌握系统管理员和账套主管的应用流程；掌握账套管理、用户及权限管理。

能力目标：能结合企业实际，进行建立账套、设置用户及权限分配；进行账套输出和引入等操作。

思政目标：培养学生数据安全意识与责任担当；理解系统权限管理对国家信息安全的重要性；践行爱岗敬业的职业操守。

 概述

1. 功能概述

系统管理模块主要是对账套进行建立、修改、删除和备份，对角色和用户的建立、权限的分配等进行集中管理。系统管理的使用对象为企业的信息管理人员（即系统管理员 admin）、安全管理人员（即安全管理员 sadmin）以及账套主管。

2. 应用流程

新用户操作流程，如图 1-1 所示。

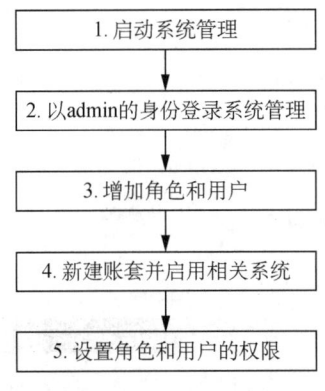

图 1-1　新用户操作流程

实验一 设置角色和用户

一、实验要求

1. 以 admin 身份进行系统注册
2. 根据实验资料设置角色和用户相关信息

二、实验资料

设置角色和用户，如表 1-1 所示。

表 1-1   **角色和用户**

角色设置	角色编码	用户名	用户编码	口令（可省略）
账套主管	DATA-MANAGER	钱明	001	1
会计	OPER-FI-0003	汪兰	002	2
出纳	OPER-FI-0031	李萍	003	3
应收会计	OPER-FI-0011	吴永斌	004	4
应付会计	OPER-FI-0012	叶丽	005	5

注：1. 角色库中已经存在的角色无需再设置，直接选用即可；
　　2. 角色编码和用户编码具有唯一性。

三、实验指导

1. 系统注册

首次登录系统，以系统管理员(admin)的身份在"系统管理"功能中完成。具体操作步骤如下：

（1）单击"开始"按钮，依次指向"程序"|"新道 U8"|"系统服务"|"系统管理"（或者直接在桌面上点击"系统管理"图标），打开"系统管理"窗口。

（2）在"系统管理"窗口中，单击"系统"|"注册"，出现"注册系统管理"对话框，如图 1-2 所示。

图 1-2 "注册系统管理"对话框

（3）在"注册系统管理"对话框中，可以看到操作员为"admin"，无密码，单击"确定"按钮。此时在"系统管理"界面的左下角可以看到操作员为"admin"，以及注册的子系统、注册站点和注册信息等内容，表示系统注册成功，如图1-3所示。

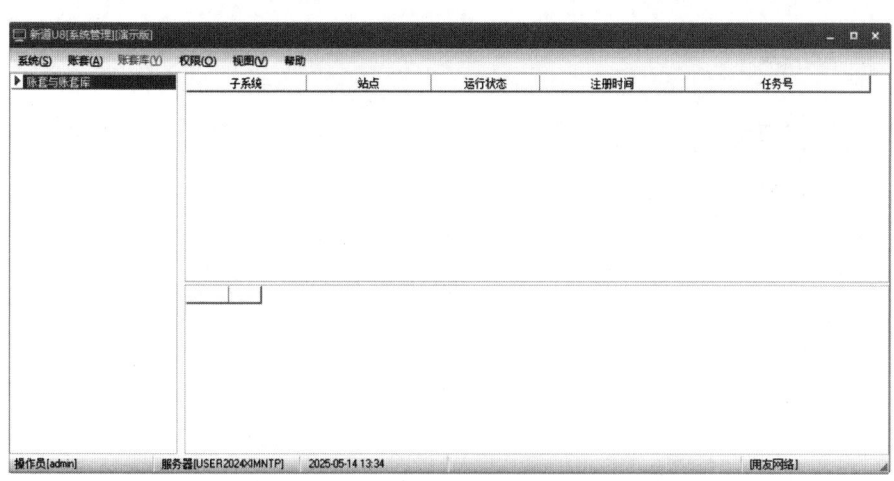

图1-3 "系统管理"界面

系统管理员（admin）无预设口令，即系统管理员的初始口令为空。实际工作中应及时为系统管理员加设口令，以确保系统安全。在学习演练过程中，由于多人共用一套系统，为了避免他人不知道系统管理员口令而无法以系统管理员的身份进入系统管理功能的情况出现，建议学习过程中不为系统管理员加设口令。

2. 设置角色和用户（操作员）

角色是指在企业管理中拥有某一类职能的组织或个人。在实际工作中，我们可以依照手工账务处理的惯例，根据企业的业务量设置不同的角色。一般来说，规模较小的企业可以只设会计和出纳（注意：会计与出纳不能同为一人）；如果企业规模较大，业务量多，我们还可具体分设总账会计、成本会计、工资会计、现金出纳、银行出纳等角色。在设置角色之后，我们就可以根据每个角色的分工不同，设置各个角色的权限。这样，把某一用户归属于某一类角色时，则其相应地拥有了该角色的权限。建立角色的目的，就是对每一个系统用户根据其职能分工统一进行权限的划分。

角色一般是依各工作岗位设置，如采购业务员、销售业务员、化验员和质量检验员等。角色管理包括角色的增加、修改和删除等。其具体操作步骤如下：

（1）以系统管理员的身份注册进入系统管理，单击"权限"|"角色"，进入"角色管理"窗口。

（2）单击"增加"按钮，打开"角色详细情况"对话框，输入角色编码和角色名称，在备选用户名称中可以选中归属角色的用户，添加到"已选用户"列表，单击"增加"按钮，保存新增设置，如图1-4所示。

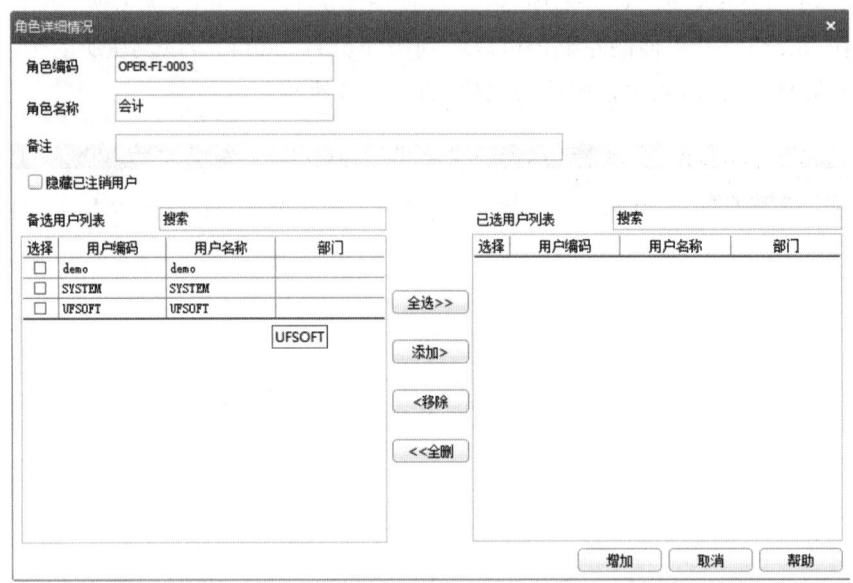

图 1-4 "角色详细情况"对话框

(3) 单击"修改"按钮,可以修改角色信息(注意:除角色编码不能修改外,其他信息均可修改)。

(4) 单击"删除"按钮,用户确认后即可进行删除(注意:如果该角色有所属用户,则不允许删除,若非要进行删除,则必须先进行修改,将所属用户置于非选中状态,然后才能进行该角色的删除)。

用户是有权登录系统对账套进行操作的人员,即某一个具体的系统操作员,也就是通常所说的"操作员"。在前面已经对角色进行了设置,那么用户与角色有何区别呢?简单地说,角色的设置是传统意义上企业根据不同工作岗位所进行的工种设置,而用户是针对财务软件系统而设置的某个具体操作员。在设置角色后,可定义角色的权限,如果将某个用户归属于该类角色,则该用户相应具有了该角色的权限,也可以直接对各个用户按不同的权限进行分别授权。用户和角色的设置不分先后顺序,但如果希望将角色的权限自动传递到用户上,则应先设定角色并对其分配权限,再对用户进行设置,将设置好的用户选择归属于该角色,则其自动得到该角色的权限。一个角色可以拥有多个用户,一个用户也可以分属不同角色。用户设置的具体操作步骤如下:

(1) 以系统管理员的身份注册进入系统管理,单击"权限"|"用户"进入"用户管理"窗口。

(2) 单击"增加"按钮,进入"操作员详细情况"对话框,输入有关用户信息,如用户编号、姓名、口令、所属部门等,并选中所属角色。单击"新增"按钮,保存其新增设置(注意:用户编号、姓名必须输入,其他则可根据实际需要进行填写或者为空),如图 1-5 所示。

(3) 依次录入编号"001"、姓名"钱明"、口令"1"并确认口令、所属部门"财务部",单击"账套主管"前复选框,选中"钱明"为账套主管。单击"增加"按钮,按此方法依次设置汪兰、李萍等其他操作员,如图 1-6 所示。

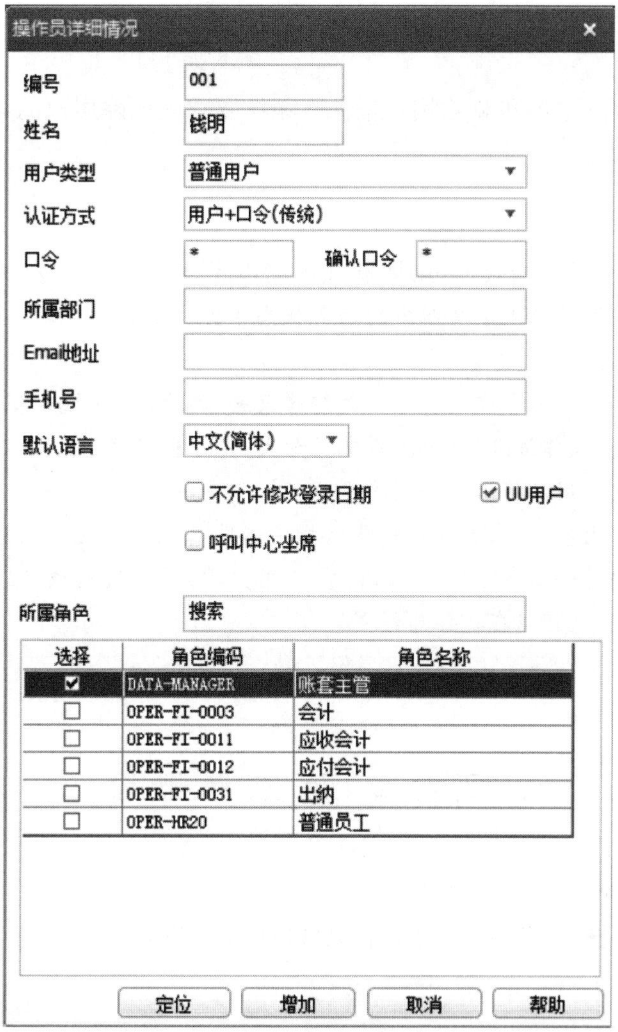

图 1-5 "操作员详细情况"对话框

图 1-6 "用户管理"界面

（4）单击"修改"按钮，可以进行用户信息的修改。如需暂停使用该用户，可单击"注销当前用户"按钮。

（5）单击"删除"按钮，可删除用户信息。系统要求先删除用户的角色信息（注意：已启用的用户不能删除）。

特别提示

（1）只有系统管理员（admin）才有权在"系统管理"中设置用户。

（2）用户设置是在用户功能中的增加状态下完成的，每增加一位用户后，单击"增加"按钮即可保存。

（3）用户编码是不允许重复也不允许修改的，因此，在多人共用一套系统进行练习时，可以自行设置操作员编码（操作员编码最大为 10 位数字）。

（4）用户被启用后将不允许删除。

（5）初次使用本系统，需要在建账时指定本账套的账套主管，因此，担任本账套的账套主管的操作员必须在"权限"|"用户"|"用户管理"中进行设置。其他的操作员可以在建账前设置，也可以在建账后设置。

实 验 二　建 立 新 账 套

一、实验要求

根据实验资料建立新账套（暂不进行系统启用的设置）。

二、实验资料

1. 账套信息

账套号：一位数的班级号加上两位数的学号；

账套名称：博科电器有限公司；

备份路径：默认路径；

启用会计期：20××年 12 月；

会计期间设置：1 月 1 日至 12 月 31 日。

2. 单位信息

单位名称：博科电器有限公司；

单位简称：博科公司；

单位地址：北京市海淀区 118 号；

法人代表：何纯；

邮政编码：100888；

联系电话：010-1008888；

税号：110433252811557。

3. 核算类型

该企业的记账本位币：人民币（RMB）；

企业类型：工业；

行业性质：2007 年新会计准则科目，并按行业性质预置科目；

账套主管：钱明。

4. 基础信息

该企业无外币核算；进行经济业务处理时，需要对存货、客户、供应商进行分类。

5. 分类编码方案

科目编码级次：42222；

客户分类编码级次：12；

供应商分类编码级次：12；

存货分类编码级次：12；

部门编码级次：12；

地区分类编码级次：12；

收发类别编码级次：122；

结算方式编码级次：12。

6. 数据精度

该企业将存货数量、单价小数位定为 2。

三、实验指导

建立账套应由系统管理员（admin）在"系统管理"功能中完成，包括设置账套信息、单位信息、核算类型、基础信息以及确定分类编码方案和数据精度。具体操作步骤如下：

（1）在"系统管理"窗口中，单击"账套"｜"建立"，打开"建账方式"对话框，选择"新建空白账套"，如图 1-7 所示。

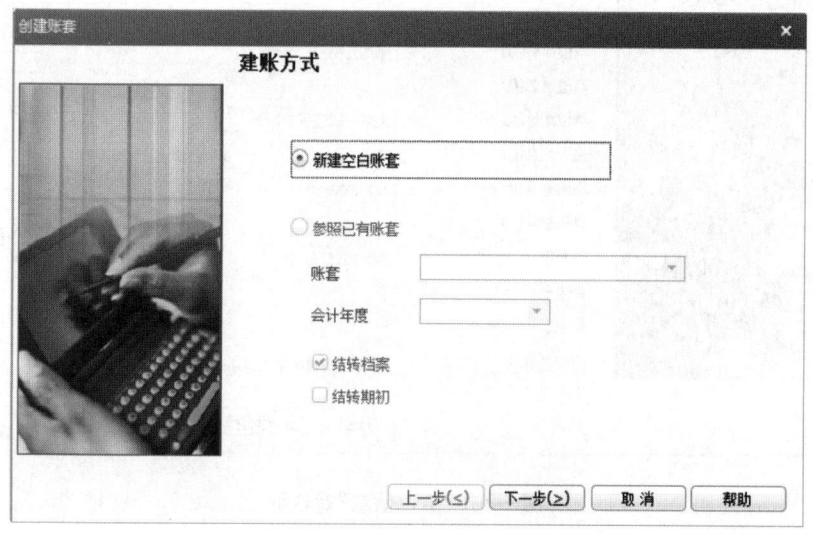

图 1-7 "建账方式"对话框

（2）单击"下一步"按钮，打开"账套信息"对话框，如图 1-8 所示，录入账套号、账套名称、账套路径以及启用会计期。

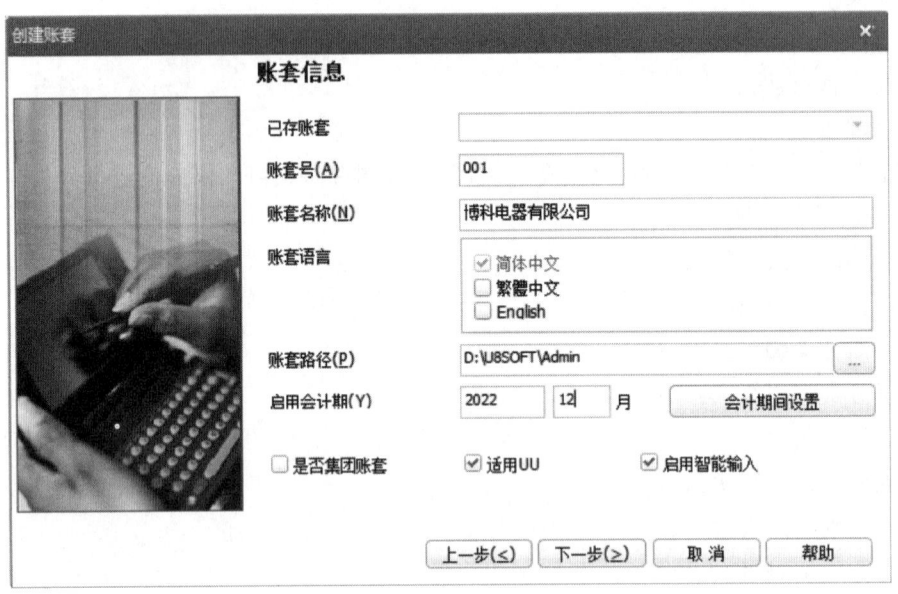

图 1-8 "账套信息"对话框

（3）单击"下一步"按钮，打开"单位信息"对话框，录入单位信息，如单位名称、单位简称、单位地址、法人代表、邮政编码、联系电话、传真、税号等，如图 1-9 所示。

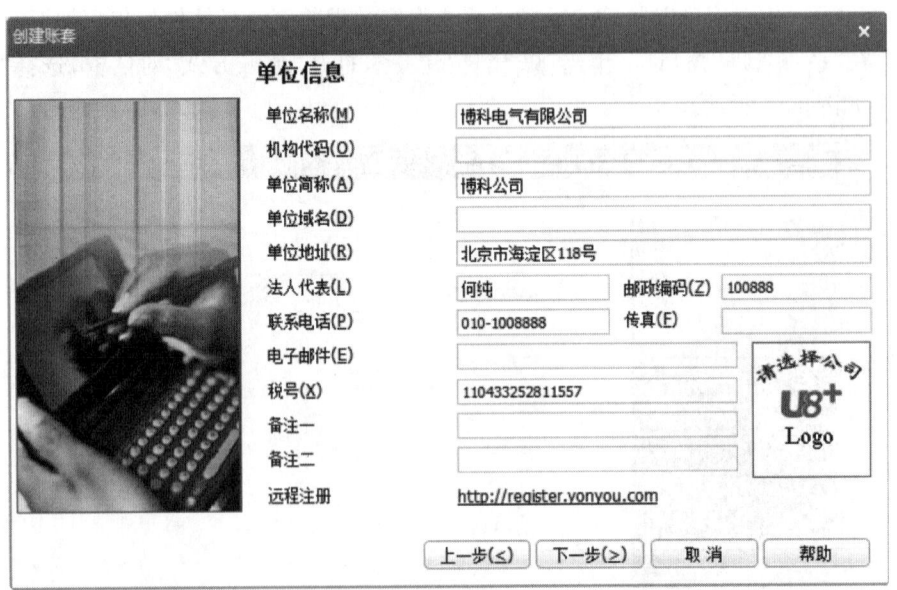

图 1-9 "单位信息"对话框

（4）单击"下一步"按钮，打开"核算类型"对话框。输入所选择的核算类型，包括本币代码、本币名称、企业类型、行业性质，点击"账套主管"的选择按钮，选中"按行业性质预置科目"复选框，如图1-10所示。

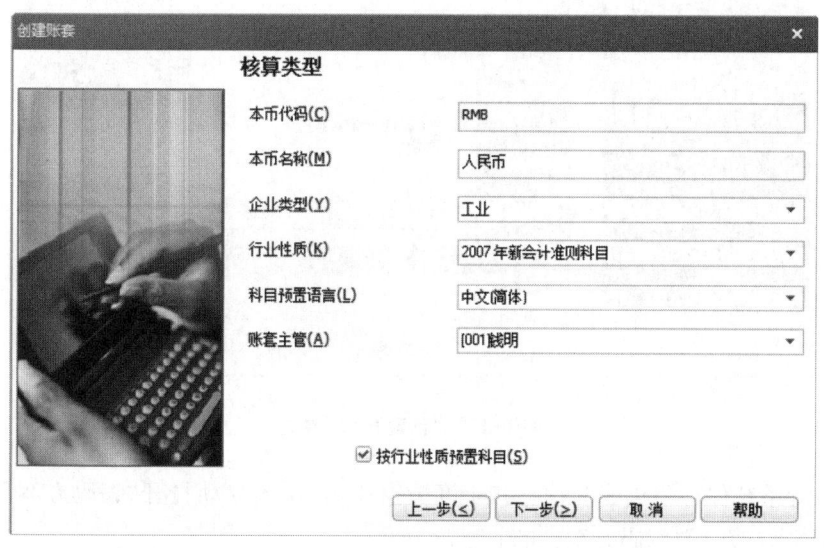

图1-10 "核算类型"对话框

（5）单击"下一步"按钮，打开"基础信息"对话框，按资料确定是否选中"存货是否分类""客户是否分类""供应商是否分类""有无外币核算"的复选框，如图1-11所示。

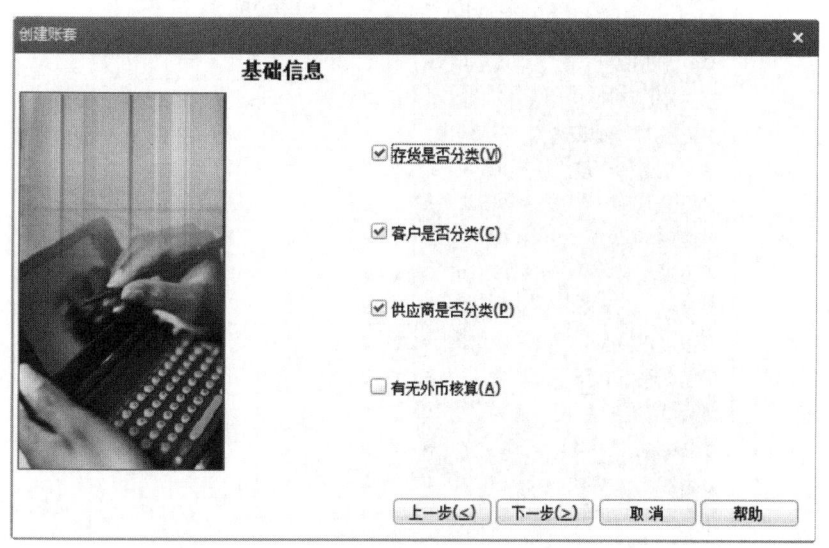

图1-11 "基本信息"对话框

（6）单击"完成"后，系统提示"可以创建账套了么?"，单击"创建账套"对话框中的"是"按钮，系统开始建立账套，如图1-12所示。建成后，单击"完成"按钮。

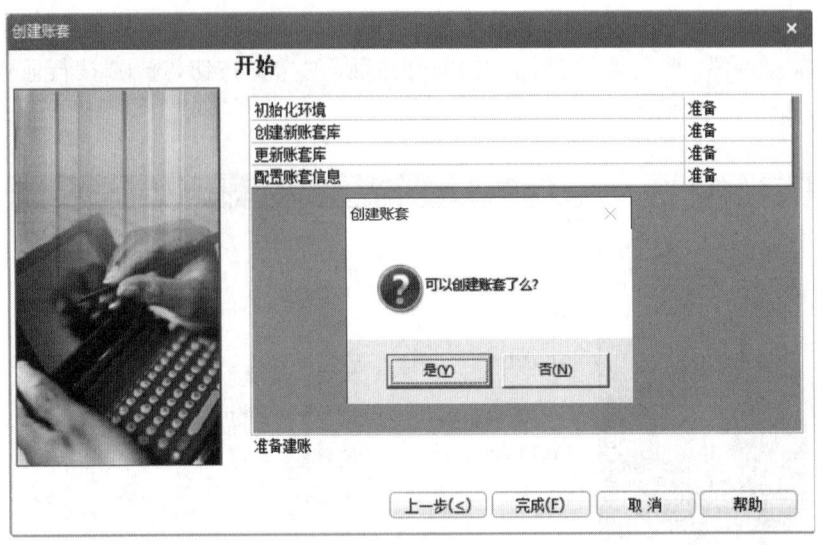

图 1-12 "创建账套"界面

（7）等待系统保存妥当账套信息和年度数据库后，系统自动打开"编码方案"对话框，按实际账务资料修改分类编码方案，如图 1-13 所示。

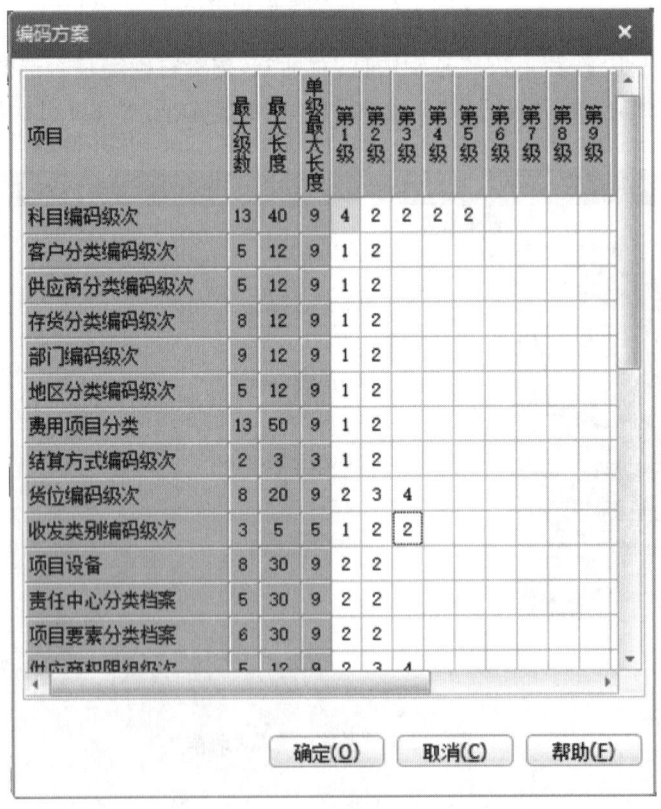

项目	最大级数	最大长度	单级最大长度	第1级	第2级	第3级	第4级	第5级	第6级	第7级	第8级	第9级
科目编码级次	13	40	9	4	2	2	2	2				
客户分类编码级次	5	12	9	1	2							
供应商分类编码级次	5	12	9	1	2							
存货分类编码级次	8	12	9	1	2							
部门编码级次	9	12	9	1	2							
地区分类编码级次	5	12	9	1	2							
费用项目分类	13	50	9	2	2							
结算方式编码级次	2	3	3	1	2							
货位编码级次	8	20	9	2	3	4						
收发类别编码级次	3	5	5	1	2	2						
项目设备	8	30	9	2	2							
责任中心分类档案	5	30	9	2	2							
项目要素分类档案	6	30	9	2	2							
供应商扣阻组级次	5	12	9	2	3	4						

图 1-13 "编码方案"对话框

（8）单击"确定"按钮进入"数据精度"对话框，按实际账务资料修改系统默认的数据精度设置方案，如图 1-14 所示。单击"确定"后，出现"正在建立账套信息和年度数据库，请等待"的提示对话框。

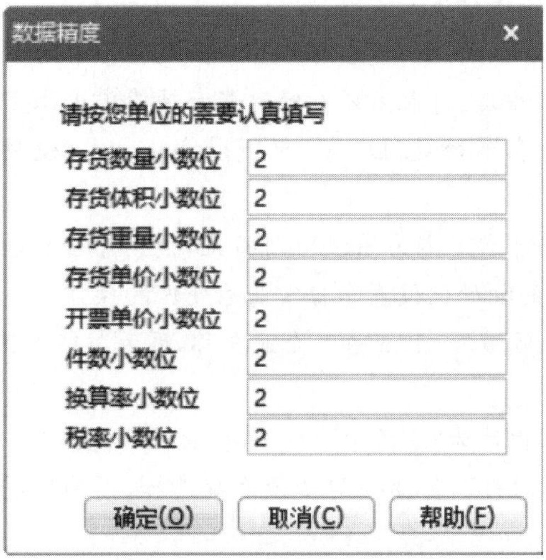

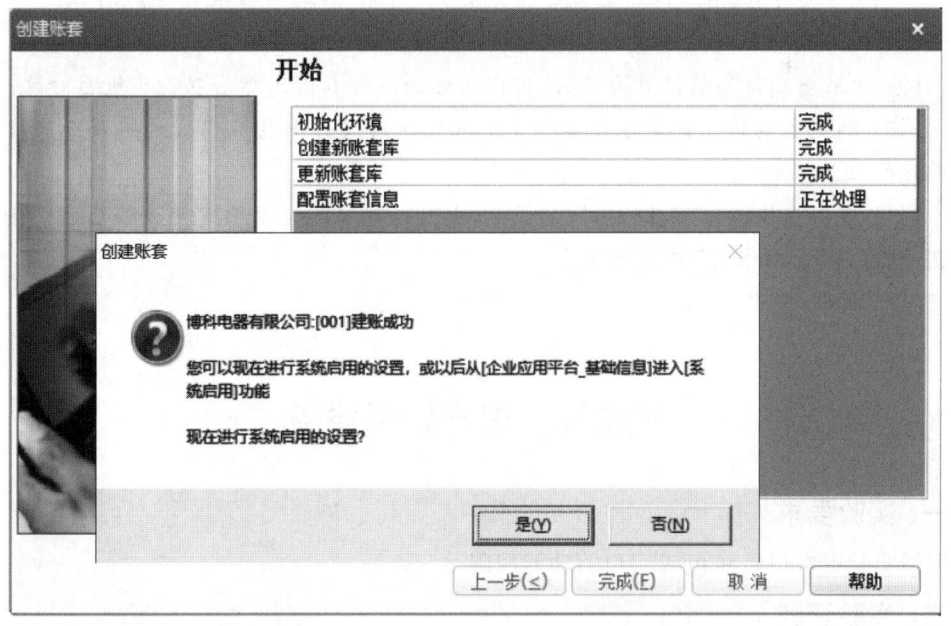

图 1-14　"数据精度"对话框

（9）建账完成，系统出现"现在进行系统启用的设置？"提示对话框，如图 1-15 所示。点击"否"按钮，之后在需要的时候在"企业应用平台"的"基础信息"中进行设置。

图 1-15　"系统启用"的提示对话框

特别提示

（1）账套号用以标示该账套，设置为三位数字。账套号不允许与已存账套的账套号重复，并且一旦设置好账套号后不允许再进行修改。如果所设置的账套号与已存账套的账套号重复，则无法进行下一步操作。

（2）账套名称用以标示该账套，它与账套号一起显示在系统正在运行的屏幕左下角。账套名称可以自行设定，并且可以在修改账套功能中由账套主管进行修改。

（3）系统默认的账套路径是"D:\U8SOFT\Admin"。使用时可按实际需要进行修改。

（4）系统默认的会计启用期为系统当前日期，使用中应根据实际账务资料进行修改，否则会影响到系统的初始化设置和日常业务处理的操作。

（5）"单位名称"必须填写，且应录入企业全称，因为打印发票时必须调用单位名称的全称。

（6）系统默认的本位币为"人民币"，代码为"RMB"；企业类型为"工业"；行业性质为"2007年新会计准则科目"，行业性质必须准确选择，因为它将决定系统预设的会计科目的类型。

（7）选择账套主管时，其操作员必须是在用户设置中已经设有的，如果要作为账套主管的操作员还未设置，则应在用户设置中先补充设好后，再建立账套；或者可以先任意选择一个操作员为该账套的账套主管，完成了账套的建立后，再到权限设置中进行修改。

（8）是否对存货、客户及供应商进行分类会直接影响到其档案的设置；有无外币核算将会影响到基础信息的设置及日常业务的处理。

（9）如果基础信息的设置有错误，可以由账套主管在修改账套功能中进行修改。

（10）编码方案的设置将会直接影响到基础信息设置中相应内容的编码级次及每级编码的位长。

（11）可以直接进行"系统启用"的设置，也可以单击"否"结束建账过程后，在"企业应用平台"的"基础信息"中进行设置。

实验三　用户权限设置

一、实验要求

根据实验资料设置角色或用户的功能权限。

二、实验资料

设置角色或用户的权限，如表1-2所示。

表 1-2 角色或用户权限

角色	用户	权限
账套主管	钱明	具有系统所有模块的全部权限
会计	汪兰	公用目录设置、总账管理（除了出纳、出纳签字权限）、应收账款、应付账款、薪资管理、固定资产管理的所有权限
出纳	李萍	总账管理（只有出纳、出纳签字权限）、库存管理和存货核算的所有权限
应收会计	吴永斌	公用目录设置、应收款管理、销售管理的所有权限
应付会计	叶丽	公用目录设置、应付款管理、采购管理的所有权限

三、实验指导

随着企业管理的纵深发展，财务软件系统提供的权限管理也更为精细，除了对用户提供各模块的操作权限，还相应地提供了金额级权限的管理和对数据的字段级和记录级的控制，三者灵活组合，使权限设置更灵活，更能贴合企业的实际需要。用友系统提供三个层次的权限管理。

1. 功能权限管理

功能权限管理主要是提供各功能模块相关业务的查看和分配权限。例如，对总账会计××赋予总账子系统的全部功能；对出纳××赋予出纳子系统的全部功能。功能权限设置的具体操作步骤如下：

（1）以系统管理员的身份注册进入"系统管理"，单击"权限"|"权限"，打开"操作员权限"对话框，依次角色和对各操作员按所给权限进行设置。

（2）在设置用户时，直接指定所设操作员的角色，如钱明的角色为"账套主管"、汪兰的角色为"会计"、李萍的角色为"出纳"。系统已经对已预设的角色授予了相应的权限，因此，如果在设置操作员时已经指定了相应的角色，则其就已经拥有了该角色的所有权限。如果是设置账套主管，可从左侧的"操作员列表"中选择操作员，从"账套"下拉列表中选择要进行设置的账套，单击选中"账套主管"复选框，确定系统提示信息"是"，则设置该操作员为该账套的账套主管，如图 1-16 所示。

（3）如果用户所拥有的权限与其角色的权限不完全相同，可从左侧的"操作员列表"中选择操作员，单击"修改"，进入"增加和调整权限"窗口，该窗口提供了 22 个子系统的功能权限的分配，单击相应功能前复选框，即将该权限分配给当前用户，如图 1-17 所示。

2. 数据级权限管理

该权限包括两个方面的内容：一是对字段级权限的控制；二是对记录级权限的控制。例如，对工资会计××的权限设定只能操作有关含有"工资"字段的凭证，或是设定××操作员只能录入、查询某一种凭证类别的凭证。具体操作步骤如下：

（1）进入"企业应用平台"|"业务导航"|"系统服务"|"权限"|"数据权限控制设置"，打开"数据权限控制设置"对话框。

（2）点击"记录级"或"字段级"按钮，选择相应的业务对象，如"科目""工资权限"，如图 1-18 所示，点击"确定"后返回。

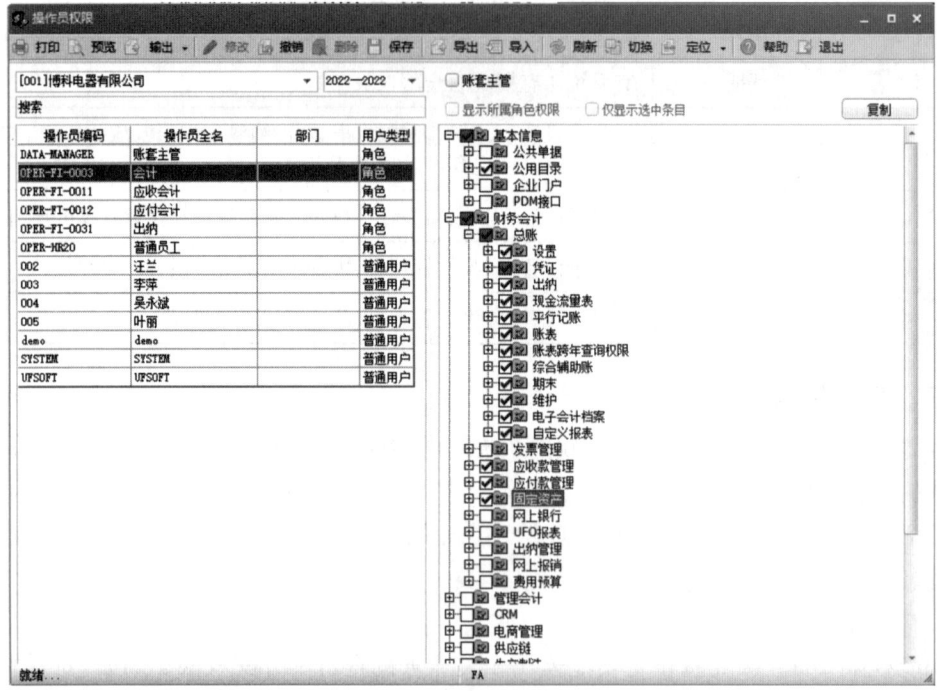

图 1-16 "角色权限"的设置

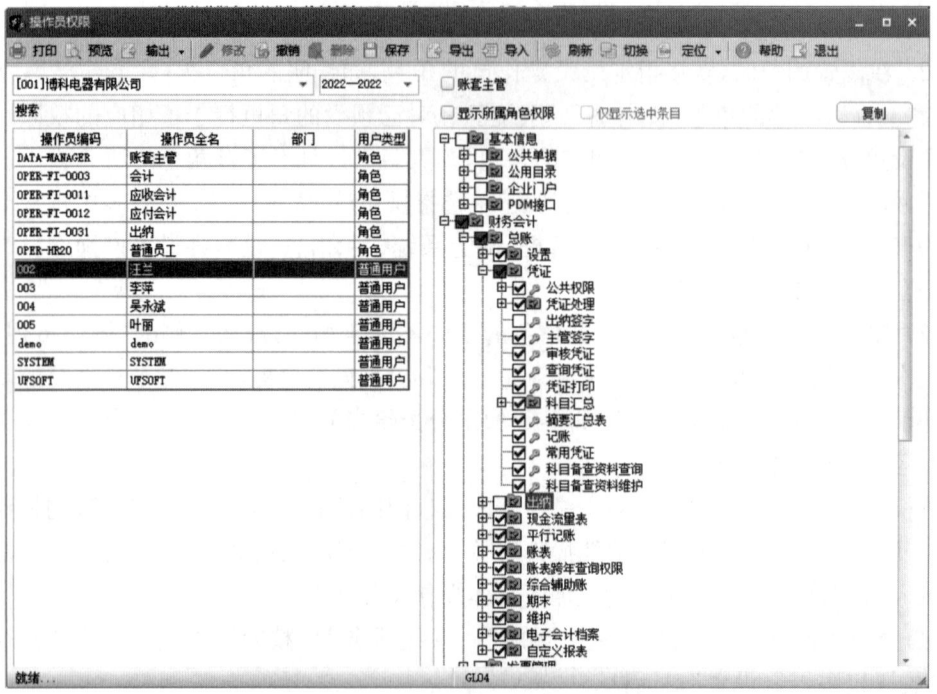

图 1-17 "增加和调整权限"窗口

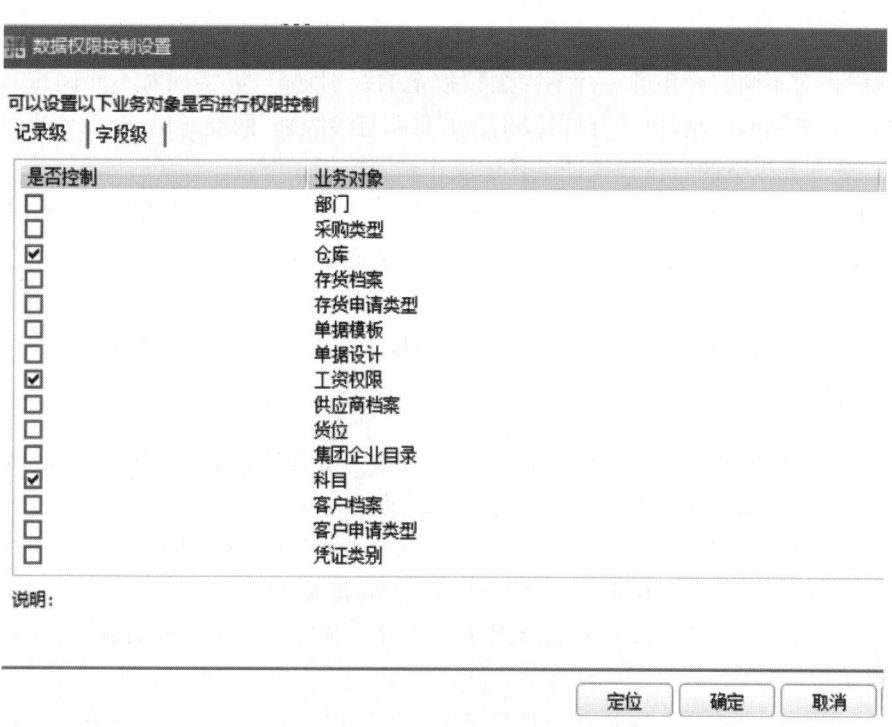

图 1-18 "数据权限控制设置"对话框

（3）点击"数据权限分配"模块，进入"权限浏览"窗口，选择"角色或用户"和"业务对象"后，点击"授权"按钮，进入"记录权限设置"窗口，如图 1-19 所示。

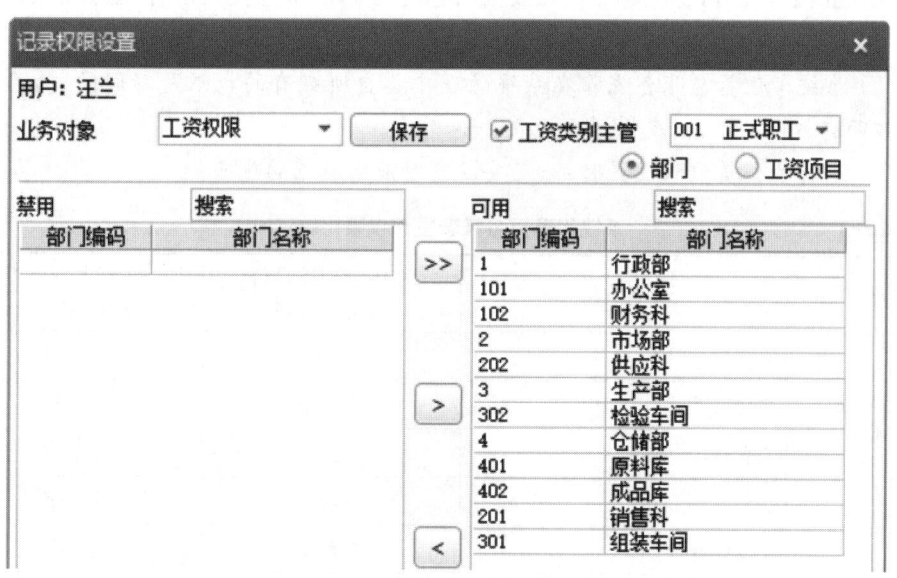

图 1-19 "记录权限设置"对话框

（4）选择业务对象"工资权限"，"工资类别"为"正式职工"，从"禁用"栏内选中具体的对象到"可用"栏内，如"工资项目"，点击"保存"按钮，即可。

3. 金额级权限管理

该权限是对不同的操作员实行不同金额数量的级别划分,以实现对不同岗位和职权的操作员的金额级别的控制,包括"科目级别"和"采购订单级别"两类。例如,设置出纳只能录入金额在 2000 元以下的收付款凭证。具体操作步骤包括如下:

(1) 进入"系统服务"|"权限"|"金额权限分配",打开"金额权限设置"对话框。

(2) 选中"科目级别",点击"级别"菜单,进入"金额级别设置"窗口,点击"增加",依次设置科目各级别的金额,保存后退出。

(3) 回到"金额级别设置"窗口,点击"增加",授予操作员相应金额级别的权限。

特别提示

(1) 一个账套可以有多个账套主管,账套主管只有系统管理员才有权设置,而账套主管只能分配给各其他操作员所辖账套子系统的操作权限。

(2) 一项权限可以在"角色管理"中分配,也可在"用户管理"中进行授权。

(3) 已经使用和正在使用的用户权限不能进行修改、删除的操作。

(4) 查看每个用户权限时不能看到该用户自动拥有的所属角色的权限,只能看到单独授权的内容。

(5) 对某个操作员进行数据权限设置前,需要在"系统管理"完成相应功能权限的分配,并在"选项"|"权限"设置中,完成了相关控制参数的设置。比如,在"制单权限控制到操作员"复选框打了钩。

(6) 用户可以在设置角色前设置,也可以在设置角色后设置。操作员的所属角色可以在设置操作员时设置,也可以在设置角色并给相应角色授权后再指定该操作员的所属角色,以使其直接拥有该角色的相应权限。

(7) 系统管理员与账套主管在系统管理中各自所拥有的权限是不同的,为了清晰地比较两者权限的不同,我们列表如表1-3所示。

(8) 进行操作员权限设置时,一定要注意对应上自己的账套。

表1-3 系统管理员与账套主管权限比较表

主要功能	功能选项	系统管理员是否具备该权限	账套主管是否具备该权限
账套	账套建立	具备	不具备
	账套修改	不具备	具备
	账套输出、引入	具备	不具备
	账套数据删除	具备	不具备
年度账	年度账建立	不具备	具备
	清空年度数据	不具备	具备
	年度账输出、引入	不具备	具备
	年度账数据删除	不具备	具备

(续表)

主要功能	功能选项	系统管理员是否 具备该权限	账套主管是否 具备该权限
系统	结转上年数据	不具备	具备
	设置账套数据输出计划	具备	不具备
	设置年度账数据输出计划	具备	不具备
权限	设置角色	具备	不具备
	设置用户	具备	不具备
	授权	具备	具备
视图	刷新	具备	具备
	清除单据锁定	具备	不具备
	清除异常任务	具备	不具备
	上机日志	具备	不具备

实验四 系统运行监控与账套管理

一、系统运行监控

进入"系统管理"后,我们可以看到系统管理功能分上下两个列表列示系统的运行情况。上半部分列示的是正在执行的子系统,下半部分列示的是已登录的操作员在子系统中正在执行的功能,如图1-20所示。

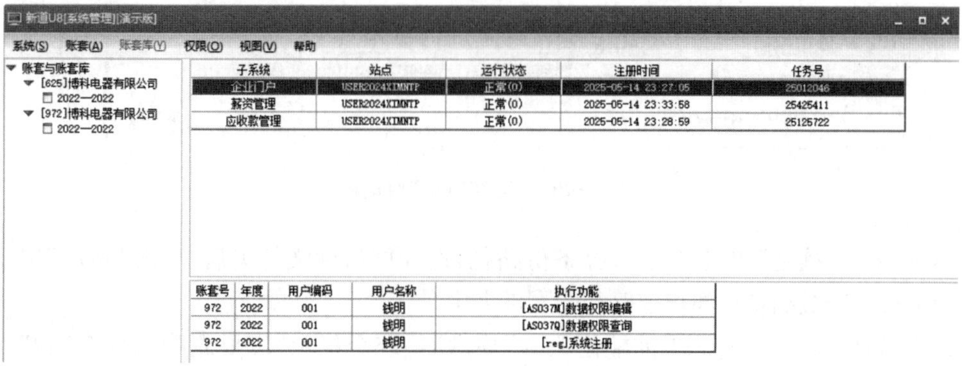

图1-20 "系统管理"界面

这两个部分的内容是动态的,它们随着不同的操作员对不同子系统的操作内容而不断变化,如果某个操作员要放弃对系统的操作,则我们可以单击"系统"|"注销",将旧的操作员注销掉;反之,可以单击"系统"|"注册",以新的操作员的身份重新进入。

二、账套管理

1. 账套的备份

企业的财务信息不论是从企业自身的管理出发,还是从税务或上级主管部门的管理出发都是非常重要、不可缺失的信息。因此,我们要养成定期备份的习惯,将账套信息存储到不同的介质上,如软盘、光盘或网盘等。在遇到计算机病毒、人为误操作或是地震、火灾等意外情况时,就可将数据进行恢复,即"账套引入"功能,以保证数据的安全性。账套的备份有下面两种方式。

(1) 方式一,手工备份方式。手工选择备份路径随时进行账套备份,具体操作步骤如下:

第一,打开"系统管理"窗口,用系统管理员(admin)的身份进行注册。

第二,单击"账套"|"输出",系统弹出"账套输出"对话框,选择需要备份的账套号。

如果该账套备份后,还希望从系统中删除该账套,则可选中"删除当前输出账套"项,如图 1-21 所示。

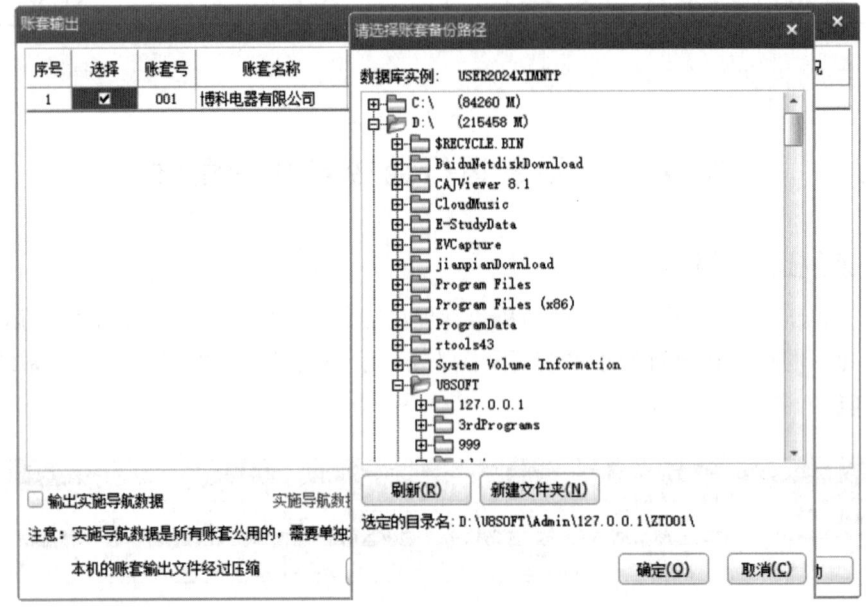

图 1-21 "账套输出"对话框

第三,单击"确定"按钮,提示选择备份路径,选择好目标文件夹后,单击"确定"按钮,系统成功地将账套数据备份在指定路径的文件夹中。

第四,如果勾选了"删除当前输出账套"项,则系统会提示"真要删除该账套吗?",单击"是",则删除;单击"否",则不删除。

(2) 方式二,设置自动备份计划。该功能是自动定时对账套进行输出备份,以自动、高效地保障系统数据的安全、稳定。具体操作步骤如下:

第一,以系统管理员(admin)的身份注册进入系统管理模块,单击"系统"|"设置备份计划",打开"备份计划设置"对话框。

第二，单击"增加"按钮，打开"备份计划详细情况"对话框，输入相关内容，包括计划编号、计划名称、备份类型、发生频率、发生天数、开始时间、有效触发、保留份数和备份路径，如图1-22所示。

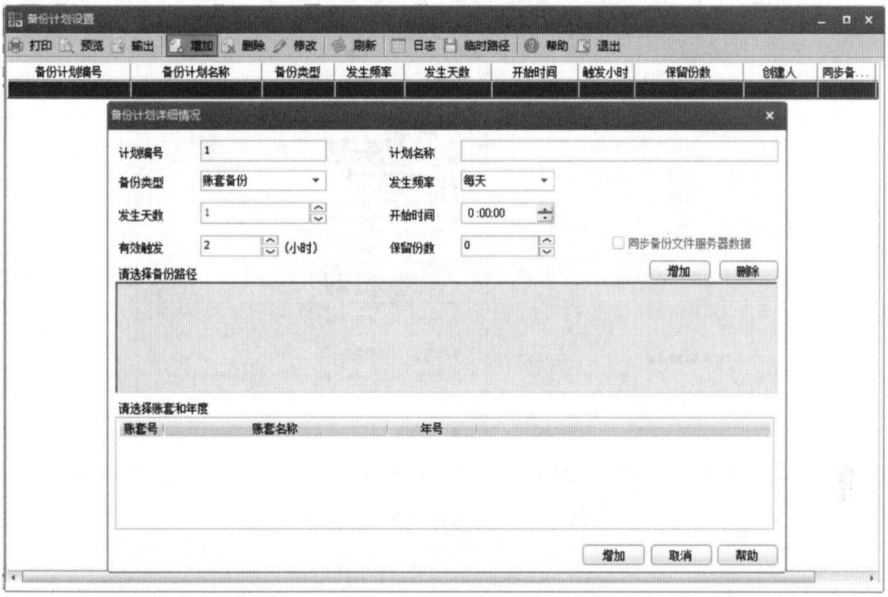

图1-22 "备份计划详细情况"对话框

其中：

"备份类型"：分账套备份和年度备份。一个账套包含了该企业若干年度的账簿资料，因此，账套主管只能进行"年度备份"，而系统管理员可以进行"账套备份"。

"发生频率"：分"每天""每周""每月"三个选择，企业可以根据实际备份需要进行选择。

"发生天数"：系统根据发生频率设置，确认在每一周期中执行备份计划的具体时间，如选择"每月"为发生频率，则可以设置"1～31"之间的数字，如"30"，表示在每月30日系统进行自动备份，当2月份不足30天时，系统按最后一天进行备份。如选择"每周"，则可选择"1～7"之间数字，"1"代表周日，"2"代表周一，依次类推。

"开始时间"：指在具体发生频率的发生天数的确切备份时间，如选择每周五的下午5点进行备份，则可在"发生频率"中选择"每周"，在"发生天数"中选择"6"，在"开始时间"中选择"17:00:00"。

2. 账套引入

如果想要恢复备份账套的数据，以便继续进行账套操作，可执行"账套引入"功能，具体操作步骤如下：

（1）打开"系统管理"窗口，用系统管理员（admin）的身份进行注册。

（2）单击"账套"|"引入"，系统弹出"账套引入"对话框。

（3）如图1-23所示，选择需要引入的系统已备份的账套，单击"确定"按钮，系统提示是否更改引入的目标账套路径，根据实际需要选择好目标路径，或者单击"否"，默认系统路径，

即可引入账套数据。

图 1-23　"账套引入"对话框

特别提示

账套与年度账是有区别的。账套是年度账的上一级概念,账套由年度账组成。先有账套再有年度账,一个账套可以拥有多个年度的年度账。采用这种账套与年度账分立的两层结构模式,企业根据实际需要对不同范围的账务数据进行输出和引入,方便进行跨年度数据的应用。

第二章 基础设置

学习目标

知识目标：掌握基础信息设置；掌握机构人员、往来单位、收付结算和存货档案等基础信息设置。

能力目标：能够结合企业实际，进行基础信息设置；能够进行机构人员信息、客商信息、收付结算信息和存货信息等基础数据设置。

素质目标：引导学生重视基础数据的准确性与规范性；养成"诚信为本"的职业素养，增强社会责任意识。

概述

1. 功能概述

本章主要讲述系统日常使用前的基础性工作，包括基础信息设置、基础档案设置和系统服务。有些基础信息一旦被参照使用，将不能修改，用户需准确处理。

2. 应用流程

本章的应用流程，如图 2-1 所示。

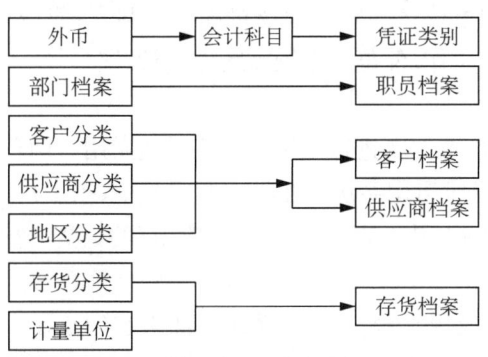

图 2-1 基础设置应用流程

实验一　系　统　启　用

一、实验要求

1. 根据资料启用相应子系统
2. 核对分类编码方案的设置

二、实验资料

系统启用方案主要有三种,如表 2-1 所示。

表 2-1　　　　　　　　　　　　系统启用方案

启用方案	启用子系统	基础档案设置
方案一	总账、UFO 报表管理、薪资管理、固定资产管理、	部门、人员类别、职员档案; 客户分类、客户档案;供应商分类,供应商档案; 结算方式、银行档案
方案二	总账、UFO 报表管理、薪资管理、固定资产管理、应收款管理、应付款管理;库存管理	部门、人员类别、职员档案; 客户分类、客户档案;供应商分类,供应商档案; 结算方式、银行档案、本单位开户银行; 存货计量单位、存货档案
方案三	总账、UFO 报表管理、薪资管理、固定资产管理、应收款管理、应付款管理;采购管理、销售管理、库存管理、存货核算	部门、人员类别、职员档案; 客户分类、客户档案;供应商分类、供应商档案;结算方式、银行档案、本单位开户银行; 存货计量单位、存货档案; 仓库档案、收发类别、采购类型、销售类型

三、实验指导

在建立账套之后,我们需要对账套进行基础信息设置。由于一个账套里包含了若干个子系统,如总账系统、报表系统、薪资系统、固定资产系统、应收和应付款系统等,为了实现这些子系统在同一个账套中系统之间的无缝连接和信息共享,应该根据企业的实际情况做好账套基础档案信息的设置工作,使整个系统流畅地运行。

1. 系统启用

进行基础信息的设置,首先要进行系统启用。系统启用有两种方法。

(1) 方法一,创建账套时启用系统。在上一章实验中,当用户在"系统管理"中创建了一个新账套成功后,系统提示"是否现在进行系统启用"的设置,选择"是",则直接进行系统启用。

(2) 方法二,在"企业应用平台"中启用系统。如果在创建账套成功后,没有选择启用系统,则也可以在"企业应用平台"中进行设置。具体操作步骤如下:

第一,单击"开始"|"程序"|"新道 U8"|"企业应用平台",以账套主管的身份及有权限的操作员注册进入。

第二,"业务导航"中的点击"基础设置",打开系统菜单"基本信息",找到其中的"系统启

用"菜单。

第三,双击"系统启用",打开"系统启用"对话框,单击各子系统前的复选框,选择要启用的系统,弹出"日历"对话框,选择系统启用的年度、月份和日期,如图2-2所示。单击"确定",系统提示"确实要启用当前系统吗?",单击"是",完成系统启用,系统自动记录启用日期和启用人,退出"系统启用"界面即可。

图2-2 "系统启用"对话框

2. 核对基础信息的设置

(1) 进入企业应用平台,依次点击"业务导航"|"基础设置"|"基本信息"|"编码方案"菜单,进入"编码方案"窗口,依据资料仔细核对设置是否正确。如果不符,直接进行修改。

(2) 依次点击"业务导航"|"基础设置"|"基本信息"|"数据精度"菜单,进入"数据精度"窗口,依据资料仔细核对基础信息设置是否正确。如果不符,直接进行修改。

实验二　基础档案录入

一、实验要求

1. 设置部门档案

2. 设置人员类别

3. 设置银行档案

4. 设置人员档案

5. 设置客户分类

6. 设置供应商分类

7. 设置客户档案

8. 设置供应商档案

9. 设置结算方式

10. 设置本单位开户行

11. 设置存货计量单位

12. 设置存货分类

13. 设置存货档案

14. 设置仓库档案

15. 设置收发类别

16. 设置采购和销售类型

注:除了此处基础资料,各系统其他相关基础信息和期初资料详见各章实验一。

二、实验资料

1. 部门档案

部门档案,如表2-2所示。

表2-2　　　　　　　　　　　部　门　档　案

部门编码	部门名称	部门编码	部门名称
1	行政部	3	生产部
101	办公室	301	组装车间
102	财务科	302	检验车间
2	市场部	4	仓储部
201	销售科	401	原料库
202	供应科	402	成品库

注:假设企业各部门成立时间,均为"启用年度-6"年,10月1日。

2. 人员类别

人员类别,如表2-3所示。

表2-3　　　　　　　　　　人 员 类 别

分类编码	分类名称
10101	管理人员
10102	采购人员
10103	销售人员
10104	生产人员
10040101	甲产品生产人员
10040102	乙产品生产人员

3. 银行档案

银行档案,如表2-4所示。

表2-4　　　　　　　　　　银 行 档 案

银行编码	银行名称	企业账户长度	个人账号长度	自动带出长度
0101	工商银行北京支行	10	19	17

4. 人员档案

人员档案,如表2-5所示。

表2-5　　　　　　　　　　人 员 档 案

人员编号	姓名	所属部门	性别	职员属性	职员类别	工商银行北京支行	业务员	操作员
10101	杨一帆	办公室	男	总经理	管理人员	6217232801000093831		
10201	钱明	财务科	男	科长	管理人员	6217232801000093832		是
10202	汪兰	财务科	女	科员	管理人员	6217232801000093833		是
10203	李萍	财务科	女	科员	管理人员	6217232801000093834		是
20101	吴永斌	销售科	男	科长	销售人员	6217232801000093835	是	是
20201	叶丽	供应科	女	科长	采购人员	6217232801000093836	是	是
30101	李彬彬	组装车间	男	车间主任	管理人员	6217232801000093837	是	
30102	宁志敏	组装车间	男	工人	甲产品生产人员	6217232801000093838		
30103	胡兰巧	组装车间	女	工人	乙产品生产人员	6217232801000093839		
30201	周光荣	检验车间	男	车间主任	管理人员	6217232801000093840	是	
30202	张小萌	检验车间	女	工人	甲产品生产人员	6217232801000093841		

（续表）

人员编号	姓名	所属部门	性别	职员属性	职员类别	工商银行北京支行	业务员	操作员
30203	钟 杰	检验车间	男	工人	乙产品生产人员	6217232801000093842		
40101	汪春凌	原料库	男	保管员	管理人员	6217232801000093843		
40201	李华康	成品库	男	保管员	管理人员	6217232801000093844		

注：1. 以上所有人员的代发银行均为工商银行北京支行。
　　2. 为方便以后的操作，请将财务科人员勾选为操作员，供应科、销售科人员勾选为操作员和业务员，在具体处理业务过程中，请随时根据需要将因业务发生个人款项往来的部门人员勾选为业务员。

5. 客户分类

客户分类，如表 2-6 所示。

表 2-6　　　　　　　　　　客 户 分 类

分类编码	分类名称
1	长期客户
2	中期客户
3	短期客户

6. 供应商分类

供应商分类，如表 2-7 所示。

表 2-7　　　　　　　　　　供 应 商 分 类

分类编码	分类名称
1	本地供应商
2	外地供应商

7. 客户档案

客户档案，如表 2-8 所示。

表 2-8　　　　　　　　　　客 户 档 案

客户编号	客户名称/客户简称	开户行	账号	所属分类码	税号	电话
001	华丰公司	工行北京支行	0015678021	1	102227896542	010-88657825
002	物美公司	建行天津支行	0025677022	1	102227895421	022-56678236
003	天仑公司	交行天津支行	0045677024	1	265787650986	022-52342569
004	新星公司	农行上海支行	0035676023	2	587634569870	021-35567897
005	源仕公司	农行上海支行	0035676028	2	587658900984	021-34569875
006	朝阳公司	建行杭州支行	0025674026	3	475980948487	0571-56789873
007	荷都公司	交行济南支行	0045673027	3	657958473922	0531-98765673

8. 供应商档案

供应商档案,如表2-9所示。

表2-9 供应商档案

供应商编号	供应商/供应商简称	开户行	账号	所属分类码	税号	电话
001	天得公司	建行北京支行	0021677012	1	635574832935	010-83478333
002	晨昕公司	工行北京支行	0015678323	1	566846582038	010-22469676
003	元科公司	交行天津支行	0045677074	2	671139494854	022-56789873
004	青胜公司	交行天津支行	0045673037	2	133849548223	022-88656780
005	永鑫公司	农行合肥支行	0035676076	2	338472628383	0551-88645672

9. 结算方式

结算方式,如表2-10所示。

表2-10 结算方式

结算方式编码	结算方式名称	票据管理
1	现金结算	否
2	支票结算	否
201	现金支票	是
202	转账支票	是
3	其他	否
4	商业汇票	否
401	商业承兑汇票	否

10. 本单位开户银行

本单位开户银行,如表2-11所示。

表2-11 本单位开户银行

编码	开户银行	开户行代码	银行账号	币种	账户名称
01	工商银行北京支行	0101	0015672001	人民币	博科电器有限公司

11. 存货计量单位

存货计量单位,如表2-12所示。

表 2-12　　　　　　　　　　　　存货计量单位

计量单位组	代码	01
	名称	基本计量单位(无换算)
计量单位	011	千克
计量单位	012	箱
计量单位	013	元

12. 存货分类

存货分类,如表 2-13 所示。

表 2-13　　　　　　　　　　　　存 货 分 类

类别	名称
1	原材料
2	库存商品
3	劳务费

13. 存货档案

存货档案,如表 2-14 所示。

表 2-14　　　　　　　　　　　　存 货 档 案

编码	名称	计量单位组	所属类别	计量单位	税率	属性
101	A 材料	01	1	千克	13%	外购、生产耗用、内销
102	B 材料	01	1	千克	13%	外购、生产耗用、内销
201	甲产品	01	2	箱	13%	自制、外销、内销
202	乙产品	01	2	箱	13%	自制、外销、内销
301	运输费	01	3	元	9%	应税劳务

14. 仓库档案

仓库档案,如表 2-15 所示。

表 2-15　　　　　　　　　　　　仓 库 档 案

仓库编码	仓库名称	计价方式
1	原料库	全月平均法
2	产成品库	全月平均法

15. 收发类别

收发类别,如表 2-16 所示。

表 2-16　　　　　　　　　　　　收 发 类 别

收发类别编码	收发类别名称	收发标志	收发类别编码	收发类别名称	收发标志
1	正常入库	收	3	正常出库	发
101	采购入库	收	301	销售出库	发
102	成品入库	收	302	发料出库	发
2	非正常入库	收	4	非正常出库	发
201	盘盈入库	收	401	盘亏出库	发

16. 采购和销售类型

采购和销售类型,如表 2-17 所示。

表 2-17　　　　　　　　　　　　采购和销售类型

采购类型编码	采购类型名称	入库类别	是否默认值
1	普通采购	采购入库	是
销售类型编码	销售类型名称	出库类别	是否默认值
1	普通销售	销售出库	是
2	委托代销	销售出库	否

三、实验指导

基础档案的内容繁多,企业基础数据之间存在着一定的逻辑关系,因此,基础档案的设置应遵从一定的前后顺序。基础档案的设置有两种方式:一是在"业务导航"|"基础设置"|"基础档案"中设置;二是通过进入各个子系统,在启用各子系统时进行初始的基础档案设置。两种方式的设置结果都是一样的,都可以由各个子系统共享这些基础档案信息。

在设置基础档案的编码时,必须符合分类编码方案中的级次和每级长度。企业的基础档案主要包括部门档案、人员类别、人员档案、客户分类、供应商分类、客户档案、供应商档案等。具体设置如下所述。

(一)机构人员档案

1. 部门档案

部门是指某使用单位下辖的具有分别进行财务核算或业务管理要求的单元体,它可以是实际中的部门机构,也可以是虚拟的核算单元。按照已经定义好的部门编码级次的原则,输入部门编码及信息。部门编码最多可分 5 级,编码总长 12 位。系统对企业进行不同级别的部门划分,而且与企业实际的职能部门的划分不一定完全一致。设置部门主要是为了便于业务管理需要,特别是为了在会计核算时能清晰地按部门进行费用的归集与分配。部门档案的内容主要包括部门编码、部门名称、负责人、部门属性和成立时间等。具体操作步骤如下:

(1)登录系统后,在"业务导航"中单击"基础设置",再单击系统菜单"基础档案"|"机构人员",找到"部门档案"。

（2）新增部门档案。打开"部门档案"，单击"增加"按钮，即可增加新的部门。依次输入：部门编码、部门名称、负责人、部门属性、电话、地址、备注、信用信息。其中，部门编码和部门名称、成立时间是必须录入的，部门编码必须符合编码规则（编码规则在新建账套时已经设定，系统提示在屏幕的右下方）。部门编码必须唯一。其他项目为部门辅助信息，可以为空，其中，部门属性是按部门的分类属性来填写的，如××车间、采购部门、销售部门。"部门档案"设置界面，如图2-3所示。

图2-3 "部门档案"设置界面

（3）修改部门档案。选中部门档案界面左边的部门编码，单击"修改"，即处于该部门的修改状态。

注意：除部门编码不能修改外，其他信息均可以修改。

（4）删除部门档案。选中部门档案界面左边的部门编码，单击"删除"，即可删除该部门。

注意：该部门若被其他对象引用，则不能进行删除。

特别提示

（1）新增部门档案，必须先新增上级部门后，才能逐级增加下一级部门。

（2）删除部门档案，必须先删除下级部门后，才能逐级删除上一级部门。

---

2. 人员类别

人员类别主要设置企业人员的分类信息。具体操作步骤如下：

（1）登录系统后，在"业务导航"中单击"基础设置"，再单击系统菜单"基础档案"|"机构人员"，找到"人员类别"。

（2）新增人员类别。在"人员类别"界面，选中左侧人员类别列表中的"正式工"，单击工具栏的"增加"按钮，打开"增加档案项"窗口，依次输入各人员类别的编码和名称等信息，如图 2-4 所示。全部输入完毕，关闭"增加档案项"窗口，返回"人员类别"界面，关闭该界面。

（3）修改人员类别。在"人员类别"界面，在人员类别列表中选中需要修改的人员类别，单击"修改"，即处于该人员类别的修改状态，修改后单击"保存"即可。

注意：除人员类别编码不能修改外，其他信息均可以修改。

（4）删除人员类别。在"人员类别"界面，在人员类别列表中选中需要修改的人员类别，单击"删除"，即可删除该人员类别。

注意：该部门若被其他对象引用，则不能进行删除。

图 2-4 "人员类别"设置界面

3. 人员档案

人员档案主要用于设置企业各职能部门中需要进行核算和业务管理的人员信息，必须先设置好部门档案才能在这些部门下设置相应的人员档案。除了固定资产和成本管理产品外，其他产品均需使用人员档案。如果企业不需要对人员进行核算和业务管理，则可以不设置人员档案。具体操作步骤如下：

（1）登录系统后，在"业务导航"中单击左下角按钮"基础设置"，再单击系统菜单"基础档案"|"机构人员"，找到"人员档案"。

（2）新增人员档案。打开"人员档案"，单击"增加"按钮，即可增加新的人员。在左侧部门目录中选择要增加人员的末级部门，单击功能键中的"增加"按钮，显示"人员档案"空白页，用户可根据自己企业的实际情况，在相应栏目中输入适当内容。其中蓝色字体项目大多

为必输项。录入完一个人员类别的信息后单击"确认"按钮，继续输入剩余的人员信息。全部输入完毕，如图 2-5 所示，关闭"新增人员档案"窗口，返回"人员列表"界面，关闭该界面。

图 2-5 "人员档案"设置界面

（3）修改人员档案。将光标定位到要修改的人员上，单击"修改"按钮，即可进入修改状态。

注意：修改后，人员编码必须保持唯一。

（4）删除人员档案。选中人员档案界面左边的人员编码，单击"删除"，即可删除该人员。

注意：该人员若被其他对象引用，则不能进行删除。

> ┌──── 特别提示 ────
>
> （1）如果为系统操作员，增加该职员信息时可以在"是否操作员"复选框打勾，有些信息会自动携带。
>
> （2）如果为企业业务员，增加该职员信息时可以在"是否业务员"复选框打勾，并录入相关信用信息。信用信息包括信用额度、信用天数、信用等级，指该职员对所负责的客户的信用额度和最大信用天数，可以为空。如果要在"销售管理系统—销售选项—信用控制页签"中选择"是否有业务员信用控制"，则需要在这里对销售部门从事业务的职员，或者是需要进行信用管理的职员输入信用权限。
>
> （3）人员属性是指填写职员是属于采购员、库房管理人员还是销售人员等具体岗位、职务等属性。

（二）设置客商信息

1. 客户分类

企业可以根据自身管理的需要对客户进行分类管理，建立客户分类体系。可将客户按行业、地区等进行划分，设置客户分类后，根据不同的分类建立客户档案。没有对客户进行

分类管理需求的用户可以不使用该项功能。要进行客户类别增加、修改、删除等操作,需要在"业务导航"中单击"基础设置"|"基础档案"|"客商信息",打开"客户分类"界面。具体操作步骤如下:

(1) 新增客户类别。在"客户分类"界面,单击工具栏"增加"按钮,输入某客户分类的编码和分类名称,录入完一个客户分类后单击"保存"按钮,然后单击"增加"按钮,继续输入其他客户分类的信息,如图2-6所示。

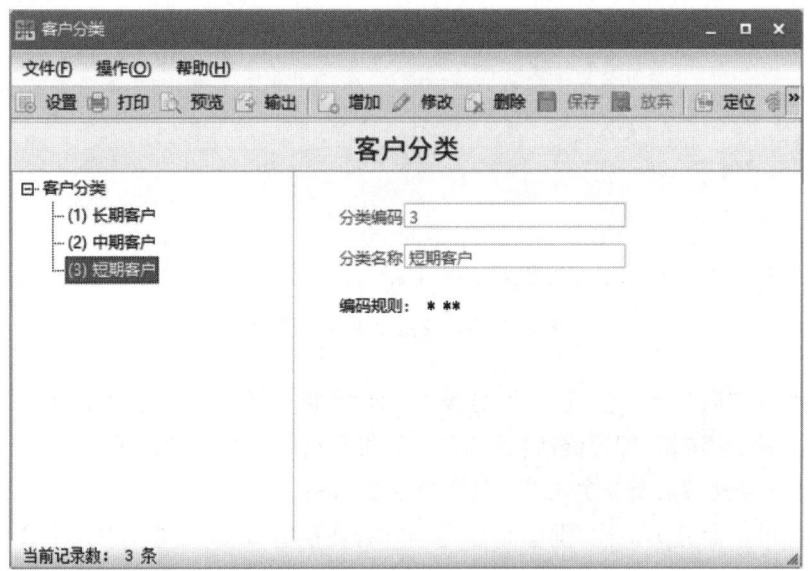

图2-6 "客户分类"设置界面

注意:分类编码应该与客户分类的编码规则一致,否则系统提示编码规则不一致。

(2) 修改客户类别。在"客户分类"界面的客户类别列表中选中要修改的客户类别,单击"修改"按钮,即可修改客户分类信息,修改后单击"保存"即可。

注意:客户分类编码不能修改。

(3) 删除客户类别。在"客户分类"界面的客户类别列表中选中要修改的客户类别,单击"删除"按钮,即可删除该类别。

注意:该类别若被其他对象引用,则不能进行删除。

2. 供应商分类

企业可以根据自身管理的需要对供应商进行分类管理,建立供应商分类体系。可将供应商按行业、地区、发展期限等进行划分,设置供应商分类后,根据不同的分类建立供应商档案。没有对供应商进行分类管理需求的用户可以不使用该项功能。登录系统后,在"业务导航"中单击"基础设置"|"基础档案"|"客商信息",打开"供应商分类",进行供应商分类增加、修改、删除等操作。具体操作步骤如下:

(1) 新增供应商分类。在"供应商分类"界面,单击工具栏"增加"按钮,输入某供应商分类的编码和分类名称,录入完一个"供应商分类"后单击"保存"按钮。然后单击"增加"按钮,继续输入其他供应商分类的信息,如图2-7所示。

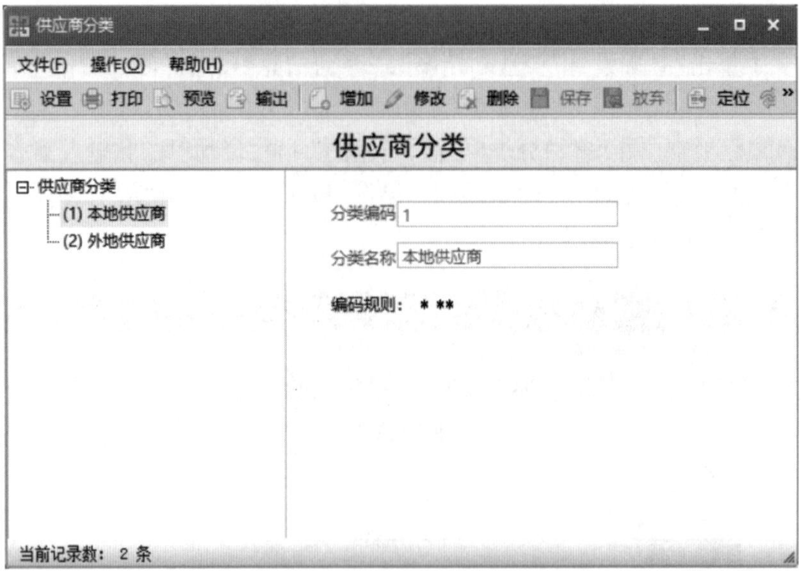

图 2-7 "供应商分类"设置界面

（2）修改供应商分类。在"供应商分类"界面,在供应商分类列表中选中要修改的供应商分类,单击"修改"按钮,即可修改供应商分类,修改后单击"保存"即可。

注意:即可修改供应商分类名称;供应商分类编码不能修改。

（3）删除供应商分类。在"供应商分类"界面,在供应商分类列表中选中要修改的供应商分类,单击"删除",即可删除该类别。

注意:该类别若被其他对象引用,则不能进行删除。

3. 客户档案

该功能主要用于设置往来客户的档案信息,以便于对客户资料管理和业务数据的录入、统计、分析。如果在建立账套时选择了客户分类,则必须在设置完成客户分类档案的情况下才能编辑客户档案。客户档案分为客户档案基本页、客户档案联系页、客户档案信用页、客户档案其他页,每一页所设置的内容不同,基本页包含多项必录项,其他页中的"发展日期"为必录项。登录系统后,在"业务导航"中单击"基础设置"|"基础档案"|"客商信息",打开"客户档案",可以对客户档案进行设置。具体操作步骤如下:

（1）新增客户档案。①在"客户档案"界面,单击"新增",进入"新增客户档案"界面,蓝色字体的项目为必录项目。根据实验资料,输入某客户的编号、名称、简称,选择所属分类、币别、客户管理类型等。在联系选项卡中可以设置电话;在"其他"选项卡中可以设置发展日期。②单击工具栏中的"银行",进入"客户银行档案"窗口,单击工具栏的"增加",增加一个空白行,输入所属银行、开户银行、银行账号、账户名称,勾选是否为默认值。输入完该条记录,单击"保存",退出客户银行档案窗口。③录入完一个客户档案的信息后单击"保存"按钮,继续输入剩余的客户信息。④全部输入完毕,关闭"新增客户档案"界面,返回"客户列表"界面,关闭该界面。

（2）修改客户档案。在"客户档案"界面的左侧客户档案列表中,选中需要修改的客户档案,单击"修改"按钮,即处于该客户档案的修改状态(图 2-8),修改后单击"保存"即可。

注意：除客户档案编码不能修改外，其他信息均可以修改。

（3）删除客户档案。在"客户档案"界面的左侧客户档案列表中，选中需要删除的客户档案，单击"删除"，即可删除该客户档案。

注意：该客户档案若被其他对象引用，则不能进行删除。

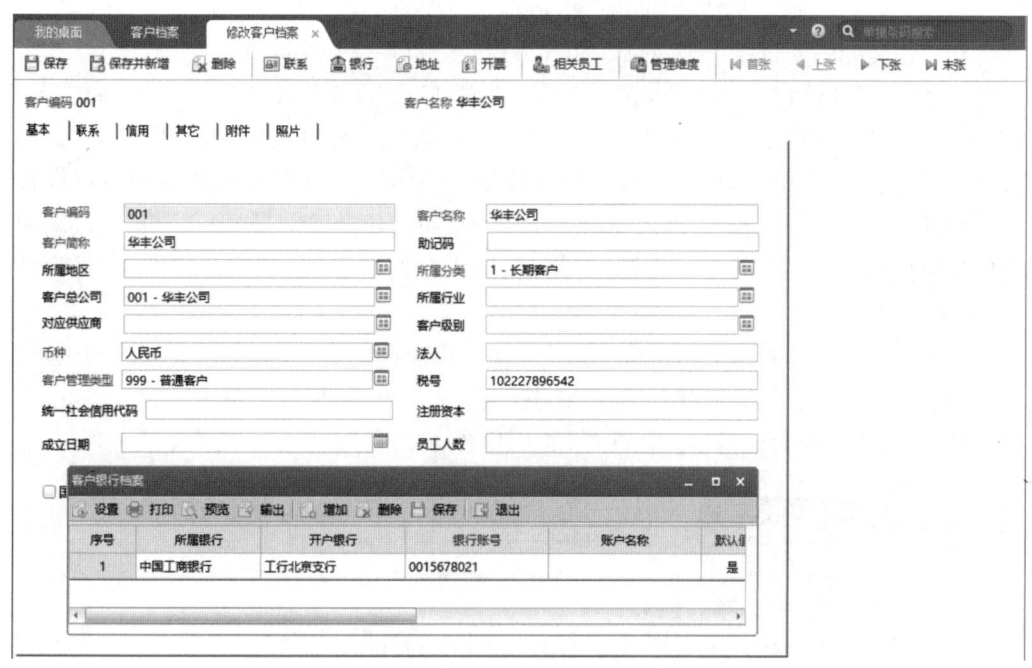

图 2-8 "修改客户档案"设置界面

特别提示

（1）客户编码可以用数字或字符表示，但必须唯一。

（2）客户名称和客户简称可以是汉字或英文字母，其中，客户名称用于销售发票的打印，客户简称用于业务单据和账表的屏幕显示。

（3）税号用于销售发票的税号栏内容的屏幕显示和打印输出。

（4）输入客户所属开户银行名称账户时，"默认值"均选为"是"。

（5）已停用的客户（即客户档案的停用日期小于当前单据日期的客户），输入单据时不能再参照，否则系统提示"此客户已停用，请选择其他客户"。

（6）在进行单据或账表查询时，已停用的客户仍可继续查询。

4. 供应商档案

供应商档案主要用于设置往来供应商的档案信息，以便对供应商资料管理和业务数据的录入、统计、分析。如果在建立账套时选择了供应商分类，则必须在设置完成供应商分类档案的情况下才能编辑供应商档案。

建立供应商档案主要是为企业的采购管理、库存管理、应付账管理服务的。在填制采购入库单、采购发票和进行采购结算、应付款结算和有关供货单位统计时都会用到供应商档案，因

此,应先设立供应商档案,以便减少工作差错。在输入单据时,如果单据上的供货单位不在供应商档案中,则必须在此建立该供应商的档案。供应商档案与客户档案一样,也分供应商档案基本页、供应商档案联系页、供应商档案其他页、供应商档案信用页。其具体操作方法与客户档案的操作基本一致,主要也是进行供应商档案的增加、修改、过滤、定位、删除等。

登录系统后,在"业务导航"中单击"基础设置"|"基础档案"|"客商信息"|,打开"供应商档案",以对供应商档案进行增加、修改、删除等操作。具体操作步骤如下。

(1)新增供应商档案。①在"供应商档案"界面,单击"新增",进入"新增供应商档案"界面,在基本选项中,蓝色字体的项目为必录项目。根据实验资料,输入某供应商的编号、名称、简称、税号、开户银行和银行账号;选择所属分类、币别等。在联系选项卡中可以设置电话;其他可以设置发展日期。②录入完一个供应商档案的信息后单击"保存"按钮,继续输入剩余的供应商信息。③全部输入完毕,关闭"新增供应商档案"窗口,返回"供应商档案"界面,关闭该界面。

(2)修改供应商档案。在"供应商档案"界面的供应商列表中,选中需要修改的供应商,单击"修改"按钮,即处于该供应商的修改状态,如图2-9所示,修改后单击"保存"即可。

注意:除供应商档案编码不能修改外,其他信息均可以修改。

图2-9 "修改供应商档案"设置界面

(3)删除供应商档案。在"供应商档案"界面,在供应商列表中选中需要修改的供应商档案,单击"删除",即可删除该供应商档案。

特别提示

(1)与客户档案特别提示类似,已停用的供应商(即供应商档案的停用日期小于当前单据日期的供应商),输入单据时不能再参照,否则系统提示"此供应商已停用,请选择其他供应商"。

(2)在进行单据或账表查询时,已停用的供应商仍可继续查询。

（三）设置收付结算

1. 结算方式

它主要用来建立和管理用户在经营活动中所涉及的结算方式。它与财务结算方式一致，如现金结算、支票结算等。结算方式最多可以分为两级。在"业务导航"中单击"基础设置"|"基础档案"|"收付结算"，打开"结算方式"，可以进行结算方式的增加、修改、删除操作。结算方式一旦被引用，便不能进行修改和删除的操作。具体操作步骤如下：

（1）新增结算方式。在"结算方式"界面，单击工具栏"增加"按钮，输入结算方式的编码和名称，录入完一个"结算方式"后单击"保存"按钮。然后单击"增加"按钮，继续输入其他结算方式的信息，如图 2-10 所示。

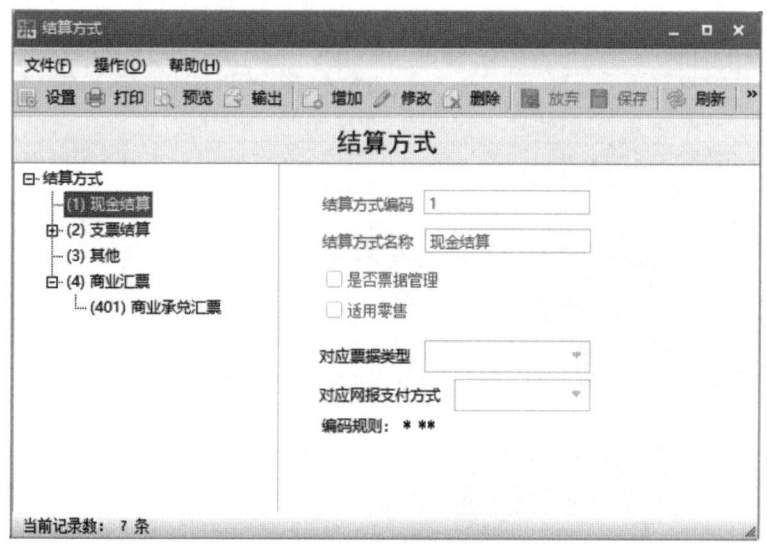

图 2-10　"结算方式"设置界面

（2）修改结算方式。在"结算方式"界面的左侧结算方式列表中，选中需要修改的结算方式，单击"修改"，即处于该结算方式的修改状态，修改后单击保存即可。

注意：除结算方式编码不能修改外，其他信息均可以修改。

（3）删除结算方式。在"结算方式"界面的左侧结算方式列表中，选中需要修改的结算方式，单击"删除"，即可删除该结算方式。

注意：该结算方式若被其他对象引用，则不能进行删除。

2. 本单位开户行及账号信息

它主要用来建立和管理企业开户银行及账号信息。在"业务导航"中单击"基础设置"|"基础档案"|"收付结算"，打开"本单位开户银行"，可以进行本单位开户银行及所属银行等信息的增加、修改、删除操作。如果开户银行账户长度与银行档案不符，可以对银行档案中的相关内容进行修改。

（1）新增本单位开户银行。①在"本单位开户银行"界面，单击"增加"，进入"新增本单位开户银行"窗口，根据资料录入开户银行的信息，单击保存即可。②录入完本单位开户银行信息后，单击"保存"按钮，关闭"新增本单位开户银行"窗口。

（2）修改本单位开户银行。在"本单位开户银行"界面的开户银行列表中,选中需要修改的开户银行,单击"修改",即处于该开户银行的修改状态,如图 2-11 所示,修改后单击保存即可。如果开户银行账户长度与银行档案不符,可以对银行档案中的相关内容进行修改。

注意:除开户银行编码不能修改外,其他信息均可以修改。

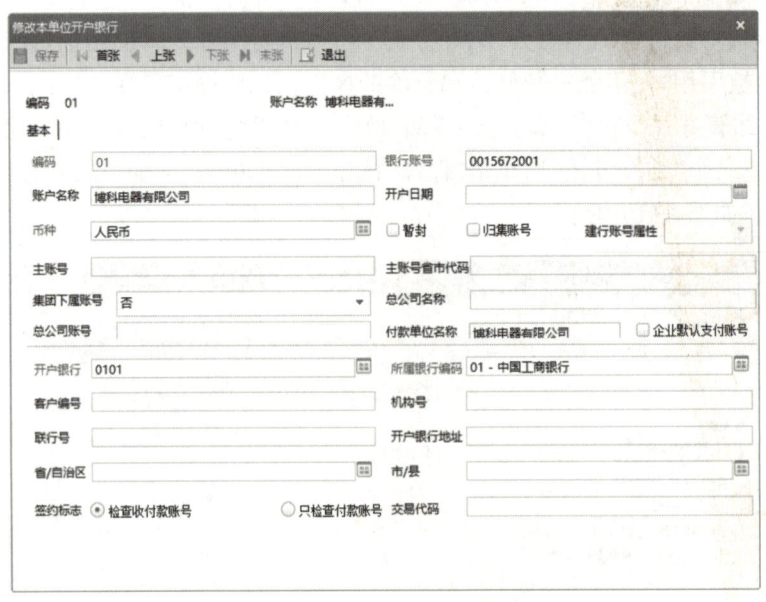

图 2-11　"修改本单位开户银行"设置界面

（3）删除本单位开户银行。在"本单位开户银行"界面的开户银行列表中,选中需要修改的开户银行,单击"删除",即可删除该开户银行。

（四）存货档案

1. 存货计量单位

存货计量单位设置包括存货计量单位组及计量单位的代码和名称的信息设置。计量单位信息录入的具体操作步骤是:

（1）在进入"业务导航"|"基础设置"|"基础档案"|"存货"后,选择"计量单位",进入操作界面。

（2）点击菜单栏"分组",进入"计量单位分组"界面,单击"增加",按要求输入相关信息,如"计量单位组编码"输入"01","计量单位组名称"输入"基本计量单位","计量单位组类别"选择"无换算率",单击"保存"后退出即可如图 2-12 所示。

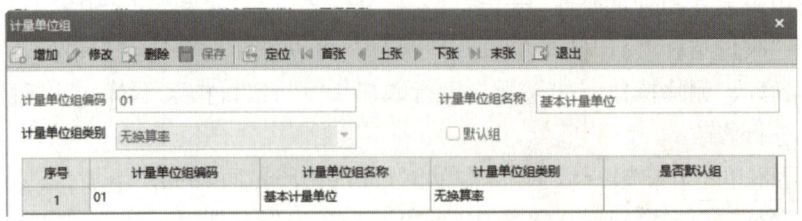

图 2-12　"计量单位组"设置界面

（3）回到"计量单位"界面后，点击菜单栏"单位"，进入"计量单位"设置界面，单击"增加"，按要求输入"计量单位编码""计量单位名称"，点击"保存"，然后退出，完成计量单位信息的录入，如图 2-13 所示。

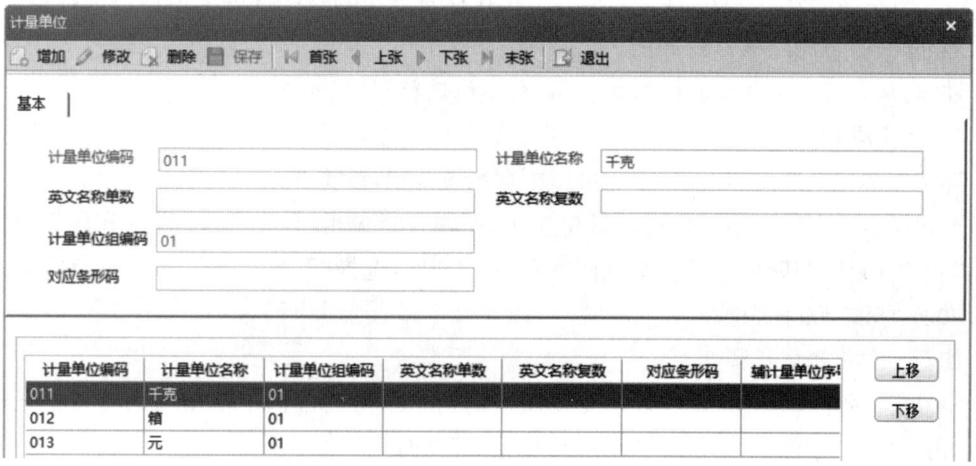

图 2-13 "计量单位"设置界面

2. 存货分类

存货分类反映企业存货的分类编码、分类名称及对应条形码。其具体操作步骤如下：

（1）在业务导航中，进入"基础设置"|"基础档案"|"存货"，点击"存货分类"，进入"存货分类"界面，单击"增加"，按要求输入分类编码、分类名称等信息后，单击"保存"后退出，如图 2-14 所示。

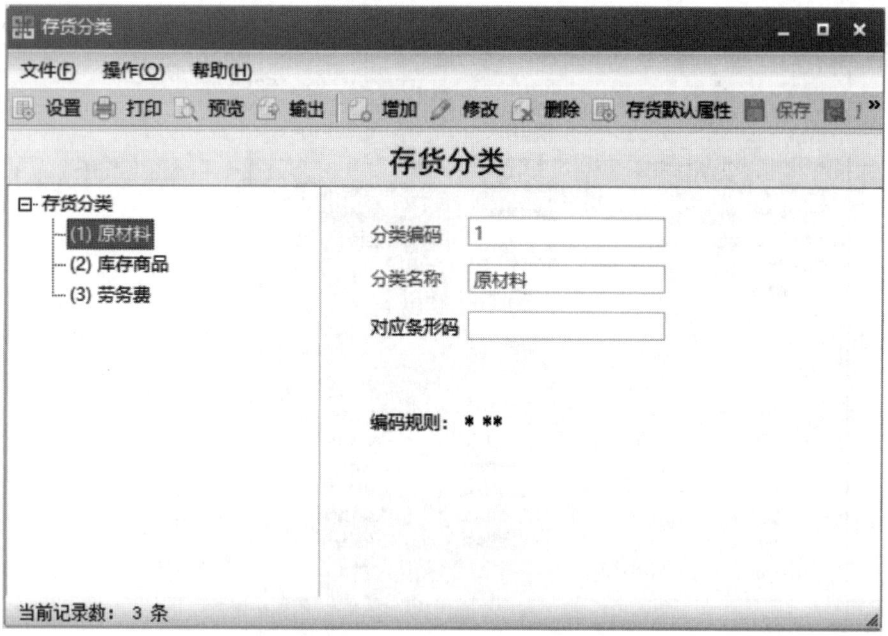

图 2-14 "存货分类"设置界面

（2）修改存货分类。在"存货分类"窗口，在存货分类列表中选中需要修改的存货分类，单击"修改"，即处于该存货分类的修改状态，修改后单击"保存"。

注意：除存货分类编码不能修改外，其他信息均可以修改。

（3）删除存货分类。在"存货分类"窗口，在存货分类列表中选中需要修改的存货分类，单击"删除"，即可删除该存货分类。

注意：该存货分类若被其他对象引用，则不能进行删除。

3. 存货档案

存货档案包括的内容很多，企业可以根据系统要求，设置并录入所需各种信息。基本信息主要包括企业存货名称、编码、计量单位组、所属存货分类、计量单位、税率和属性等。在进入"业务导航"|"基础设置"|"基础档案"|"存货"后，选择"存货档案"，可对存货档案信息进行增加、修改、删除等操作。

如新增存货档案步骤如下：

（1）在"存货档案"界面中，必须先在左边的树形结构图中选中要增加的存货档案的类别，点击菜单栏"增加"，才可进入"增加存货档案"界面。

（2）在"增加存货档案"界面中，有基本、控制、价格成本、计划和其他等选项卡，蓝色字体的项目为必录项目。根据实验资料，在"基本"选项卡中设置某存货的编号、名称、分类、计量单位组、主计量单位，勾选存货属性。在"价格成本"选项卡中设置。

（3）录入完一个存货档案的信息后单击"保存"按钮，继续输入剩余的存货档案信息。

（4）全部输入完毕（图2-15），关闭"存货档案"窗口，返回"存货列表"界面，关闭该界面。

图 2-15 "存货档案"设置界面

注意：在选择输入"主计量单位"时，需要点击"全部"按钮。

4. 仓库档案

仓库档案主要反映企业仓库名称、编码、地址、负责人、计价方法及是否货位管理、是否物料管理等信息。在进入"业务导航"|"基础设置"|"基础档案"|"业务"后，选择"仓库档案"，即可对仓库档案信息进行增加、修改、删除等操作。

（1）新增仓库档案。在"仓库档案"界面，单击"增加"，根据资料录入仓库的信息，单击保存。

（2）修改仓库档案。在"仓库档案"界面的左侧仓库档案列表中，选中需要修改的供应商，单击"修改"，即处于该仓库的修改状态，如图2-16所示，修改后单击保存。

注意：除仓库档案编码不能修改外，其他信息均可以修改。

图2-16 "修改仓库档案"设置界面

（3）删除仓库档案。在"仓库档案"窗口的左侧仓库列表中，选中需要删除的仓库档案，单击"删除"，即可删除该仓库档案。

注意：该仓库档案若被其他对象引用，则不能进行删除。

5. 收发类别

收发类别主要反映企业各类材料和产品收入、发出的类别名称和编码。在进入"业务导航"|"基础设置"|"基础档案"|"业务"后，选择"收发类别"，即可对企业存货收发的类别名称和编码信息进行增加、修改、删除等操作。

（1）新增收发类别。在"收发类别"界面，单击"增加"，根据资料录入收发类别的信息（图2-17），单击保存。

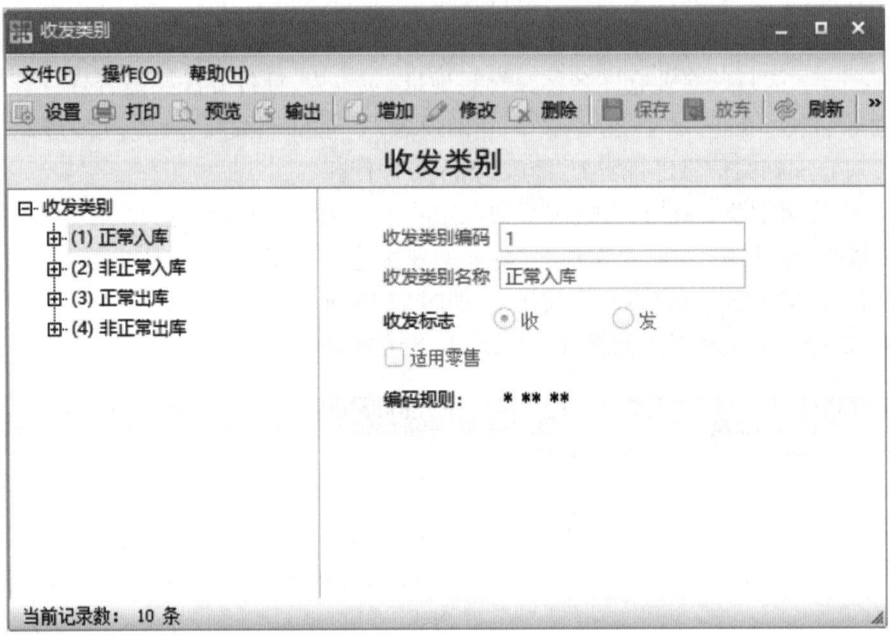

图 2-17　"收发类别"设置界面

（2）修改收发类别。在"收发类别"界面的左侧收发类别列表中，选中需要修改的收发类别，单击"修改"，即处于该收发类别的修改状态，修改后单击保存。

注意：除收发类别编码不能修改外，其他信息均可以修改。

（3）删除收发类别。在"收发类别"界面的左侧收发类别列表中，选中需要修改的收发类别，单击"删除"，即可删除该收发类别。

注意：该收发类别若被其他对象引用，则不能进行删除。

6. 采购和销售类型

在进入"业务导航"|"基础设置"|"基础档案"|"业务"后，选择"采购类别"和"销售类别"，可以对企业存货采购和销售方法、入库出库方式等信息进行增加、修改、删除等操作。

（1）采购类型。①新增采购类型。进入"采购类型"界面，单击"增加"，根据资料录入采购类型，如图 2-18 所示，单击保存即可。②修改采购类型。在"采购类型"界面的采购类型列表中，选中需要修改的采购类型，单击"修改"，即处于采购类型的修改状态，修改后单击保存即可。③ 删除采购类型。在"采购类型"窗口的采购类型列表中，选中需要修改的采购类型，单击"删除"，即可删除该采购类型。

图 2-18　"采购类型"设置界面

注意：①除采购类型编码不能修改外，其他信息均可以修改。②该采购类型若被其他对象引用，则不能进行删除。

（2）销售类型。①新增销售类型。进入"销售类型"界面，单击"增加"，根据资料录入销售类型，如图2-19所示，单击保存即可。②修改销售类型。在"销售类型"界面的销售类型列表中，选中需要修改的销售类型，单击"修改"，即处于销售类型的修改状态，修改后单击保存即可。③删除销售类型。在"销售类型"界面的销售类型列表中，选中需要修改的销售类型，单击"删除"，即可删除该销售类型。

序号	销售类型编码	销售类型名称	出库类别	是否默认值	参与需求计划运算
1	1	普通销售	销售出库	是	是
2	2	委托代销	销售出库	否	是

图2-19 "销售类型"设置界面

注意：①除销售类型编码不能修改外，其他信息均可以修改。②该销售类型若被其他对象引用，则不能进行删除。

特别提示

输出该次实验结果并保存，可以作为现有方案下一步实验的基础，也可以作为其他方案进一步初始化的基础资料，其他未完初始化工作可以在此基础上补充完善。

 思政小故事——职业道德 "三坚三守"

"三坚三守"

为贯彻落实党中央、国务院关于加强社会信用体系建设的决策部署，推进会计诚信体系建设，提高会计人员职业道德水平，根据《中华人民共和国会计法》《会计基础工作规范》，财政部研究制定的《会计人员职业道德规范》于2023年1月公布。这是我国首次制定全国性的会计人员职业道德规范。此次制定的规范，将新时代会计人员职业道德要求总结提炼为三条核心表述。

"坚持诚信，守法奉公"是对会计人员的自律要求，即牢固树立诚信理念，以诚立身、以信立业，严于律己、心存敬畏。学法知法守法，公私分明、克己奉公，树立良好职业形象，维护会计行业声誉。

"坚持准则，守责敬业"是对会计人员的履职要求，即严格执行会计准则制度，保证会计信息真实完整。勤勉尽责、爱岗敬业，忠于职守、敢于斗争，自觉抵制会计造假行为，维护国家财经纪律和经济秩序。

"坚持学习，守正创新"是对会计人员的发展要求，即始终秉持专业精神，勤于学习、锐意进取,持续提升会计专业能力。不断适应新形势新要求,与时俱进、开拓创新,努力推动会计事业高质量发展。

　　"三坚三守",强调会计人员"坚"和"守"的职业特性和价值追求,是对会计人员职业道德要求的集中表达。

第二篇
财　务　管　理

第三章 总 账 系 统

学习目标

知识目标:熟悉总账子系统的功能和应用流程;明确总账管理子系统与其他子系统的关系;熟练掌握总账子系统初始设置、日常业务处理和期末处理的内容;能够采用合适的方法对错账进行更正。

能力目标:能够结合企业实际,进行总账参数、会计科目、凭证类别的初始设置、期初数据录入,完成填制凭证、审核凭证、凭证记账、凭证记账簿查询和出纳管理等日常工作,完成自动转账业务及结账等期末处理工作。

思政目标:培养学生严谨细致的"工匠精神";理解总账作为企业经济命脉的核心作用;践行会计职业道德中的真实性与完整性原则。

概述

1. 功能概述

总账系统是财务系统的核心模块,主要有总账系统初始设置、日常账务处理、月末账务处理,以及试算平衡、对账、结账、月末生成工作报告等。它既可独立运行,又可同其他产品协同运转。用户可以通过系统手工填制凭证,可以通过常用凭证、期末转账,冲销等生成凭证,也可以接收应收款管理、应付款管理、固定资产、薪资管理和存货核算等子系统生成的凭证。

2. 应用流程

总账系统的应用流程分为三个阶段,如图3-1所示。用户初次使用该系统,应先完成系统初始化,主要包括会计科目体系设置、项目档案设置、凭证类别设置和总账期初余额的录入。系统初始化后可以开展日常业务处理,包括凭证录入、凭证审核、凭证修改、凭证记账和出纳业务管理。月末,企业要完成总账期末处理,主要包括期末结转处理、试算平衡,各类账簿记录查询和月末对账、结账。

3. 总账系统与其他系统的数据流程关系

总账系统与其他系统的数据流程关系,如图3-2所示,即各子系统生成的凭证自动传递给总账系统,统一进行管理。

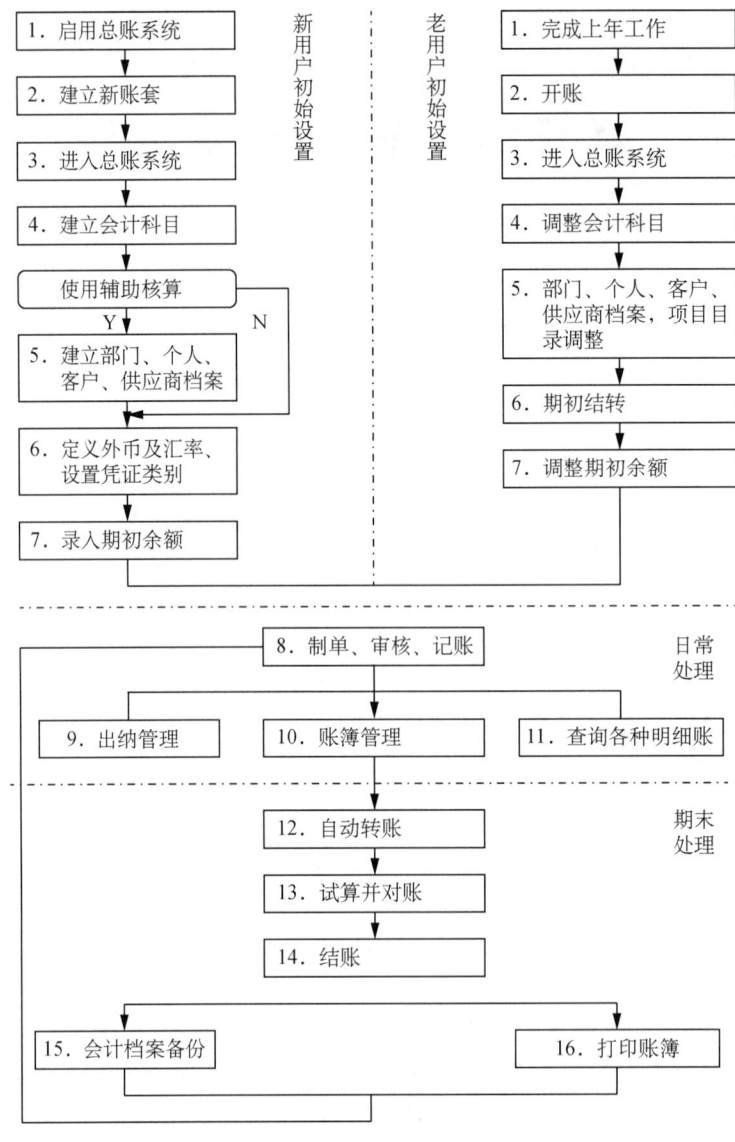

图 3-1 总账系统的应用流程

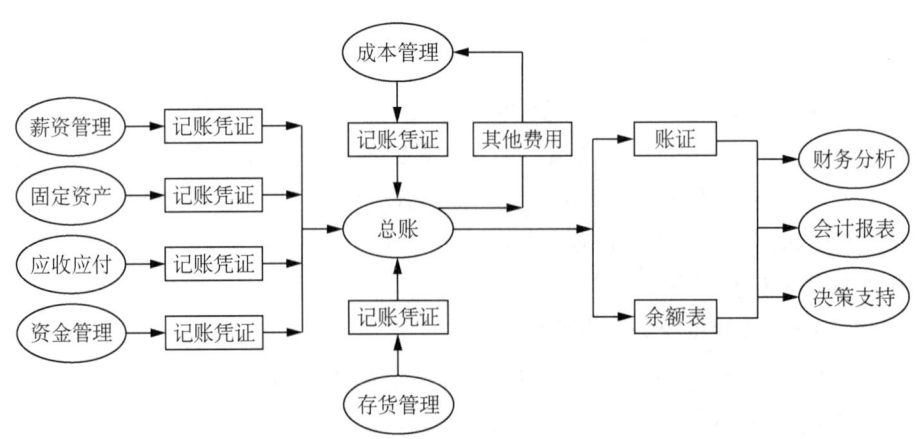

图 3-2 总账系统与其他系统的数据流程关系

实验一　总账系统初始设置

一、实验要求

以账套主管身份进行总账子系统初始化设置。

1. 设置总账系统参数
2. 设置会计科目
3. 指定会计科目
4. 设置项目目录
5. 设置凭证类别
6. 输入期初余额

二、实验资料

1. 总账的账套参数

总账的账套参数,如表 3-1 所示。

表 3-1　　　　　　　　　　　　总账的账套参数

选项卡	参数设置
凭证	制单序时控制 不允许修改、作废他人填制的凭证 出纳凭证必须经出纳签字 可查询他人的凭证 凭证编号由系统编号 不可以使用应收受控科目 不可以使用应付受控科目 可以使用存货受控科目 现金流量科目必录现金流量项目

2. 20××年 12 月份会计科目及期初余额表

20××年 12 月份会计科目及期初余额表,如表 3-2 所示。

表 3-2　　　　　　　　　　20××年 12 月份会计科目及期初余额表

单位:元

科目名称	辅助核算	方向	币别计量	期初余额
库存现金(1001)	日记账	借		14 000.00
银行存款(1002)		借		602 349.00
工行存款(100201)	日记、银行账	借		602 349.00
其他货币资金(1012)		借		489 000.00
存出投资款(101201)		借		489 000.00

(续表)

科目名称	辅助核算	方向	币别计量	期初余额
交易性金融资产(1101)		借		12 000.00
股票(110101)		借		12 000.00
应收票据(1121)	客户往来	借		60 000.00
应收账款(1122)	客户往来	借		270 000.00
预付账款(1123)	供应商往来	借		40 000.00
其他应收款(1221)	个人往来	借		2 400.00
坏账准备(1241)		贷		1 350.00
材料采购(1401)		借		0.00
A 材料(140101)	数量核算	借		0.00
		借	千克	0.00
B 材料(140102)	数量核算	借		0.00
		借	千克	0.00
原材料(1403)		借		470 000.00
A 材料(140301)	数量核算	借		280 000.00
		借	千克	2 000.00
B 材料(140302)	数量核算	借		190 000.00
		借	千克	1 900.00
材料成本差异(1404)		借		−5 547.00
库存商品(1405)		借		420 000.00
甲产品(140501)	数量核算	借		243 600.00
		借	箱	55.00
乙产品(140502)	数量核算	借		176 400.00
		借	箱	60.00
存货跌价准备(1471)		贷		0.00
固定资产(1601)		借		22 402 000.00
生产经营用固定资产(160101)		借		14 170 000.00
非生产用固定资产(160102)		借		8 232 000.00
累计折旧(1602)		贷		4 461 000.00
在建工程(1604)		借		350 000.00
基建工程(160401)		借		350 000.00
设备安装工程(160402)		借		0.00
无形资产(1701)		借		260 000.00
商标权(170101)		借		260 000.00
累计摊销(1702)		贷		20 000.00
应付票据(2201)	供应商往来	贷		936 00.00

(续表)

科目名称	辅助核算	方向	币别计量	期初余额
应付账款(2202)	供应商往来	贷		80 000.00
预收账款(2205)	客户往来	贷		20 000.00
应付职工薪酬(2211)		贷		0.00
工资(221101)		贷		0.00
工会经费(221102)		贷		0.00
职工教育经费(221103)		贷		0.00
住房公积金(221104)		贷		0.00
社会保险金(221105)		贷		0.00
应交税费(2221)		贷		192 948.00
应交增值税(222101)		贷		0.00
进项税额(22210101)		贷		0.00
转出未交增值税(22210103)		贷		0.00
销项税额(22210105)		贷		0.00
未交增值税(222102)		贷		20 000.00
应交所得税(222103)		贷		141 298.00
应交城市维护建设税(222104)		贷		4 200.00
应交教育费附加(222105)		贷		1 800.00
应交个人所得税(222106)		贷		25 650.00
其他应付款(2241)		贷		2 800.00
应付个人款(224101)	个人往来	贷		2 800.00
住房公积金(224102)		贷		0.00
社会保险金(224103)		贷		0.00
长期借款(2501)		贷		15 981 000.00
实收资本(4001)		贷		3 730 254.00
资本公积(4002)		贷		55 700.00
盈余公积(4101)		贷		97 550.00
法定盈余公积(410101)		贷		97 550.00
任意盈余公积(410102)		贷		0.00
本年利润(4103)		贷		1 000 000.00
利润分配(4104)		贷		30 000.00
提取法定盈余公积(410401)		贷		0.00
提取任意盈余公积(410402)		贷		0.00
未分配利润(410403)		贷		30 000.00
生产成本(5001)		借		380 000.00

(续表)

科目名称	辅助核算	方向	币别计量	期初余额
直接材料(500101)	项目核算	借		138 000.00
直接人工(500102)	项目核算	借		198 000.00
制造费用(500103)	项目核算	借		44 000.00
制造费用(5101)		借		0.00
工资(510101)		借		0.00
工会经费(510102)		借		0.00
职工教育经费(510103)		借		0.00
住房公积金(510104)		借		0.00
社会保险金(510105)		借		0.00
折旧费(510106)		借		0.00
制造费用转出(510107)		借		0.00
主营业务收入(6001)		贷		0.00
甲产品(600101)	数量核算	贷		0.00
		贷	箱	0.00
乙产品(600102)	数量核算	贷		0.00
		贷	箱	0.00
主营业务成本(6401)		借		0.00
甲产品(640101)	数量核算	借		0.00
		借	箱	0.00
乙产品(640102)	数量核算	借		0.00
		借	箱	0.00
税金及附加(6403)		借		0.00
城市维护建设税(640301)		借		0.00
教育费附加(640302)		借		0.00
销售费用(6601)		借		0.00
工资(660101)		借		0.00
工会经费(660102)		借		0.00
职工教育经费(660103)		借		0.00
住房公积金(660104)		借		0.00
社会保险金(660105)		借		0.00
管理费用(6602)		借		0.00
工资(660201)		借		0.00
工会经费(660202)		借		0.00
职工教育经费(660203)		借		0.00

(续表)

科目名称	辅助核算	方向	币别计量	期初余额
住房公积金(660204)		借		0.00
社会保险金(660205)		借		0.00
折旧费(660206)		借		0.00
财务费用(6603)		借		0.00
利息收入(660301)		借		0.00
利息支出(660302)		借		0.00
金融机构手续费(660303)		借		0.00
信用减值损失(6702)		借		0.00

附:各辅助账期初余额表,如表3-3至表3-11所示。

表3-3   **应收票据期初余额表**

会计科目:1121   应收票据余额:借方60 000元   单位:元

客户	金额	业务员
天仑公司	40 000	吴永斌
新星公司	20 000	吴永斌

表3-4   **应收账款期初余额表**

会计科目:1122   应收账款余额:借方270 000元   单位:元

客户	金额	业务员
华丰公司	262 980	吴永斌
物美公司	7 020	吴永斌

表3-5   **预付账款期初余额表**

会计科目:1123   预付账款余额:借方40 000元   单位:元

供应商	金额	业务员
永鑫公司	40 000	叶 丽

表3-6   **其他应收款期初余额表**

会计科目:1221   其他应收款余额:借方2 400元   单位:元

部门	个人	方向	期初余额
供应科	叶 丽	借	2 400

表3-7   **应付票据期初余额表**

会计科目:2201   应付票据余额:贷方93 600元   单位:元

供应商	金额	业务员
青胜公司	93 600	叶 丽

表 3-8 　　　　　　　　应付账款期初余额表

会计科目:2202　应付账款余额:贷方 80 000 元　　　　　　　　单位:元

供应商	金额	业务员
元科公司	28 000	叶 丽
天得公司	52 000	叶 丽

表 3-9 　　　　　　　　　预收账款期初余额表

会计科目:2205　预收账款余额:贷方 20 000 元　　　　　　　　单位:元

客户	金额	业务员
源仕公司	20 000	吴永斌

表 3-10 　　　　　　其他应付款——应付个人款期初余额表

会计科目:224101　其他应付款——应付个人款　余额:贷方 2 800 元　　　　单位:元

部门	个人	方向	期初余额
销售科	吴永斌	贷	2 800

表 3-11 　　　　　　　　　生产成本期初余额表

会计科目:5001　生产成本 余额:借方 380 000 元　　　　　　　　单位:元

科目名称	甲产品	乙产品	合计
直接材料(500101)	70 000	68 000	138 000
直接人工(500102)	106 000	92 000	198 000
制造费用(500103)	24 000	20 000	44 000
合　　计	200 000	180 000	380 000

3. 指定会计科目

把"库存现金"科目指定为"现金科目"。

把"银行存款"科目指定为"银行科目"。

把"库存现金""银行存款""其他货币资金"最末级科目指定为"现金流量科目"。

4. 项目目录

项目目录,如表 3-12 所示。

表 3-12 　　　　　　　　　项 目 目 录

项目设置步骤	设置内容
项目大类	产成品
核算科目	直接材料 直接人工 制造费用
项目分类	1 产品制造 2 委托加工
项目名称	101 甲产品 102 乙产品

5. 凭证类别

凭证类别,如表 3-13 所示。

表 3-13   凭 证 类 别

凭证类别	限制类型	限制科目
记款凭证	无限制	

三、实验指导

1. 设置总账系统参数

(1) 在"企业应用平台"中,点击"业务导航",单击"财务会计"中的"总账",进入总账系统。

(2) 在总账系统中,单击"设置"中的"选项",打开"选项"对话框,如图 3-3 所示。

图 3-3 "选项"对话框

(3) 在"选项"对话框中,单击"编辑"按钮。

(4) 选择"凭证"选项卡,按实验资料进行选择。

(5) 单击"确定"后退出。

2. 增加会计科目

（1）在"业务导航"中，点击"基础设置"，再单击系统菜单"基础档案"|"财务"|"会计科目"，进入"会计科目"窗口。

（2）单击"编辑"|"增加"，或单击工具栏上的"增加"按钮，或按 F5 键，进入"新增会计科目"界面，如图 3-4 所示。

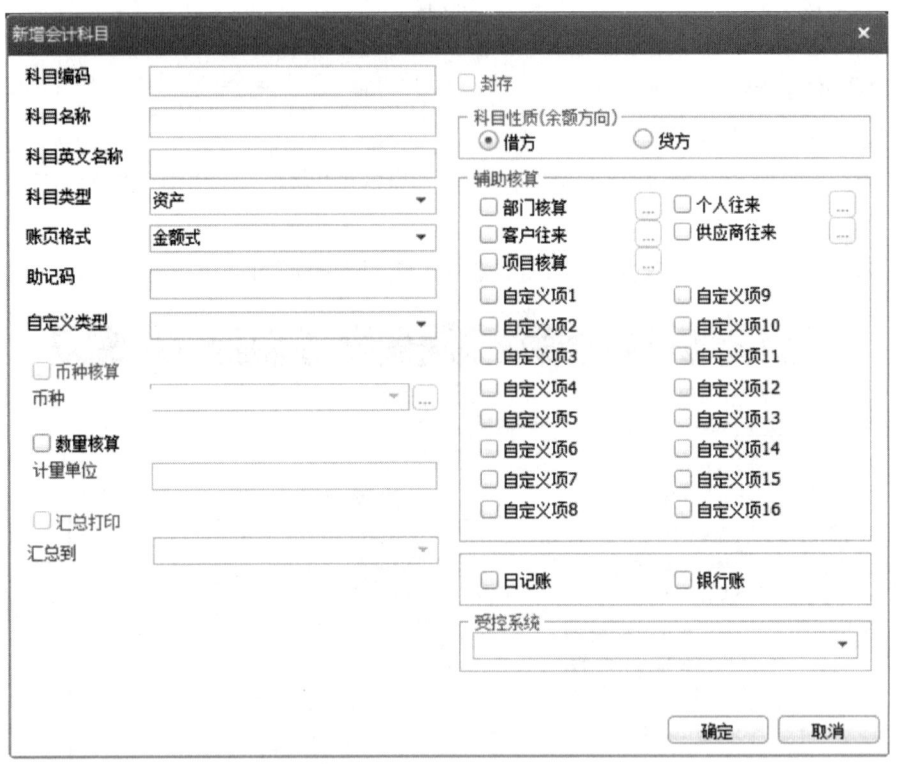

图 3-4　"新增会计科目"界面

（3）以增加"工行存款"为例，输入科目编码"100201"、科目中文名称"工行存款"，单击"日记账"和"银行账"前的空白框核算，单击"确定"按钮。

（4）如果继续增加会计科目，则单击"增加"按钮，输入科目编码、科目名称等相关科目属性，输入完毕后单击"确定"按钮。

特别提示

（1）增加会计科目时，要遵循先建上级科目再建下级科目的原则。

（2）会计科目的编码长度及每级位数要符合编码规则。

（3）编码不能重复。

（4）如果该科目为数量核算，则应单击"数量核算"，输入计量单位。

（5）如果该科目为辅助核算，则应单击相应的辅助核算；如果该科目为客户核算和供应商核算，在受控系统的下拉菜单中选择应收系统或应付款系统。

3. 修改会计科目

（1）单击所要修改的科目，双击该科目或单击"修改"按钮，即可进入会计科目修改界面对话框，单击"修改"按钮。如修改"应收账款"，双击"应收账款"科目，单击"修改"按钮，进入修改界面，单击"客户往来"前的复选框，再在"受控系统"的下拉菜单中选择"应收系统"。

（2）通过翻页按钮找到下一个要修改的科目，依上述方法修改其他科目，修改完毕，单击"确定"按钮。

特别提示

（1）已有下级科目，不能修改其编码，应遵循"自下而上"原则，即先删除下一级科目，然后再修改本科目。

（2）已经输入余额的科目，不能修改其编码，必须先删除本级及其下级科目的期初余额（即为 0），才能修改该科目。

（3）已有数据的科目不能修改科目的属性。

---

4. 删除会计科目

如果有些科目企业暂时不用或不适合企业科目体系，可将其删除。

（1）选择要删除的科目，单击"编辑"中的"删除"命令或单击工具栏上"删除"按钮，打开"删除记录"对话框。

（2）单击"确定"按钮即可将该科目删除。

特别提示

（1）如果科目已输入期初余额或已制单，则不能删除。

（2）被指定为现金/银行科目的会计科目不能删除，如想删除必须先取消指定科目。

---

5. 指定会计科目

（1）在会计科目设置界面，单击"编辑"菜单下的"指定科目"选项。

（2）单击"现金科目"选项，选择"库存现金"科目，双击或单击">"按钮，选入已选科目栏中，单击"确认"，返回"指定科目"设置界面。

（3）单击"银行科目"选项，选择"银行存款"科目，双击或单击">"按钮，选入已选科目栏中，单击"确认"，返回"指定科目"设置界面。

（4）单击"现金流量科目"选项，选择"库存现金，工行存款，存出投资款"科目，双击或单击">"按钮，选入已选科目栏中，单击"确认"返回"指定科目"设置界面，如图3-5所示。

6. 设置项目目录

1）增加项目大类

（1）在"业务导航"中，单击"基础设置"，再单击系统菜单中的"基础档案"|"财务"|"项目大类"，进入"项目大类"窗口。

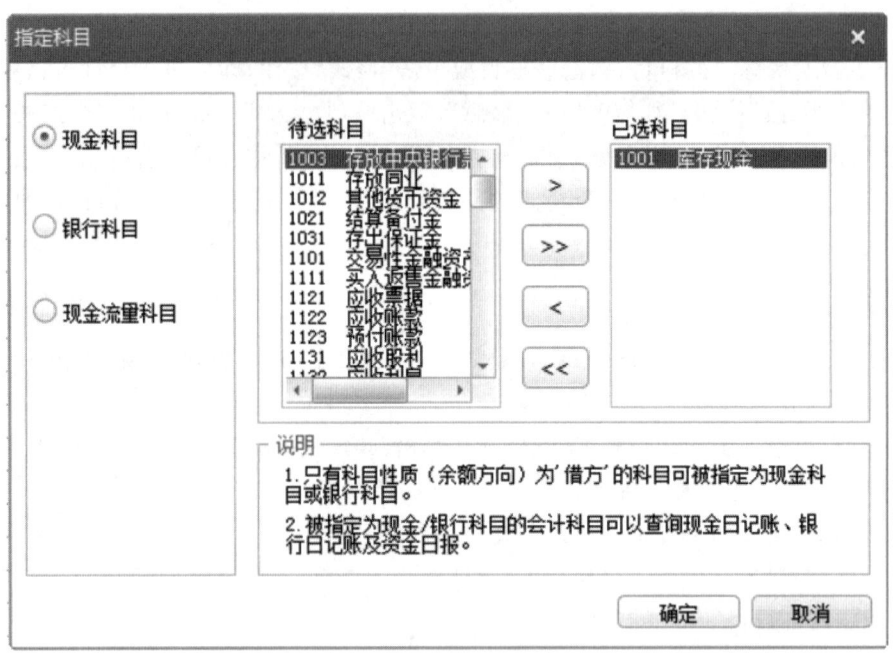

图 3-5　"指定科目"设置界面

（2）单击"增加"按钮，打开"项目大类定义_增加"对话框。

（3）录入新项目大类名称"产成品"，如图 3-6 所示。

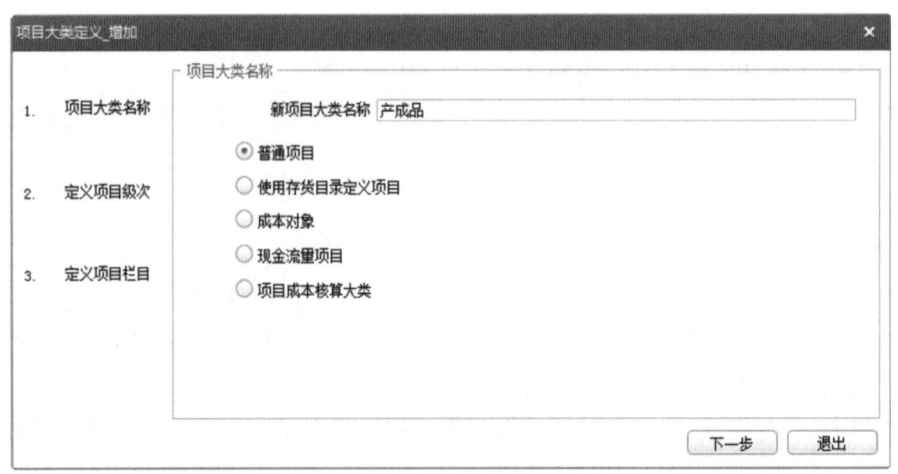

图 3-6　"项目大类定义_增加"对话框

（4）单击"下一步"，打开"定义项目级次"对话框，在"一级"后选择"1"，如图 3-7 所示。

（5）单击"下一步"，进入"定义项目栏目"对话框，单击"完成"，则返回"项目大类"窗口，如图 3-8 所示。

（6）单击"项目大类"栏下三角按钮，选择"产成品"，在单击核算科目选项卡，在"待选科目"中，选择直接材料（500101）、直接人工（500102）、制造费用（500103）科目，单击"≫"，单击"保存"后退出"项目大类"窗口，如图 3-9 所示。

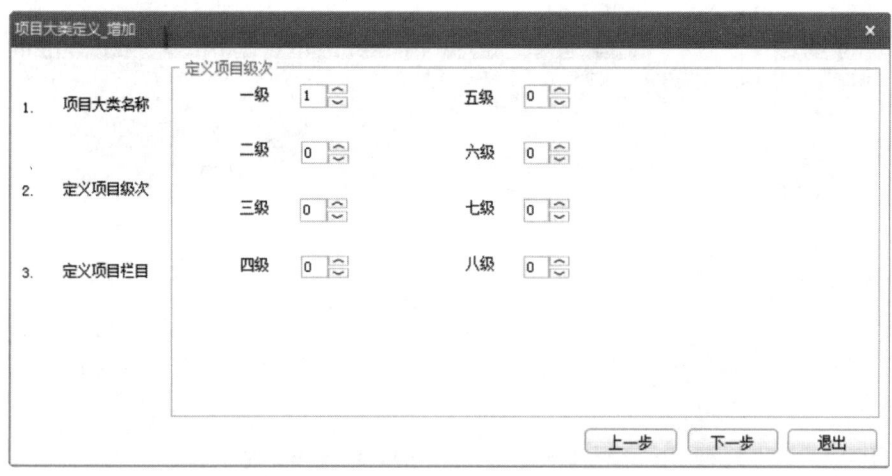

图3-7 "项目大类定义——定义项目级次"对话框

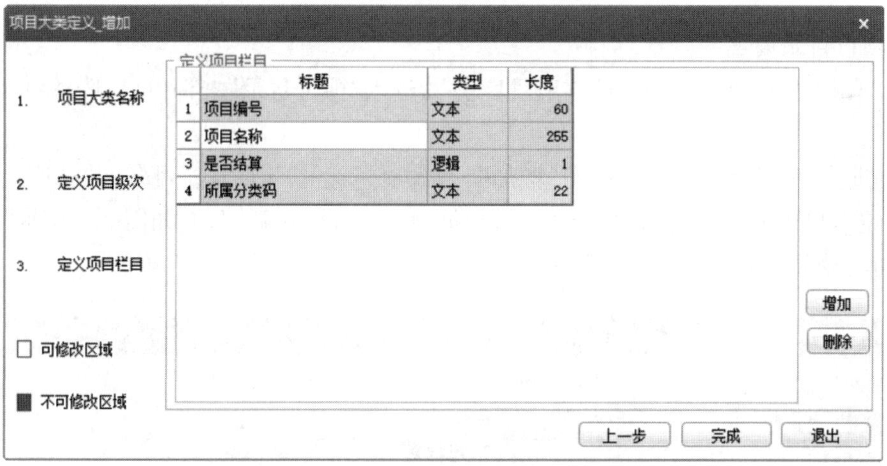

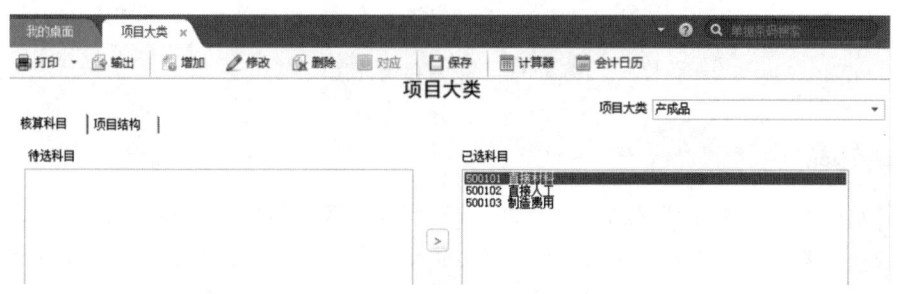

图3-8 "项目大类定义——定义项目栏目"对话框

图3-9 "项目大类定义——核算科目"对话框

2）设置项目分类

（1）单击"基础档案"|"财务"|"项目分类"，选择项目大类"产成品"，进入"项目分类"窗口。

（2）录入分类编码"1"，分类名称"产品制造"，单击"保存"。在分类编码中录入"2"，分类名称录入"委托加工"，单击"保存"。所有项目类别设置完后，如图3-10所示，退出"项目分类"窗口。

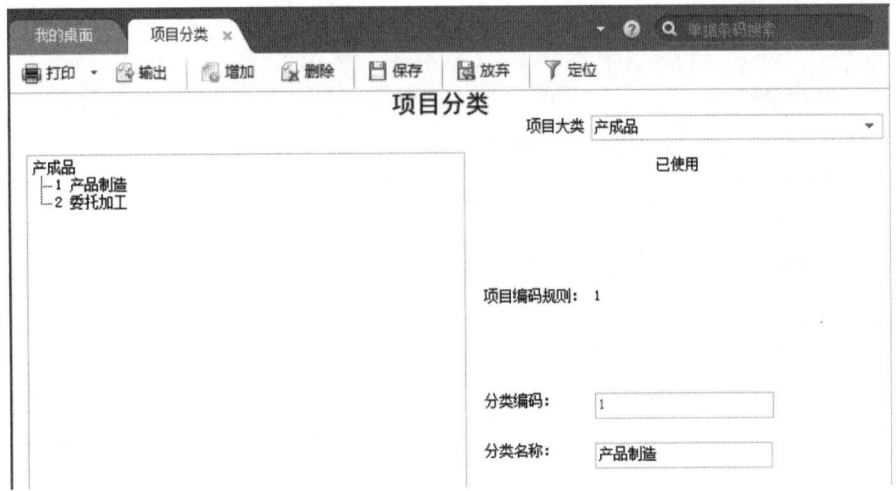

图 3-10 "项目分类"窗口

3）项目目录设置

(1) 单击"基础档案"|"财务"|"项目目录",进入"项目目录"查询窗口,选择项目大类为"产成品"。

(2) 进入"项目目录"窗口,单击"增加",录入项目编号"101",项目名称"甲产品",是否结算为"空",单击所属分类码栏,选择"1";根据表 3-12,录入新记录,如图 3-11 所示。项目档案所有记录录入完后可退出该模块。

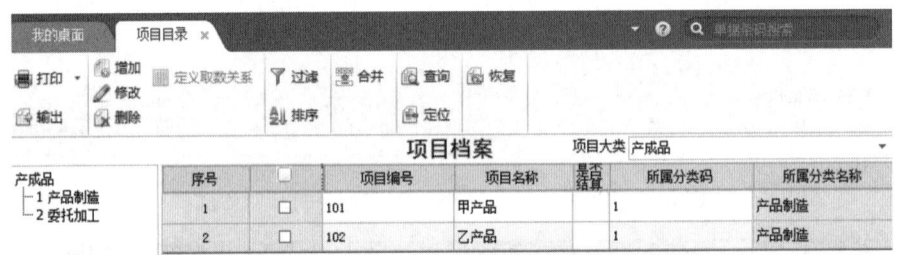

图 3-11 "项目目录"窗口

特别提示

(1) 一个项目大类可以指定多个科目,一个科目只能指定一个项目大类。

(2) 如果用户需要修改项目大类名称、项目分类级次、项目栏目结构等项目大类的相关信息,可单击工具栏上的"修改"按钮,进入项目大类修改向导进行修改。

(3) 分类编码应遵循定义项目分类时的设置。

(4) 不能隔级输入分类编码。

(5) 显示"已使用"标记的项目分类不能删除。

(6) 某项目分类下已定义下级项目则不能删除,也不能定义下级分类,必须先删除项目,再删除该项目分类或定义下级分类。

（7）标识结算后的项目不能再使用。

（8）在每年年初应将已结算或不用的项目删除。

7. 凭证类别的设置

（1）在"企业应用平台"中单击左下角"基础设置"按钮，再点击系统菜单"基础档案"|"财务"|"凭证类别"进入"凭证类别预置界面"。

（2）根据资料，在分类方式中选择"记账凭证"。

（3）如果选择"收款凭证、付款凭证、转账凭证"后单击"确定"按钮，进入"凭证类别设置界面"。双击"收款凭证"限制类型栏选择"借方必有"的限制类型后，选择或参照录入借方必有科目"1001，100201，100202"；继续双击"付款凭证"限制类型栏选择"贷方必有"的限制类型后，选择或参照录入贷方必有科目"1001，100201，100202"；继续双击"转账凭证"限制类型栏选择"凭证必无"的限制类型后，选择或参照录入凭证必无科目"1001，100201，100202"。

（4）操作完毕单击"退出"按钮。

特别提示

（1）已使用的凭证类别不能删除，也不能修改类别字。

（2）若有科目限制，则至少输入一个限制科目。若限制类型选"无限制"，则不能输入限制科目。

（3）若限制科目为非末级科目，则在制单时，其所有下级科目都将受到同样的限制。

（4）如果直接录入科目编码，则编码间的标点符号应为英文状态下的标点符号，否则系统会提示科目编码有错误。

8. 录入期初余额

（1）在总账系统中单击"设置"下"期初余额"，进入期初余额的录入界面。

（2）在"库存现金"科目所在行"期初余额"栏录入：14 000.00 元；在"工行存款"科目所在行"期初余额"栏录入：602 349.00 元，系统自动计算一级科目"银行存款"的期初余额：602 349.00 元；在"原材料——A材料"的"期初余额"栏录入：280 000.00 元，录入"期初数量"：2 000.00。

（3）录入辅助核算科目期初余额，如果设置以"应收票据"科目期初余额录入为例：①双击"应收票据"期初余额，进入"辅助期初余额"界面。②单击"往来明细"按钮，进入"期初往来明细"界面。③单击"增行"按钮，选择客户、业务员和本币金额。继续增加第二条记录，所有记录录入完毕（图3-12），单击"汇总到辅助明细"后，单击"退出"。④期初往来明细的数据更新辅助期初余额，单击"退出"，系统自动计算"应收票据"总账期初余额。

（4）如果需要修改某个科目的期初余额，直接在对应的期初余额栏内进行修改。

（5）录完所有余额后，单击"刷新"按钮，可对所有数据重新根据最末级科目余额计算上级科目余额。

（6）单击"试算"按钮，可查看期初余额试算平衡表，检查余额是否平衡。如果平衡，可进行日常业务的处理；如果不平衡，则要修改期初余额，直至平衡为止。

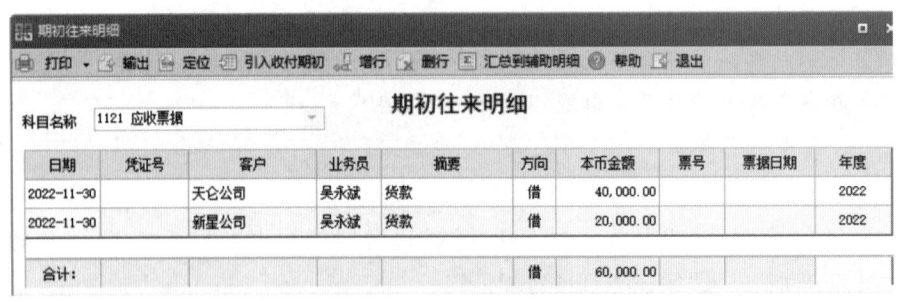

图 3-12 "期初往来明细"界面

特别提示

（1）若期初余额试算不平衡，则不能记账。

（2）输出该次实验结果并保存，以备不时之需。

实验二 凭证处理

一、实验要求

1. 以会计身份填制凭证

2. 以出纳身份进行出纳签字

3. 以账套主管身份审核凭证并记账

二、实验资料

1. 总账系统录入凭证

（1）12 月 1 日，开出转账支票（票号：Z1012）缴纳上月增值税 20 000 元（单据 2 张）。

借：应交税费——未交增值税 20 000.00

贷：银行存款——工行存款 20 000.00

（2）12 月 1 日，开出转账支票（票号：Z1009）缴纳上月城市维护建设税、教育费附加及个人所得税（单据 4 张）。

借：应交税费——应交城市维护建设税 4 200.00

——应交教育费附加 1 800.00

——应交个人所得税 25 650.00

贷：银行存款——工行存款 31 650.00

（3）12 月 3 日，以每股 45 元的价格从证券市场购买祥发公司的普通股股票 6 000 股，价款内含有已宣告分派每股 1 元的现金股利，支付佣金及手续费 85.00 元，已确认买进（单据 1 张）。

借：交易性金融资产——成本 264 000.00

应收股利 6 000.00

投资收益 85.00

贷：其他货币资金——存出投资款 270 085.00

（4）12 月 4 日,购买祥发公司股票价款中的应收股利 6 000 元现已收到。款项已划存证券资金账户(单据 1 张)。

借：其他货币资金——存出投资款　　　　　　　　　　　　　6 000.00

　　贷：应收股利　　　　　　　　　　　　　　　　　　　　　　　6 000.00

2. 其他业务子系统生成相应的凭证,自动传入总账子系统

3. 以出纳身份进行出纳签字

4. 以账套主管身份审核凭证并记账

三、实验指导

1. 填制凭证

（1）在总账系统中单击"凭证"菜单下的"填制凭证",进入"填制凭证"窗口。

（2）单击工具栏上的"增加"按钮或按 F5 键,增加一张新凭证。

（3）单击"凭证类别"的参照按钮,选择凭证类别,按回车键。

（4）在"制单日期"输入修改凭证日期,按回车键。

（5）在"附单据"处输入所附原始单据张数,按回车键。

（6）在"摘要栏"直接录入摘要,按回车键。

（7）在"科目名称"内单击科目名称栏的参照按钮(或按 F2 键,选择科目),或在科目名称栏输入科目代码,按回车键。

（8）在"金额"栏内输入金额,按回车键。

（9）继续输入第二条记录。

（10）当凭证信息全部录入完毕后,单击"保存"按钮,保存当前所填制的凭证;也可单击"增加"按钮,继续填制下一张凭证,如图 3-13 所示。

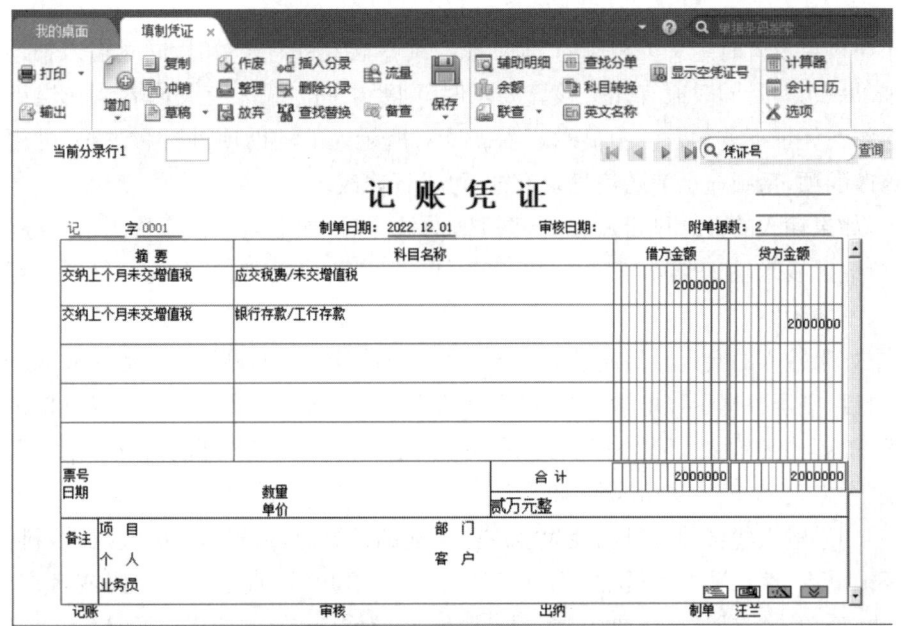

图 3-13　"填制凭证"窗口

　　如果在科目设置时定义了相应的"辅助账"，则在输入每笔分录时，同时输入辅助核算的内容。如果一个科目同时兼有几个核算要求时，则要求同时输入有关内容。在这里录入的辅助内容将在凭证下方的备注中显示。当需要对所录入的辅助项进行修改时，可用鼠标双击所要修改的项，系统显示辅助信息录入窗，可进行修改。

　　第一，如果输入的会计科目属性为部门辅助核算时，如输入"管理费用——办公费"科目，则屏幕提示要求输入"部门"信息，可输入末级部门的代码和名称，也可单击"参照"按钮参照输入，不能为空。

　　第二，如果输入的会计科目属性为个人往来辅助核算时，如输入"其他应收款——应付个人款"科目，则屏幕提示要求输入"部门""个人"信息，可输入代码或名称，也可单击"参照"按钮或按 F2 键参照输入，不能为空。在录入个人信息时，若不输"部门"只输"个人"，系统将根据所输"个人"自动输入其所属的"部门"。

　　第三，如果输入的会计科目属性为客户往来辅助核算时，如输入"应收账款"科目，则屏幕提示要求输入"客户""业务员"及"票号"等信息。"客户"可直接输入代码或客户简称，也可在"客户"处单击"参照"按钮或按 F2 键参照输入，不能为空。"业务员"可输入该笔业务的销售人员，可以为空。"票号"可输入往来业务的单据号，可以为空。

第四,如果输入的会计科目属性为供应商往来辅助核算时,如输入科目"应付票据",则屏幕提示要求输入"供应商""业务员"及"票号"等信息。"供应商"可输入代码或供应商简称,也可通过参照功能输入,参照方法同上,不能为空。"业务员"可输入该笔业务的采购人员,可以为空。"票号"可输入往来业务的单据号,可以为空。

大家需要注意的是科目、客户名称、供应商名称、个人名称、部门名称等可在制单时随时通过参照界面中的"编辑"按钮进行增加及修改。

第五,如果输入的会计科目有数量核算要求时,则屏幕提示要求输入"数量""单价"。系统根据数量×单价自动计算出金额,若数量、单价有一方未录入,系统将根据金额及数量或单价自动计算另一方。也可在只调整金额的情况下不输入数量和单价。

第六,如果输入的会计科目为待核银行账时,屏幕提示要求输入"结算方式""票号"及"发生日期"。其中,"结算方式"应输入银行往来结算方式,"票号"应输入结算单据号或支票号,"票据日期"应输入该笔业务发生的日期。

第七,如果输入的会计科目有外币核算要求时,要求录入外币数量及汇率,也可在只调整本币金额的情况下不输入外币的数量和汇率。

2.修改凭证

(1)在"填制凭证"窗口,单击"查询"按钮,找到需要修改的凭证。

(2)除了凭证类别、凭证编号不能修改,其他如摘要、科目名称、金额都可修改。

(3)单击工具栏上的"保存"按钮,保存当前修改。

3.作废与删除凭证

(1)在"填制凭证"窗口,选择要作废的凭证。

(2)单击"制单"中的"作废"|"恢复"菜单,将该凭证打上"作废"标志,如图3-14所示。

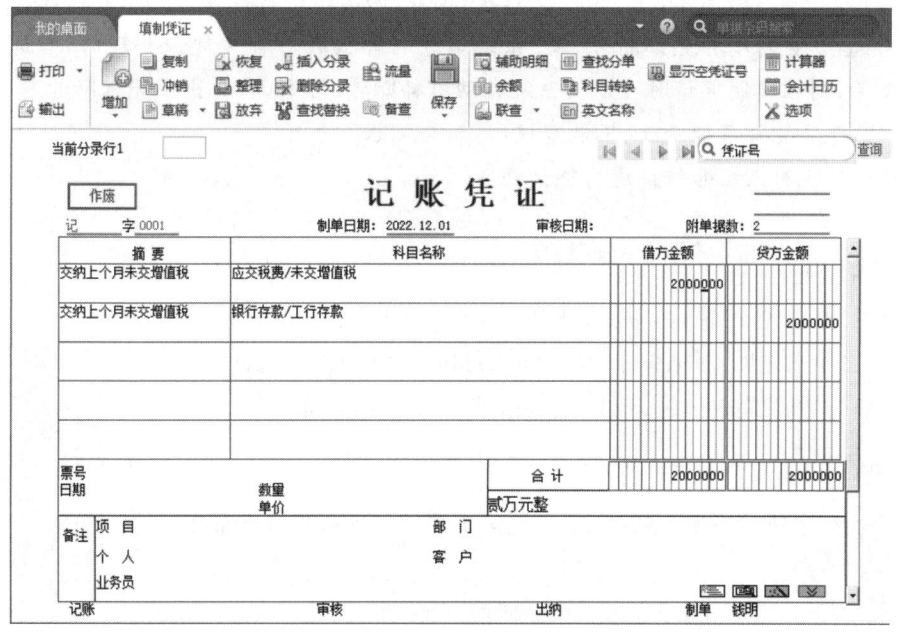

图3-14　"作废凭证"界面

（3）单击"制单"中的"整理凭证"菜单,选择凭证期间"20××.12"后单击"确定"按钮,出现"作废凭证表"对话框,如图3-15所示。

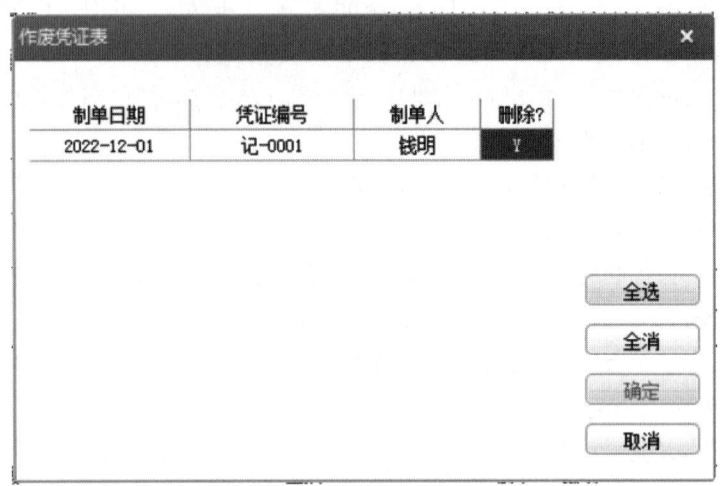

图3-15　"作废凭证表"对话框

（4）双击"作废凭证表"对话框中的"删除"栏。

（5）单击"确定"按钮,出现"是否还需整理凭证断号"提示,单击"是"。

特别提示

（1）未审核的凭证可以直接删除,已审核或已进行出纳签字的凭证不能直接删除,必须在取消审核及出纳签字后再删除。

（2）若要删除凭证,必须先进行"作废"操作,而后再进行整理。如果在总账系统的选项中选中"自动填补凭证断号"及"系统编号",那么在对作废凭证整理时,若选择不整理断号,则在填制凭证时可以由系统自动填补断号;否则,将会出现凭证断号。

（3）作废凭证不能修改、不能审核,不参与记账。

（4）只能对未记账凭证进行凭证整理。

4. 冲销凭证

（1）在"填制凭证"窗口,单击"制单"中的"冲销凭证"对话框。

（2）在"冲销凭证"对话框中,依次输入月份、凭证类别和凭证号。

（3）单击"确定"按钮,系统自动生成一张红字冲销凭证。

特别提示

通过红字冲销法增加的凭证,应视同正常凭证进行保存和管理。

5. 出纳签字

（1）重新注册更换操作员为"李萍"。

（2）在总账系统中单击"凭证"菜单下的"出纳签字"项，打开"出纳签字"对话框。

（3）输入出纳凭证的选择条件，单击"确认"按钮进入"出纳签字"情况窗口，其中出纳签字人栏有签名为已签字凭证，无签名为未签字凭证，如图 3-16 所示。

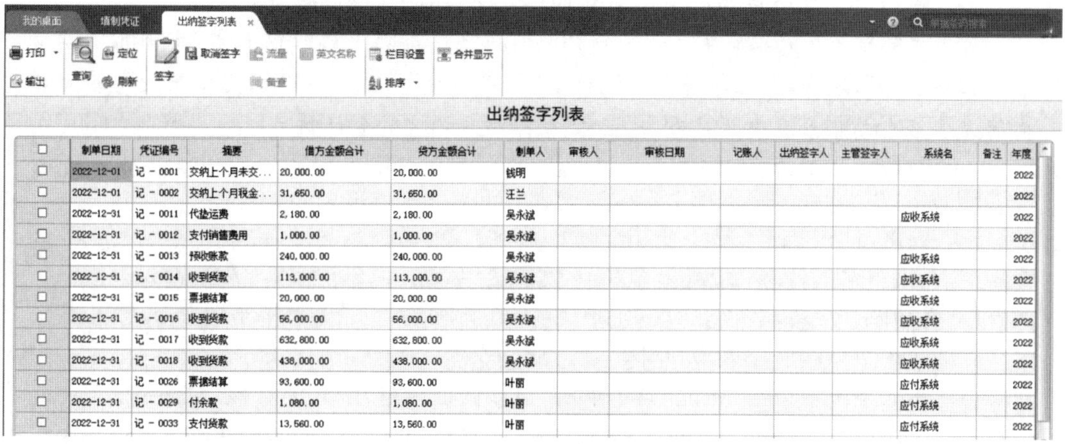

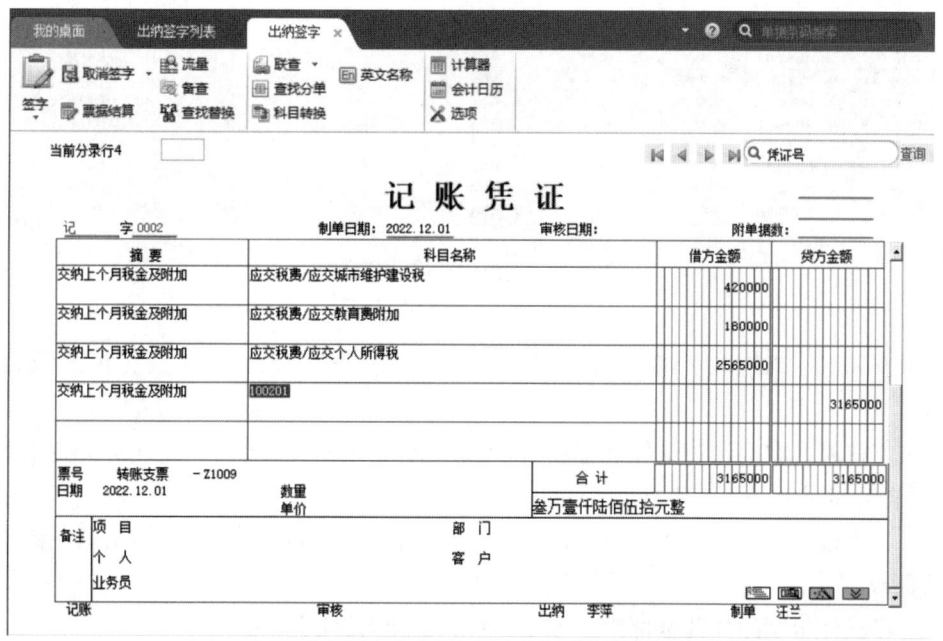

图 3-16 出纳签字列表

（4）在"出纳签字"窗口中，双击某张凭证或单击"确定"按钮，则屏幕显示以此张凭证为首的所有凭证。

（5）确认凭证正确后，单击"签字"按钮，系统将在出纳处自动签上出纳人姓名。单击"下张"按钮，再单击"签字"按钮，直到将已经填制的所有凭证进行出纳签字，如图 3-17 所示。

图 3-17 "出纳签字"窗口

（6）单击"退出"按钮退出。

特别提示

（1）出纳签字可以在凭证审核后进行，也可在凭证审核前进行。

（2）出纳签字应满足以下三个条件：首先，在总账系统中已经设置了"出纳凭证必须经由出纳签字"；其次，在会计科目中进行了"指定科目"的操作；最后，凭证中使用的会计科目是已经在总账系统中设置为"日记账"辅助核算内容的会计科目。

（3）凭证一经签字，就不能被修改、删除，只有被取消签字后才可以进行修改或删除。取消签字只能由出纳自己进行。

6．审核凭证

（1）重新注册更换操作员为"钱明"。

（2）在总账系统中单击"凭证"菜单下的"审核凭证"，打开"凭证审核"对话框。

（3）输入所要审核凭证的条件后，单击"确认"按钮进入"凭证审核列表"窗口，其中审核人栏有签名为已审核签字凭证，无签名为未审核签字凭证，如图3-18所示。

	制单日期	凭证编号	摘要	借方金额合计	贷方金额合计	制单人	审核人	审核日期	记账人	出纳签字人	主管签字人	系统名	备注	年度
	2022-12-01	记-0001	交纳上个月未交	20,000.00	20,000.00	钱明				李萍				2022
	2022-12-01	记-0002	交纳上个月税金	31,650.00	31,650.00	汪兰				李萍				2022
	2022-12-01	记-0003	购买股票	270,085.00	270,085.00	汪兰								2022
	2022-12-01	记-0004	应收股利收到	6,000.00	6,000.00	汪兰								2022
	2022-12-31	记-0005	销售未收到款	113,000.00	113,000.00	吴永斌						应收系统		2022
	2022-12-31	记-0006	销售商品	23,730.00	23,730.00	吴永斌						应收系统		2022
	2022-12-31	记-0007	销售商品	282,500.00	282,500.00	吴永斌						应收系统		2022
	2022-12-31	记-0008	销售商品	632,800.00	632,800.00	吴永斌						应收系统		2022
	2022-12-31	记-0009	销售退回	-11,300.00	-11,300.00	吴永斌						应收系统		2022
	2022-12-31	记-0010	销售乙产品	678,000.00	678,000.00	吴永斌						应收系统		2022
	2022-12-31	记-0011	代垫运费	2,180.00	2,180.00	吴永斌					李萍	应收系统		2022
	2022-12-31	记-0012	支付销售费用	1,000.00	1,000.00	吴永斌					李萍			2022

图 3-18　"凭证审核列表"窗口

（4）在"凭证审核列表"窗口中单击"确定"按钮，屏幕显示以此张凭证为首的所有凭证。

（5）审核人员在确认该张凭证正确后，单击"审核"按钮，系统在审核处自动签上审核人姓名，并自动显示下一张待审核凭证，如图3-19所示。

（6）若审核人员发现该凭证有错误，可单击"标错"按钮，对凭证进行标错以便制单人对其进行修改。

（7）将已经填制的凭证全部审核签字，单击"退出"按钮退出。

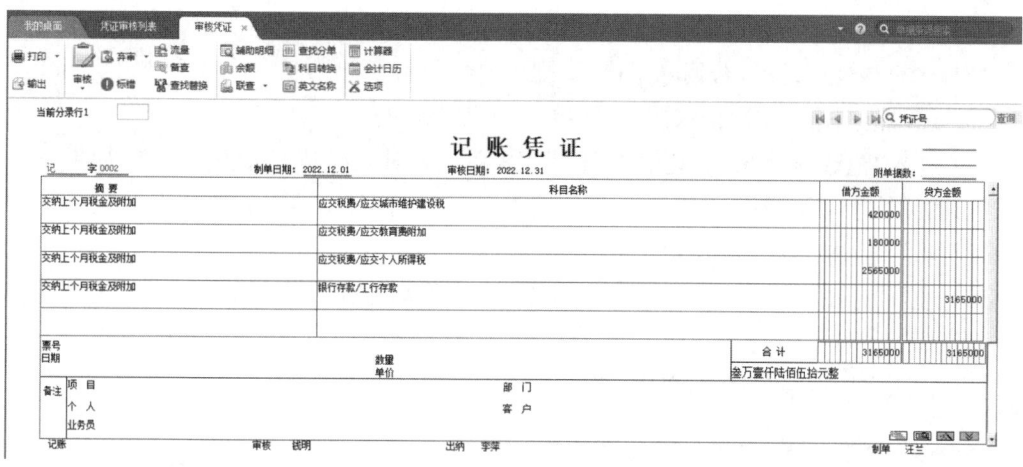

图 3-19　"审核凭证"窗口

特别提示

（1）审核人和制单人不能是同一个人。

（2）凭证一经审核，就不能被修改、删除，只有被取消审核签字后才可以进行修改或删除。

（3）单击"取消"按钮取消审核，可对已审核的凭证取消审核。

（4）再次单击"标错"按钮可取消标错。

7. 凭证记账

（1）由操作员"钱明"单击"凭证"|"记账"，进入"记账向导 1——记账范围选择"对话框，如图 3-20 所示。

期间	类别	未记账凭证	已审核凭证	记账范围
2022.12	记	1-4	1-4	

记账选择
◉ 2022.12月份凭证　　　　　○ 其他月份调整期凭证

全选　全消　记账　记账报告　　退出

图 3-20　"记账范围选择"对话框

（2）在"记账范围选择"对话框中列出各期间的未记账凭证范围清单，并同时列出其中的空号与已审核凭证范围，若编号不连续，则用逗号分隔。

（3）记账范围输入本次记账的范围，单击"记账"按钮。

（4）进入"记账向导2——记账报告"界面，系统先对凭证进行合法性检查，如果发现不合法凭证，系统将提示错误，如果未发现不合法凭证，屏幕显示所选凭证的汇总表及凭证的总数，以供核对。核对无误后，单击"下一步"按钮。

（5）进入"记账向导3——记账"界面，当以上工作都确认无误后，可单击"记账"按钮，系统开始记账。

（6）记账完毕后系统提示，单击"确定"按钮。

特别提示

（1）如果期初余额试算不平衡不允许记账；如有未审核凭证时不允许记账；上月未结账本月不能记账。对账不平，本月不能记账。

（2）单击可以输入的记账范围区，其中背景为白色表示可以记账，背景为蓝色表示上月未结账本月不能记账，输入要进行记账的凭证范围。如果不输入记账范围，则表示对所有未记账凭证执行记账。

（3）范围列示方式可以输入数字、"－"和","。例如，在记账范围区输入"1-5，8，10-12"，表示所选记账范围为第1至第5号凭证，第8号凭证，第10至第12号凭证。如果不输入记账范围，则表示对所有未记账凭证执行记账。

（4）记账后不能整理断号。

（5）已记账的凭证不能在"填制凭证"功能中查询，只能在查询凭证中查询。

实验三　出　纳　管　理

一、实验要求

1. 以出纳身份查询现金日记账、银行存款日记账和资金日报表

2. 以出纳身份进行银行对账

二、实验资料

1. 录入期初未达账项

博科电器银行账的启用日期为20××年12月1日，工行人民币户企业日记账调整前余额为602 349.00元，银行对账单调整前余额为616 149.00元，未达账项一笔，系企业已于20××年11月28日开出转账支票（票号：Z1152）支付购复印机款13 800元（记账凭证号为：记125），而银行因尚未收到此转账支票而未划付款。

2. 输出期初银行存款余额调节表

期初银行存款余额调节表，如表3-14所示。

表 3-14　　　　　　　　　　　期初银行存款余额调节表

单位:元

单位日记账项目	日记账余额	银行对账单项目	对账单余额
调整前余额:	602 349.00	调整前余额:	616 149.00
加:银行已收,企业未收	0	加:企业已收,银行未收	0
减:银行已付,企业未付	0	减:企业已付,银行未付	13 800.00
调整后余额:	602 349.00	调整后余额:	602 349.00

3. 录入银行对账单

银行对账单,如表 3-15 所示。

表 3-15　　　　　　　　　　　　银 行 对 账 单

单位:元

日期	结算方式	票号	借方金额	贷方金额
20××年 12 月 1 日	转账支票	Z1012		20 000.00
20××年 12 月 1 日	转账支票	Z1152		13 800.00
20××年 12 月 1 日	转账支票	Z1009		31 650.00
20××年 12 月 1 日	转账支票	Z2010	240 000.00	
20××年 12 月 7 日	商业承兑汇票	C569		93 600.00
20××年 12 月 8 日	商业承兑汇票	X679	20 000.00	
20××年 12 月 10 日	转账支票	Z2011	113 000.00	
20××年 12 月 11 日	转账支票	Z1011		1 080.00
20××年 12 月 16 日	转账支票	Z1014		45 200.00
20××年 12 月 16 日	转账支票	Z2006	3 000.00	
20××年 12 月 18 日	转账支票	Z2012	56 000.00	
20××年 12 月 20 日	转账支票	Z1017		2 180.00
20××年 12 月 23 日	转账支票	Z1015		13 560.00
20××年 12 月 25 日	转账支票	Z1016		132 781.45
20××年 12 月 25 日	转账支票	Z2018		10 000.00
20××年 12 月 28 日	转账支票	Z2013	438 000.00	
20××年 12 月 30 日	转账支票	Z2014	632 800.00	

4. 银行对账

5. 编制银行存款余额调节表

6. 查询勾兑情况

7. 核销已达账

三、实验指导

1. 查询现金日记账

(1) 重新更换操作员为"李萍",单击"出纳"中的"现金日记账"项,屏幕显示"现金日记

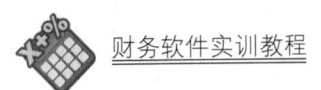
账查询条件"窗口。

（2）在"现金日记账查询条件"窗口中的科目范围处选择科目"1001 库存现金"，然后选择查询方式，系统提供按月和按日查询两种方式，可选择要查询的会计月份或日期；如果查看包含未记账凭证的日记账，用鼠标选择"包含未记账凭证"选项即可。

（3）输入查询条件后，单击"确定"按钮，屏幕显示现金日记账查询结果。

（4）在"账页格式"下拉列表框中，可选择需要查询的格式。

（5）单击"退出"按钮退出。

> **特别提示**
>
> 只有在"会计科目"功能中使用"指定科目"功能指定"现金总账"及"银行总账科目"，才能查询"现金日记账"和"银行存款日记账"。

2. 查询银行日记账

（1）单击"出纳"中的"银行日记账"项，屏幕显示"银行存款日记账查询条件"窗口。

（2）在"银行存款日记账查询条件"窗口中的科目范围处选择科目"100201 银行存款——工行存款"，然后选择查询方式，系统提供按月和按日查两种方式，可选择要查询的会计月份或日期。如果查看包含未记账凭证的日记账，可用鼠标选择"包含未记账凭证"选项即可。

（3）输入查询条件后，单击"确定"按钮，屏幕显示银行日记账查询结果。

（4）当屏幕显示出日记账后，单击账页格式下拉选择框，选择需要查询的格式，系统自动根据科目的性质列出选项供选择。

（5）单击"退出"按钮退出。

3. 查询资金日报表

（1）单击"出纳"中的"资金日报"项，屏幕显示"资金日报表查询条件"窗口。

（2）在"资金日报表查询条件"窗口中输入需要查询日报表的日期，并选择科目显示级次；如想包含未记账凭证，可用鼠标在"包含未记账凭证"选项处标上标记。

（3）查询条件选择完成后，用鼠标单击"确认"按钮，屏幕显示当日余额、本日共借、本日共贷金额。

（4）单击"退出"按钮退出。

> **特别提示**
>
> 级次用于确定是显示一级科目还是显示各级科目，如只查一级科目时，级次输为1—1，否则可不输。

4. 银行对账

1）录入银行对账期初数据

（1）在总账系统中单击"出纳"中的"银行对账"下"银行对账期初输入"命令，打开"银行科目选择"对话框。

（2）在"银行科目选择"对话框中选择输入银行科目"100201 工行存款"，单击"确定"按钮，打开"银行对账期初"窗口。点击"方向"，将对账单余额方向调整为"借方"。

（3）在"启用日期"处录入该银行账户的启用日期"20××.12.01"。

（4）录入单位日记账调整前余额"602 349.00"和银行对账单的调整前余额"616 149.00"。

（5）单击"对账单期初未达项"，进入"对账单期初未达项"录入窗口。

（6）单击"增加"按钮，录入企业未达账项。

（7）录入完毕，单击退出，系统自动计算调整后的余额。

（8）单击"日记账期初未达账"，进入"日记账期初未达账"录入窗口，单击"增加"按钮，录入银行未达账项。

（9）录入完毕，单击"退出"，系统自动计算调整后的余额。

（10）余额相等后，单击"退出"，如图 3-21 所示。

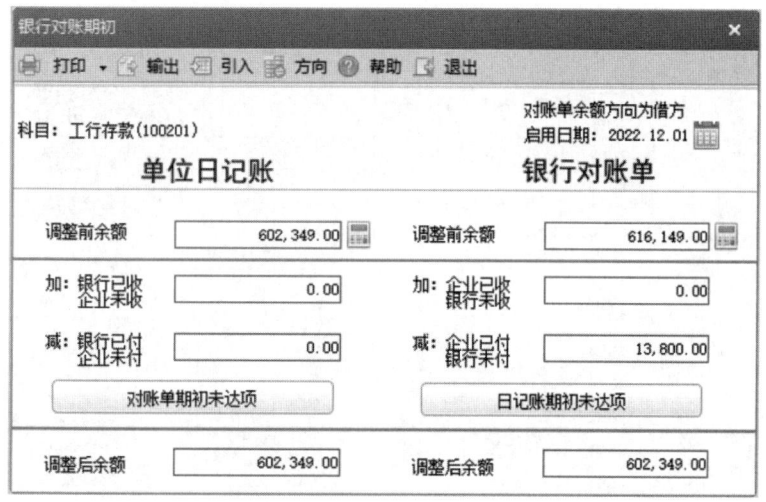

图 3-21 "银行对账期初录入"界面

特别提示

（1）系统默认银行对账单的方向为贷方。银行对账单余额方向为贷方时，贷方发生表示银行存款增加，借方发生表示银行存款减少。单击"方向"按钮可调整银行对账单余额方向。已进行过银行对账勾对的银行科目不能调整银行对账单余额方向。

（2）输入的银行对账单、单位日记账的期初未达项的发生日期不能大于等于此银行科目的启用日期。

（3）在期初未达项输入完毕后，不要随意调整启用日期，尤其是向前调。

（4）若某银行科目已进行过对账，在期初未达项中输入中，对于已勾对或已核销的记录再修改。

2) 录入银行对账单

(1) 在总账系统中单击"出纳"菜单"银行对账"下"银行对账单",打开"银行科目选择"窗口。

(2) 选择输入银行科目,如选"100201 工行存款"后单击"确定"按钮。

(3) 在"银行对账单"窗口中,单击"增加"按钮,新增一条空白栏。

(4) 录入或选择日期"20××.12.01",选择结算方式"202 转账支票",录入票号"Z1012",录入贷方金额"20 000.00",按回车键。

(5) 新增第二个空白栏,根据资料继续录入。

(6) 录入完毕,单击"退出",如图 3-22 所示。

银行对账单

科目: 工行存款(100201)　　　　　　　　　　　　　　　　对账单账面余额:1,755,097.55

日期	结算方式	票号	备注	借方金额	贷方金额	余额
2022.12.01	202	Z1012			20,000.00	596,149.00
2022.12.01	202	Z1152			13,800.00	582,349.00
2022.12.01	202	Z1009			31,650.00	550,699.00
2022.12.01	202	Z2010		240,000.00		790,699.00
2022.12.07	401	C569			93,600.00	697,099.00
2022.12.08	401	X679		20,000.00		717,099.00
2022.12.10	202	Z2011		113,000.00		830,099.00
2022.12.11	202	Z1011			1,080.00	829,019.00
2022.12.16	202	Z1014			45,200.00	783,819.00
2022.12.16	202	Z2006		3,000.00		786,819.00
2022.12.18	202	Z2012		56,000.00		842,819.00
2022.12.20	202	Z1017			2,180.00	840,639.00
2022.12.23	202	Z1015			13,560.00	827,079.00
2022.12.25	202	Z1016			132,781.45	694,297.55
2022.12.25	202	Z2018			10,000.00	684,297.55
2022.12.28	202	Z2013		438,000.00		1,122,297.55
2022.12.30	202	Z2014		632,800.00		1,755,097.55

图 3-22 "银行对账单录入"界面

3) 银行对账

(1) 在总账系统中单击"出纳"菜单"银行对账"下"银行对账"项,打开"银行科目选择"窗口。

(2) 选择银行科目"100201 工行存款",单击"确定"按钮。

(3) 打开"银行对账"窗口,该窗口左边为记账后产生的单位银行账,右边为手工录入的银行对账单,单击"对账"按钮,出现"自动对账"条件选择窗口。

(4) 在"截止日期"文本框中输入"20××-12-31"。

(5) 系统默认的对账条件为日期相差 12 天之内的银行账进行核对,可以进行修改,如我们选择空。

（6）单击"结算方式相同"前的复选框，表示按结算方式相同的银行账进行核对。

（7）单击"结算票号相同"前的复选框，表示按结算票号相同的银行账进行核对。

（8）方向相同、金额相同不能修改，此项自动根据对账单方向自动确定，如图 3-23 所示。

图 3-23 "自动对账"条件选择窗口

（9）选择以上对账条件后，单击"确定"按钮，系统开始对账。自动对账两清的记录标"○"，且已两清的记录背景色为黄色。

（10）单击"检查"按钮检查对账是否有错，如果有错误，应进行调整，如图 3-24 所示。

图 3-24 "银行对账"界面

（1）不输入对账截止日期，则将所有日期的银行账进行核对。如果输入对账截止日期，系统将至截止日期前的日记账和对账单进行勾对。

（2）银行对账还有一种形式是手工对账，手工对账两清的标志为"Y"。

（3）单击每一项对账条件前的复选框可以取消相应的对账条件，即在对账时不考虑相应的对账条件。

（4）系统提供两种取消对账标志的方式：①手动取消勾对：双击要取消对账标志业务的"两清"按钮即可。②自动取消勾对：单击"取消"按钮，系统将自动对此期间已两清的银行账取消"两清"标志。

4）编制余额调节表

（1）在总账系统中单击"出纳"菜单"银行对账"下"余额调节表查询"项，打开"银行存款余额调节表"窗口。

（2）屏幕显示所有银行科目的账面余额及调整余额。如要查看某科目的调节表，则先将光标移到该科目上，然后单击"查看"按钮或双击该行，则可查看该银行账户的银行存款余额调节表，如双击"工行存款100201"，显示工行存款的余额调节表，如图3-25所示。

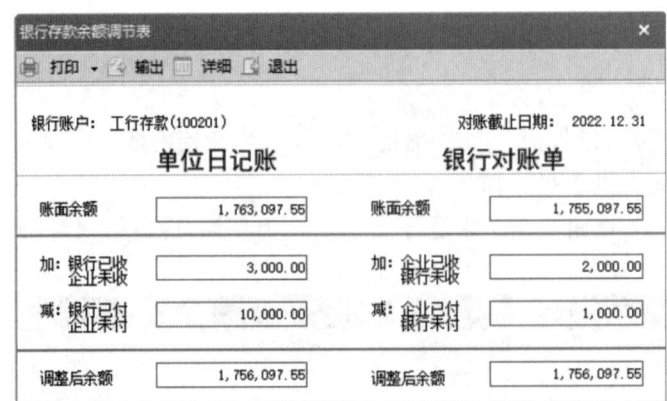

图3-25 "银行余额调节表"界面

（3）操作完毕，单击"退出"按钮。

（1）如果余额调节表显示账面余额不平，应查看银行对账期初、银行对账单及银行对账是否正确。

（2）在银行对账之后可以查询对账勾对情况，如果确认银行对账结果是正确的，可以使用"核销银行账"功能核销已达账。

5）查询对账勾对情况

（1）在总账系统中单击"出纳"菜单"银行对账"下"查询对账勾对情况"项，选择要进行对账的银行科目,如选择"100201 工行存款"。

（2）屏幕提示输入查询条件,输入要查找的银行科目,然后选择查询方式。系统提供三种查询方式供选择,即显示全部、显示未达账、显示已达账,系统默认显示全部。

（3）确定查询条件后,如选"全部"单击"确定"按钮,屏幕显示查询结果。可以通过单击银行对账单、单位日记账页签切换显示对账情况。也可打印输出。

（4）查询完毕,单击"退出"按钮。

6）核销已达账

（1）在总账系统中单击"出纳"菜单"银行对账"下"核销已达账"项。

（2）屏幕显示要求选择银行科目"100201 工行存款",单击"确定"按钮,提示确认后即可删除已达账,如图 3-26 所示。

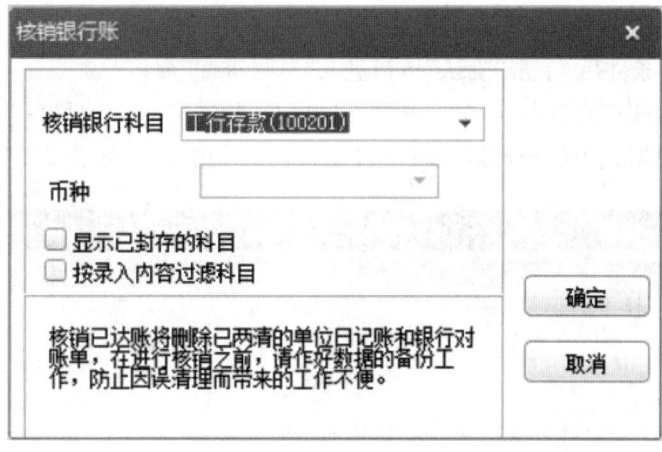

图 3-26 "核销银行账"界面

特别提示

（1）如果银行对账不平衡时,不予进行核销。

（2）按"ALT＋U"可以进行反核销。

实验四 账表查询

一、实验要求

以"钱明"的身份进行账簿查询操作。

1. 查询 20××年 12 月份的三栏式总账,并联查"管理费用"明细账及凭证

2. 查询 20××年 12 月的发生额及余额表并联查专项资料

3. 查询"管理费用"明细账

4. 查询"应交增值税"多栏账

二、实验资料

以前面实验资料为基础。

三、实验指导

1. 查询三栏式总账

（1）重新注册操作员为"钱明"，单击"账表"菜单下的"科目账"|"总账"，屏幕显示"总账查询条件"窗口。

（2）在"科目"文本框中输入科目起止范围。科目范围为空时，系统认为是所有的科目。

（3）单击"级次"文本框的微调按钮，可以按该范围内的某级科目，如将科目级次输入为1—1，则只查一级科目；如将科目级次输为1—3，则只查一至三级科目；如需要查所有末级科目，则选择"末级科目"即可。

（4）若想查询包含未记账凭证的总账，选择"包含未记账凭证"即可。

（5）输入查询条件后，单击"确认"按钮进入"总账查询"窗口。

（6）在"总账查询"窗口中，可单击科目下拉框，选择需要查看的科目"材料采购"。可单击屏幕右上方账页格式下拉框，显示所选科目的数量、外币总账，如图3-27所示。

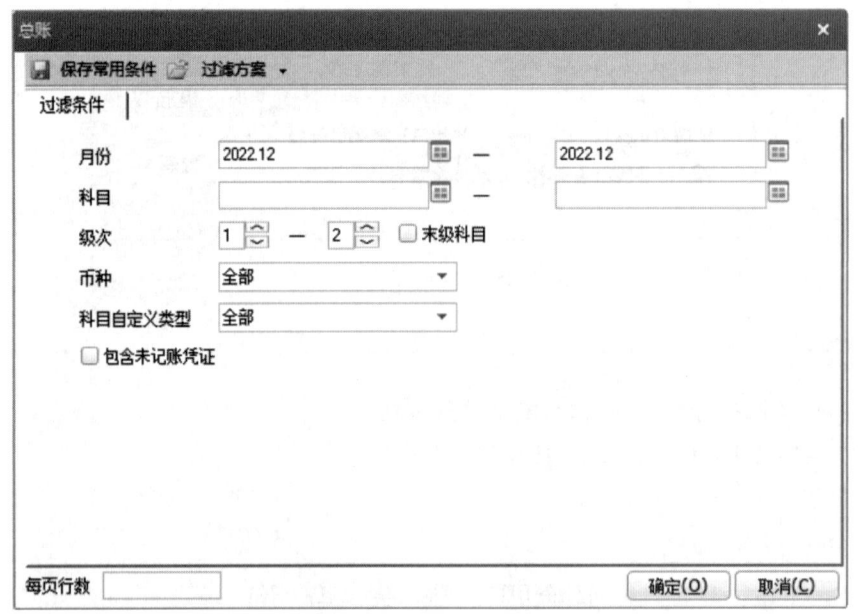

图3-27 "总账查询"窗口

（7）单击工具栏中的"明细"按钮，即可联查到"材料采购"12月份的明细账。

（8）单击选中"凭证"所在行，单击"凭证"按钮，打开该凭证。

（9）单击"退出"按钮，退出。

2. 查询余额表

（1）单击"账表"中的"科目账"|"余额表"，打开"发生额及余额表"窗口。

（2）在"月份"框中，选择起止月份，当只查某个月时，应将起止月都选择为同一月份，如"20××.12"—"20××.12"。

（3）科目范围为空时,系统认为是所有科目。

（4）单击"级次"文本框中的微调按钮,选择"末级科目"。

（5）余额范围用于指定要查找的余额范围,上限不输,则表示查余额大于零的所有科目。

（6）科目类型:为空时,系统默认全部类型;也可单击科目类型选择下拉框,选择要查询的科目类型。

（7）想查询包含未记账凭证的总账,选择"包含未记账凭证"即可。

（8）外币名称为空时,系统默认所有外币,如图3-28所示。

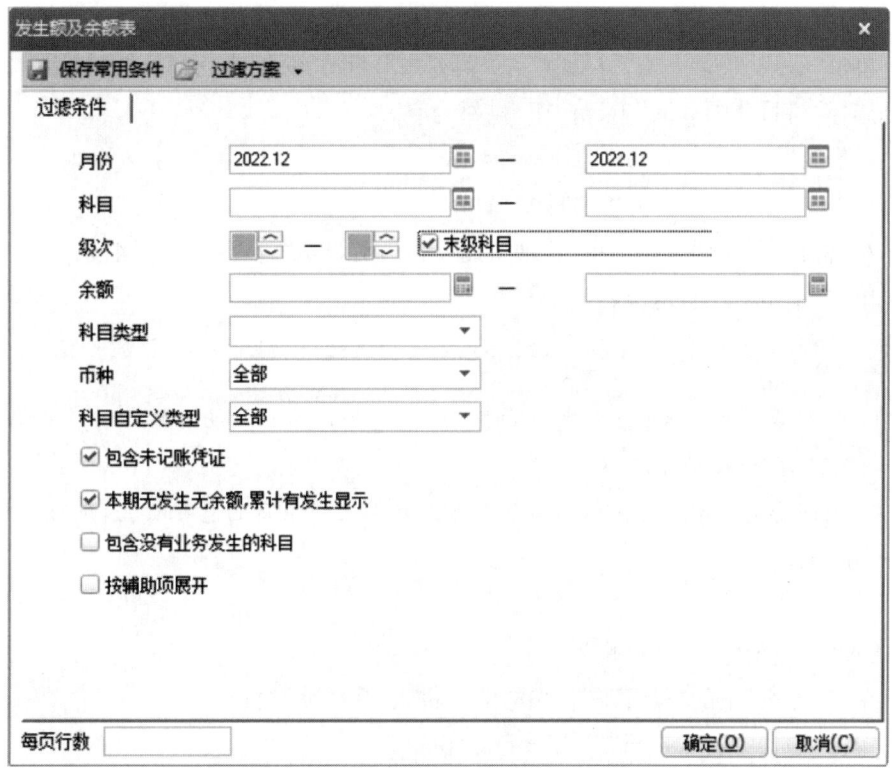

图3-28 "发生额及余额表"窗口

（9）单击"确认"按钮,则显示"发生额及余额表",如图3-29所示。

发生额及余额表

月份:2022.12 - 2022.12
币种:全部
金额式

科目		期初余额		本期发生		期末余额	
编码	名称	借方	贷方	借方	贷方	借方	贷方
1001	库存现金	14,000.00				14,000.00	
100201	工行存款	602,349.00		1,501,800.00	341,051.45	1,763,097.55	
101201	存出投资款	489,000.00		6,000.00	270,085.00	224,915.00	
110101	股票	12,000.00		264,000.00		276,000.00	
1121	应收票据	60,000.00		273,380.00	60,000.00	273,380.00	
1122	应收账款	270,000.00		1,760,910.00	1,780,200.00	250,710.00	
1123	预付账款	40,000.00		-40,000.00			
1131	应收股利			6,000.00	6,000.00		
1221	其他应收款	2,400.00				2,400.00	
1231	坏账准备		1,350.00	7,020.00	6,923.55		1,253.55

图3-29 发生额及余额表

（10）在余额表中用鼠标单击"累计"按钮，系统将显示或取消显示借贷方累计发生额。

（11）将光标定在具有辅助核算的科目所在行，单击"专项"按钮，可查询相应科目的辅助总账或余额表。

（12）在余额表中单击"过滤"按钮，输入要过滤的科目编码，单击"确认"按钮即可查到相应科目。

（13）单击"退出"按钮，退出。

3. 查询明细账

（1）单击"账表"菜单下的"科目账"｜"明细账"，打开"明细账查询条件"对话框。

（2）选择"科目范围查询"单选按钮，科目为空。

（3）月份为"20××年12月—20××年12月"。

（4）单击"确认"按钮，打开"明细账"窗口。

（5）在"科目"下拉列表中选择"管理费用"科目，可显示"管理费用"明细账。

（6）单击"退出"按钮，退出。

特别提示

（1）若希望在查询非末级科目明细账时，能看到该科目的明细账按其末级科目分别列示，则可选择"按科目排序"。

（2）若同时查看某月份末级科目的明细账及其上级科目的总账数据，则可选择"月份综合明细账"。

4. 查询"应交增值税"多栏账

（1）单击"账表"下的"科目账"｜"多栏账"，进入"多栏账"窗口。

（2）单击"增加"按钮，打开"多栏账定义"窗口。

（3）单击"核算科目"下拉框，选择多栏账核算科目，如选择"应交增值税"。

（4）在"栏目定义"选项区域，单击"自动编制"按钮，将根据所选核算科目的下级科目自动编制多栏账分析栏目。

（5）单击"选项"按钮，打开"格式预览"框。

（6）单击"分析栏目前置"单选按钮。

（7）在"栏目定义"选项区域，确定"方向"，其中"22210101、22210103"为借方，其他科目为贷方，如图3-30所示。

（8）单击"确定"按钮，定义完毕，返回到"多栏账"窗口。

（9）单击"查询"按钮，在"多栏账查询"对话框中，输入多栏账查询条件。

（10）单击"确定"按钮，即可查到"应交增值税"多栏账，如图3-31所示。

图 3-30 "多栏账定义"窗口

多栏账

多栏 应交增值税多栏账 ▼   月份：2022.12-2022.1

2022年		凭证号数	摘要	借方			贷方			方向	余额
月	日			合计	进项税额	转出未交增值税	合计	进项税额转出	销项税额		
12	31	记-0005	货款				13,000.00		13,000.00	贷	13,000.00
12	31	记-0006	货款				2,730.00		2,730.00	贷	15,730.00
12	31	记-0007	销售专用发票				32,500.00		32,500.00	贷	48,230.00
12	31	记-0008	货款				72,800.00		72,800.00	贷	121,030.00
12	31	记-0009	销售专用发票				-1,300.00		-1,300.00	贷	119,730.00
12	31	记-0010	货款				78,000.00		78,000.00	贷	197,730.00
12	31	记-0024	采购专用发票	4,680.00	4,680.00					贷	193,050.00
12	31	记-0025	采购专用发票	1,560.00	1,560.00					贷	191,490.00
12	31	记-0026	采购专用发票	2,860.00	2,860.00					贷	188,630.00
12	31	记-0027	采购专用发票	33.03	33.03					贷	188,596.97
12	31	记-0042	直接购入资产.	5,200.00	5,200.00					贷	183,396.97
12	31	记-0049	结转待处理财产损益				678.96	678.96		贷	184,075.93
12	31	记-0051	结转销项税额							贷	184,075.93
12	31	记-0052	结转未交增值税	183,396.97		183,396.97				平	
12			当前合计	197,730.00	14,333.03	183,396.97	198,408.96	678.96	197,730.00	平	
12			当前累计	197,730.00	14,333.03	183,396.97	198,408.96	678.96	197,730.00	平	

图 3-31 "应交增值税"多栏账

实验五 期末处理

一、实验要求

1. 以"汪兰"的身份定义转账分录

2. 以"汪兰"的身份录入凭证或分批生成转账凭证

3. 以"钱明"身份进行审核、记账、对账和结账

二、实验资料

1. 按要求编制凭证录入总账子系统或者通过凭证模板生成凭证

(1) 12 月 31 日,结转未缴增值税。

要求:通过设置凭证模板生成凭证。

(2) 12 月 31 日,计提 7% 的应缴城市维护建设税和 3% 的教育费附加。

要求:通过设置凭证模板生成凭证。

(3) 12 月 31 日,摊销本月无形资产,商标权按 10 年摊销。

要求:通过设置凭证模板生成凭证。

(4) 12 月 31 日,本月购买的材料全部验收入库,结转入库原材料成本。其中,A 材料计划单位成本 140 元,B 材料计划单位成本 100 元,查询"材料采购明细账"获取材料验收入库数量。

要求:编制该笔业务分录在总账系统中录入。

(5) 12 月 31 日,根据材料领用汇总表(表 3-16)结转发出原材料成本及材料成本差异。其中,材料成本差异率根据"原材料"科目和"材料成本差异"科目有关数据计算。

表 3-16　　　　　　　　　材料领用汇总表

单位:千克

部门	A 材料	B 材料
甲产品	500	700
乙产品	500	864
管理部门	20	16
合计	1 020	1 580

要求:编制该笔业务分录在总账系统中录入。

(6) 12 月 31 日,按甲产品和乙产品标准工时数分摊制造费用(表 3-17)。

表 3-17　　　　　　　　　制造费用分摊表

产成品	标准工时数
甲产品	600
乙产品	400
合计	1 000

要求:通过设置凭证模板生成凭证。

(7) 12 月 31 日,结转本月完工产品成本。其中,甲产品完工入库 80 箱,单位成本 3 896.454 元;乙产品完工入库 130 箱,单位成本 2 719.609 08 元。产品完工成本结转汇总表,如表 3-18 所示。

表 3-18　　　　　　　　　产品完工成本结转汇总表

单位:元

项目	直接材料	直接人工	制造费用	合计
甲产品完工成本	137 797.60	104 362.40	69 556.32	311 716.32
乙产品完工成本	183 942.28	113 276.36	56 330.54	353 549.18

要求:根据上述资料编制会计分录,在总账系统中录入。

(8)12月31日,结转销售商品的主营业务成本。

要求:通过设置凭证模板生成凭证。

(9)12月31日,分别结转收入和费用账户余额。

要求:通过设置凭证模板生成凭证。

(10)12月31日,按25％企业所得税税率计算本月应交所得税。

要求:编制分录在总账系统中录入。

(11)12月31日,结转本月所得税费用。

要求:通过设置凭证模板生成凭证。

(12)12月31日,结转全年实现的利润。

要求:通过设置凭证模板生成凭证。

(13)12月31日,按10％计提法定盈余公积,按5％计提任意盈余公积。

要求:通过设置凭证模板生成凭证。

(14)将"利润分配"明细科目转入"利润分配——未分配利润"科目。

要求:通过设置凭证模板生成凭证。

2. 以"钱明"身份进行审核、记账、对账和结账。

三、实验指导

1. 转账定义

1)自定义转账设置

(1)在总账系统中单击"期末"菜单"转账定义"下"自定义转账",进入"自定义转账设置"窗口。

(2)单击工具栏上的"增加",打开"转账目录"对话框,可定义一张转账凭证。下面以月末分别按60％和40％结转制造费用到"生产成本——制造费用(甲产品)"账户和"生产成本——制造费用(乙产品)"账户中为例。

(3)输入"转账序号",即所定义凭证的代号,如"0004";输入"转入说明",即摘要,如"结转制造费用";选择凭证类别,如选择"记账凭证",单击"确定"按钮。

(4)默认摘要,不做修改,直接回车。

(5)在"科目编码"栏中输入科目代码,如"500103 生产成本——制造费用";如果输入的科目有辅助核算时,需要录入辅助信息,如项目代码"101甲产品"。

(6)输入科目的方向:输入转账凭证数据发生的借贷方向。在"方向"下拉列表中选择 "借"。

(7)直接输入公式:双击"金额公式"栏,直接输入公式。

输入公式时,也可采用向导方式输入金额公式:

第一,双击"金额公式"栏,打开"公式向导"对话框,如图3-32所示。

第二,选择"FS( )借方发生额"。

第三,单击"下一步"按钮,进入公式向导,如图3-33所示。

第四,在科目栏中输入"5101制造费用",选择期间为"月",方向为"借";单击"按默认值取数"单选按钮;选中"继续输入公式"复选框后,单击运算号"＊(乘)"单选按钮。单击"下一

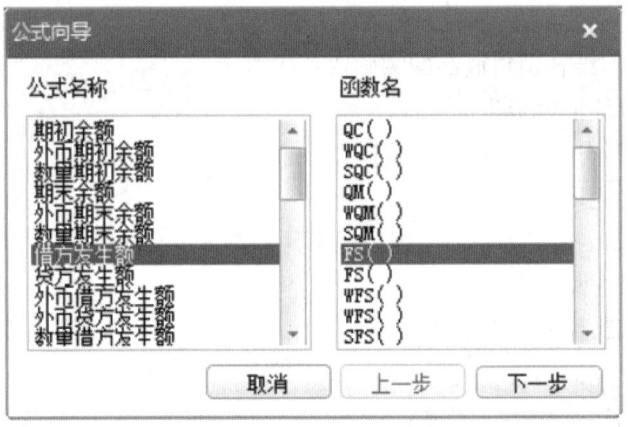

图 3-32 "公式向导——选择函数设置"窗口

公式向导

公式说明
借方发生额[FS()]：取指定科目和期间的借方发生额
参数说明：所有参数均可缺省
科目缺省取当前行科目，月份缺省取结转月份

科目	5101	自定义项7	
期间	月 ▼ 方向 借 ▼	自定义项8	
客户		自定义项9	
供应商		自定义项10	
部门		自定义项11	
个人		自定义项12	
项目		自定义项13	
自定义项1		自定义项14	
自定义项2		自定义项15	
自定义项3		自定义项16	
自定义项5			

○ 按默认值取数   ○ 按科目(辅助项)总数取数

□ 继续输入公式   上一步   完成   取消

图 3-33 "公式向导——设置公式参数设置"窗口

步"按钮。

第五，在"公式名称"框中，选择"常数"，单击"下一步"按钮。

第六，在"常数"栏中输入"0.6"，单击"完成"，得到公式"FS(5101,月,借)＊0.6"。

（8）单击"增行"按钮，输入第二条记录，"摘要"由系统选择默认；在"科目编码"栏中输入科目代码，如"500103 生产成本——制造费用"；"项目代码"栏输入"102 乙产品"。公式输入 "FS(5101,月,借)＊0.4"。

（9）单击"增行"按钮，输入第三条记录，"摘要"由系统选择默认；在"科目编码"栏中输入科目代码，如"510107 制造费用——制造费用转出"；公式输入"JG（ ）"。单击"保存"按钮，该张自定义凭证设置成功，可继续设置下一张自定义转账凭证，如图 3-34 所示。

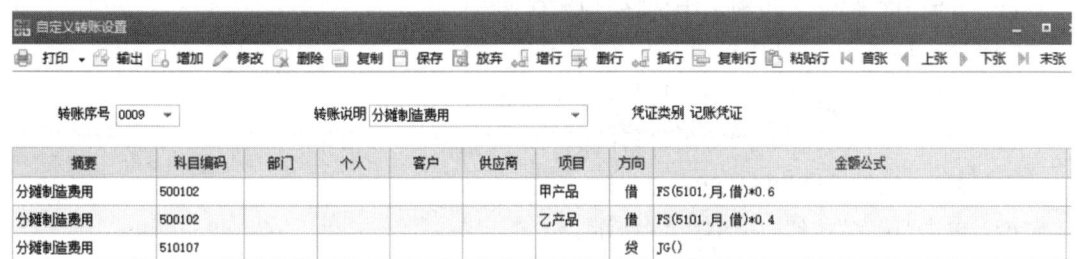

图 3-34 "自定义转账凭证设置"窗口

特别提示

（1）转账序号是该张转账凭证的代号，不是凭证号。转账凭证的凭证号在每月转账时自动产生。一张转账凭证对应一个转账编号，转账编号可以任意定义，但只能输入数字 1～9，字母 a～z 、A～Z，不能重号。

（2）转账科目可以为非末级科目，辅助项可以为空。

（3）若输入的是非末级科目，可先按非末级科目定义转账分录，然后再选择需要结转的明细科目，系统会自动复制明细科目转账分录。

2）销售成本结转

在"销售成本结转设置"窗口，选择输入相应科目的科目代码后，点击"确定"即可，如图 3-35 所示。

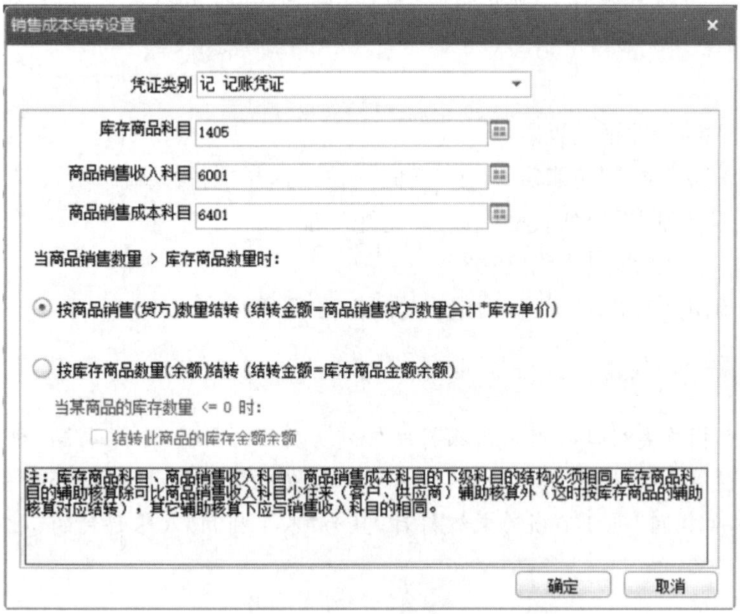

图 3-35 "销售成本结转设置"窗口

3）对应结转设置

（1）单击"期末"菜单"转账定义"下"对应结转"，进入"对应结转设置"窗口，输入编号如
"0001"。

（2）在"凭证类别"下拉列表中选择"记账凭证"。

（3）输入摘要为"结转所得税"。

（4）在"转出科目编码"框中选择"6801 所得税"。

（5）单击"增行"按钮，在"转入科目编码"框中选择"4103 本年利润"。

（6）输入"结转系数"为1.00。

（7）单击"保存"按钮，如图3-36所示。

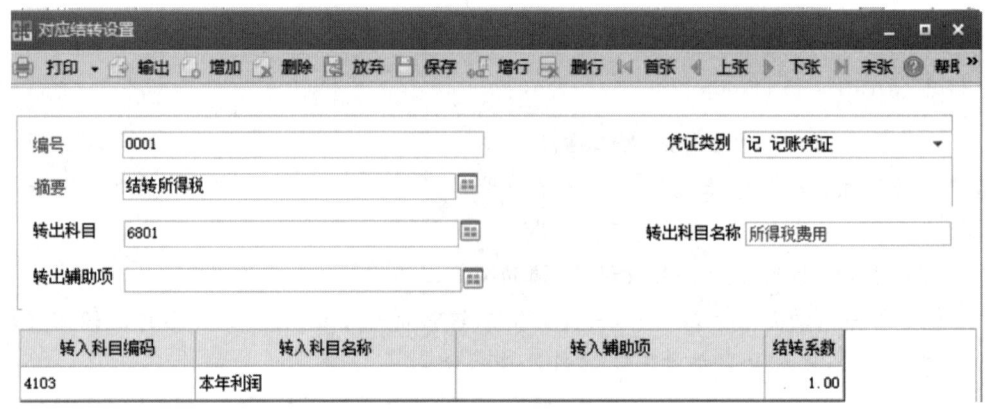

图 3-36 "对应结转设置"窗口

特别提示

　　转出科目与转入科目必须有相同的科目结构，但转出辅助项与转入辅助项可不相同。

4）期间损益结转凭证设置

（1）单击"期末"菜单"转账定义"下"期间损益"，打开"期间损益结转设置"窗口。

（2）在"凭证类别"下拉列表框中选择"记账凭证"。

（3）录入本年利润科目代码"4103"。

（4）单击"确定"按钮，设置完毕，退出，如图3-37所示。

特别提示

　　（1）每个损益类科目的期末余额将结转到与其同一行的"本年利润"科目中去。

　　（2）若损益类科目与"本年利润"科目都有辅助核算，则辅助账类必须相同。

　　（3）"本年利润"科目必须为末级科目，且为"本年利润"入账科目的下级科目。

图 3-37 "期间损益结转设置"窗口

2. 转账生成

1）生成自定义转账凭证

（1）单击"期末"菜单下的"转账生成"，打开"转账生成"窗口，单击"自定义转账"单选按钮。

（2）选择需要结转的自定义转账凭证，在"是否结转"处双击"√"，表示该转账凭证将执行结转。

（3）单击屏幕左上角的结转月份下拉列表框，选择要结转的月份，如图 3-38 所示。

图 3-38 "转账生成"窗口

（4）选择完毕后，单击"确定"按钮，系统开始进行结转计算，计算完毕进入凭证生成界面。

（5）若凭证类别、制单日期和附单据数与实际情况有出入，可直接在当前凭证上进行修改。

（6）当确定系统显示的凭证是希望生成的转账凭证时，单击"保存"按钮将当前凭证追加到未记账凭证中。

（7）生成后单击"退出"。

特别提示

（1）转账生成之前，注意转账月份为当前会计月份，如"20××年12月"。

（2）生成的转账凭证仍需审核才能记账。

（3）转账凭证每月只生成一次。

（4）对应结转生成的操作与自定义转账生成的操作基本相同。

2）生产销售成本结转分录

单击"期末"菜单下"转账生成"，打开"转账生成"对话框，单击"销售成本结转"单选按钮，点击"确定"即可。

要保证销售成本结转分录生成正确，会计期间必须注意库存商品、主营业务收入、主营业务成本的单价、数量输入准确无误。

3）生成期间损益结转凭证

（1）单击"期末"菜单下"转账生成"，打开"转账生成"对话框，单击"期间损益结转"单选按钮，进入期间损益结转界面。

（2）单击屏幕左上角的结转月份下拉列表框，选择要结转的月份"20××.12"。

（3）单击类型下拉列表框选择损益科目的类型，类型分为三种：全部、收入、支出。如选择"收入"，单击"全选"按钮。

（4）单击"确定"按钮，系统开始进行结转计算，计算完毕进入凭证生成界面。

（5）当确定系统显示的凭证是希望生成的转账凭证时，单击"保存"按钮可将当前凭证追加到未记账凭证中。

（6）生成后单击"退出"。

特别提示

（1）损益类科目结转表中列出所有损益科目，若某损益科目参与期间损益的结转，则应填写相应的"本年利润"科目。

（2）损益类科目结转表中的本年利润必须为末级科目，且为本年利润入账科目的下级科目。

3. 对账

（1）重新注册操作员为"钱明"，单击"期末"菜单下的"期末对账"，进入"对账"窗口。

（2）将光标定在要进行对账的月份，如"20××.12"，单击"选择"按钮，如图3-39所示。

图 3-39 "对账"窗口

（3）单击"对账"按钮，开始自动对账，并显示对账结果。

（4）单击"试算"按钮，可以对各类科目余额进行试算平衡。

（5）在"20××.12试算平衡表"对话框中，单击"确认"按钮，返回。

（6）单击"退出"按钮，完成对账工作。

4．结账

（1）重新注册操作员为"钱明"，单击"期末"菜单下的"结账"，打开"结账——开始结账"对话框。

（2）单击要结账月份，如"20××年12月"，如图3-40所示。

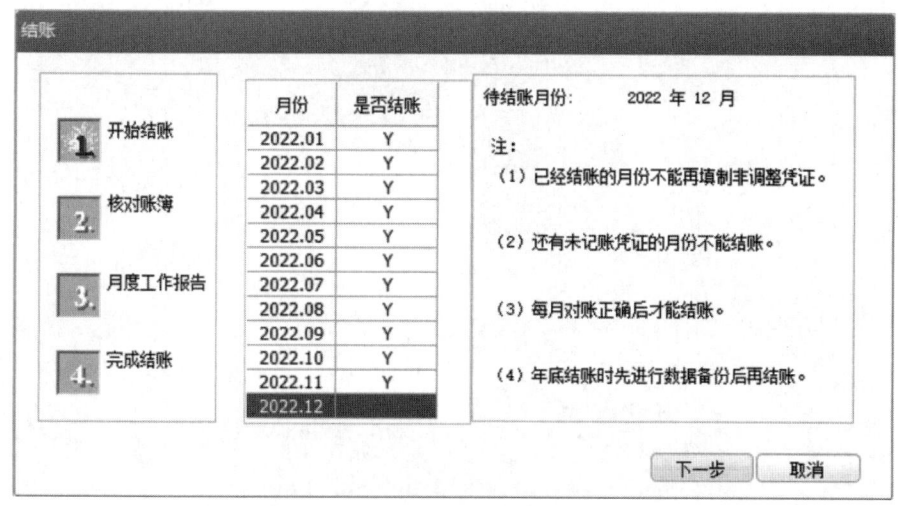

图 3-40 "结账——开始结账"对话框

（3）单击"下一步"按钮，打开"结账——核对账簿"对话框。

（4）单击"对账"按钮，系统对要结账的月份进行账账核对。

（5）单击"下一步"按钮，打开"结账——月度工作报告"对话框。

（6）查看工作报告后，单击"下一步"按钮，打开"结账——完成结账"对话框。

（7）单击"结账"按钮，若符合结账要求，系统将进行结账，否则不予结账。

特别提示

（1）结账前，要进行数据备份。

（2）进入结账向导四——完成结账时，如果提示"未通过检查不能结账"时，可单击"上一步"按钮，查看月度工作报告，仔细查找原因。

（3）已结账月份不能再填制凭证。

（4）结账只能由有结账权的人进行。

第四章 报 表 系 统

学习目标

知识目标:熟悉报表子系统的功能和应用流程;明确报表子系统与其他子系统的关系;掌握报表格式定义、报表计算公式定义和报表数据管理;掌握调用报表模板和生成报表数据。

能力目标:能够通过自定义报表生成报表数据;利用报表模板生成报表数据。

思政目标:培养学生依法合规披露信息的法治意识,体现会计信息的社会价值导向。

概述

1. 功能概述

报表系统是一个独立的模块,具备强大的报表编制和数据处理功能,并内置了多个行业报表模板。用户可以根据本单位需要,设计出相应的报表格式,也可以调用标准的报表模板编制报表。它可以在报表系统中取数,也可以从总账、应付、应收、薪资、固定资产以及供应链管理各系统提取数据,生成报表。

2. 应用流程

通过报表模块来编制报表,主要应用流程,如图4-1所示。用户首先完成报表格式设计,包括报表的表样设计、关键字设置和单元公式定义;其次进行报表数据处理,主要包括报表模板调用、修改方法,以及报表数据生成方法,还可以完成其他工作,如图表管理、打印功能。不同的报表软件在操作上存在一些差异。

3. 报表编制数据来源

会计报表子系统主要是从其他子系统中提取编制报表所需的数据。总账、工资、固定资产、应收、应付、采购、库存、存货核算和销售子系统均可向报表子系统传递数据,以生成财务部门所需的各种会计报表。

因此,制作报表的关键之一就是要明确数据的来源。实际上,报表系统就是先将各种来源的数据采集到所需的报表中,然后进行计算、汇总等,以达到既定的目的。报表数据的来源如图4-2所示。

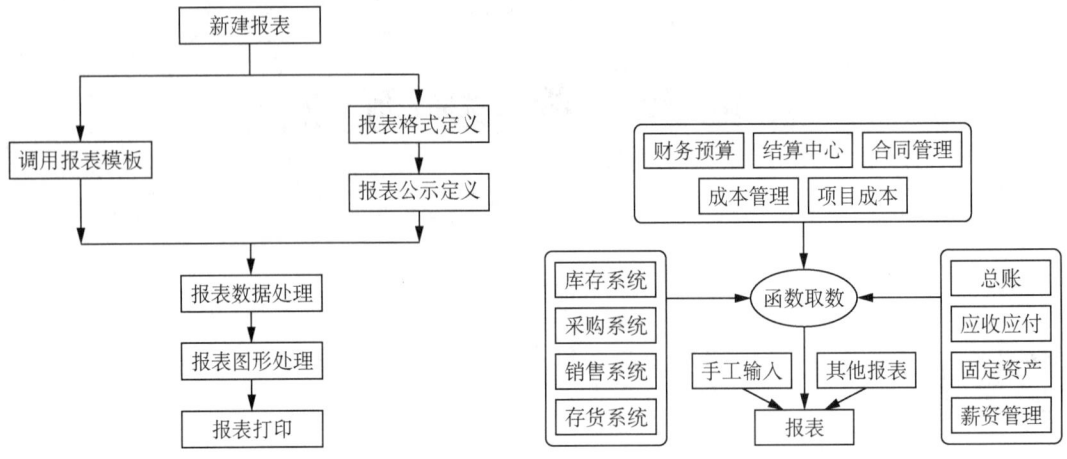

图 4-1　报表子系统应用流程图　　　　　　图 4-2　报表数据的来源

实验一　报表格式设计

一、实验要求

1. 设置简易利润表的格式
2. 设置利润表的计算公式
3. 保存报表格式

二、实验资料

1. 简易利润表的表样内容

简易利润表的表样内容,如表 4-1 所示。

表 4-1　　　　　　　　　　　　　利润表(简易)

会企 02 表

编制单位:　　　　　　　　　年　　月　　　　　　　　　　　单位:元

项目	本月数	本年累计数
一、营业收入		
减:营业成本		
税金及附加		
销售费用		
管理费用		
财务费用(收益以"-"号填列)		
资产减值损失		
信用减值损失		

（续表）

项目	本月数	本年累计数
加:公允价值变动收益(损失以"－"号填列)		
投资收益(损失以"－"号填列)		
二、营业利润(亏损以"－"号填列)		
加:营业外收入		
减:营业外支出		
三、利润总额(亏损以"－"号填列)		
减:所得税费用		
四、净利润(净亏损以"－"号填列)		

2. 给每个项目的本月数和本年累计数设置取值公式

3. 保存报表文件,文件名为"班级＋学号＋利润表.rep"

三、实验指导

1. 设置表尺寸

（1）在 UFO 报表系统中单击"文件"|"新建",打开报表"格式"状态窗口。

（2）单击"格式"|"表尺寸",打开"表尺寸"对话框,录入行数"20",列数"3",如图 4-3 所示。

（3）单击"确认"按钮,出现 20 行 3 列表格。

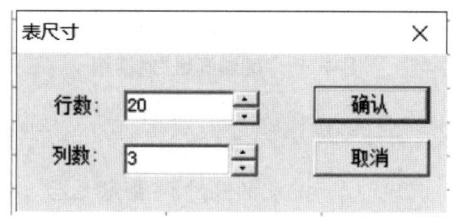

图 4-3　"表尺寸"对话框

特别提示

（1）UFO 建立的是一个报表簿,可以容纳多张报表。

（2）设置报表尺寸之前,应该根据所要定义报表的大小来预计行数和列数。

2. 定义行高列宽

（1）单击 A1 单元,再单击"格式"|"行高",打开"行高"对话框。

（2）在"行高"对话框中,录入 A1 单元所在的行高"6"。

（3）单击"确认"按钮。

（4）单击选中 A3 单元后拖动鼠标到 C20,再单击"格式"|"行高",打开"行高"对话框。

（5）在"行高"对话框中,录入 A3:C20 区域的行高为"6",如图 4-4 所示。

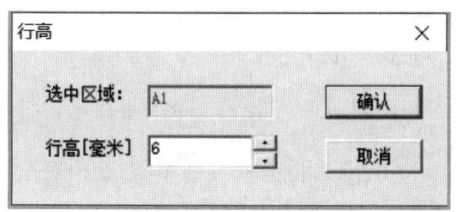

图 4-4　"行高"对话框

（6）单击"确认"。

（7）单击选中 A1 单元,再单击"格式"|"列宽",打开"列宽"对话框。

（8）在"列宽"对话框中,录入 A1 单元所在的列宽为"50"。

（9）用同样的方法设置 B1、C1 两个单元的列

宽为"50"。

> **特别提示**
>
> (1) 设置列宽应以能够放下本栏最宽数据为原则,否则生成报表时会产生数据溢出的错误。
>
> (2) 在设置了行高及列宽后,如果觉得不合适,可以直接用鼠标拖动行线及列线改变行高及列宽。

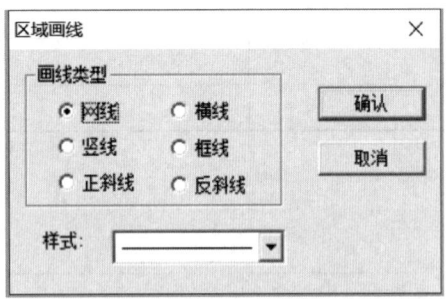

图4-5 "区域画线"对话框

3. 画表格线

(1) 单击选中 A4 单元后拖动鼠标到 C20 单元,再单击"格式"│"区域画线",打开"区域画线"对话框,单击"网线"前的单选按钮,如图 4-5 所示。

(2) 单击"确认"按钮。

> **特别提示**
>
> (1) 报表的尺寸设置完之后,在报表输出时,该报表是没有任何表格线的,为了满足查询和打印的需要,还应在适当的位置上画表格线。
>
> (2) 画表格线时可以根据需要选择不同的画线类型及样式画线。

4. 定义组合单元

(1) 先单击选中 A1 单元后拖动鼠标到 C1 单元,再单击"格式"│"组合单元",打开"组合单元"对话框。

(2) 单击"按行组合"按钮,将第一行组合为一个单元。

> **特别提示**
>
> (1) 组合单元实际上是把几个单元当成一个单元来使用,组合单元是一个大单元,所有针对单元的操作对组合单元均无效。
>
> (2) 组合单元既可以按行组合,也可以整体组合,即将选中的单元合并为一个整体。

5. 输入项目内容

根据所给资料直接在对应单元输入所有项目内容,见表4-1。

> **特别提示**
>
> 在录入报表内容时,单位名称及日期不需手工输入,UFO 报表一般将其设置为关键字,用设置关键字的方法设置。

6. 设置单元格属性

(1) 单击选中 A1 单元,再单击"格式"|"单元属性",打开"单元格属性"对话框。

(2) 单击"字体图案"页签,打开"字体图案"页签。

(3) 单击字体栏下三角按钮,选择相应的字体"宋体",单击字号栏下三角按钮,选择相应的字号"24",如图 4-6 所示。

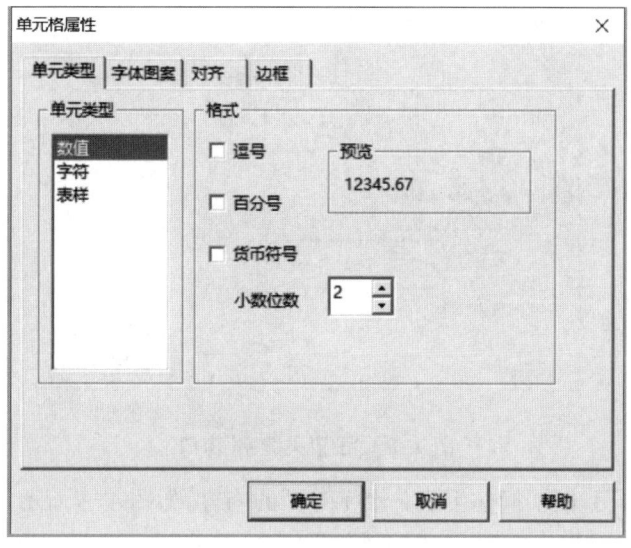

图 4-6 "单元格属性"对话框

(4) 单击"对齐"页签,打开"对齐"页签。

(5) 单击水平方向"居中"以及垂直方向"居中"前的单选按钮。

(6) 单击"确定"按钮。

(7) 单击选中 A4 单元后拖动鼠标到 C4 单元,再单击"格式"|"单元属性",打开"单元格属性"窗口。

(8) 单击"字体图案"页签,打开"字体图案"页签。

(9) 单击字体栏下三角按钮,选择"黑体",单击字号栏下三角按钮,选择相应的字号。

(10) 单击"对齐"页签,打开该页签。

(11) 单击水平方向"居中"以及垂直方向"居中"前的单选按钮。依此方法再设置 A5:C20 区域的字体、字号。

(12) 单击"确定"按钮。

特别提示

(1) 在设置单元属性时可以分别设置单元类型、字体图案、对齐方式及边框样式。

(2) 新建的报表,所有单元的类型均默认为数值型。

(3) 格式状态下输入的内容均默认为表样单元。

(4) 字符单元和数值单元只对本表页有效,表样单元输入后对所有的表页有效。

7. 定义关键字

（1）单击 A3 单元，单击"数据"｜"关键字"｜"设置"，打开"设置关键字"窗口，单击"单位名称"单选按钮。

（2）单击"确定"按钮，生成关键字"单位名称"的内容。

（3）单击 B3 单元，同上操作生成关键字"年"的内容，如图 4-7 所示。

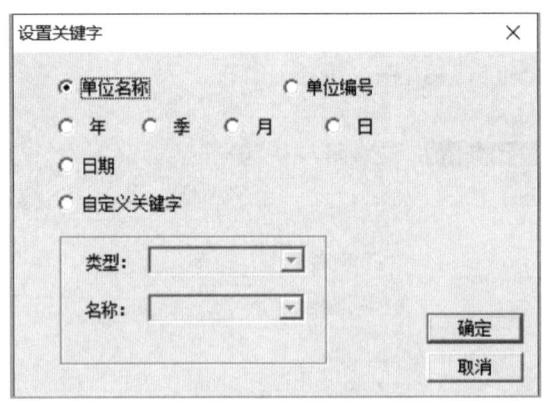

图 4-7 "设置关键字"窗口

（4）单击 C3 单元，同上操作生成关键字"月"的内容，如图 4-8 所示，关键字是红色的。

UFO报表 - [9-2022利润表]

文件(F) 编辑(E) 格式(S) 数据(D) 工具(T) 窗口(W) 帮助(H)

C5　＝?B5+select(?C5,年@=年 and 月@=月+1)

	A	B	C
1	**利润表**		
2			会企02表
3	编制单位：　　　　　　　　　xxxx 年	xx 月	单位:元
4	项　目	**本月数**	**本年累计数**
5	一、营业收入	演示数据 公式单元	公式单元
6	减：营业成本	公式单元	公式单元
7	税金及附加	公式单元	公式单元
8	销售费用	公式单元	公式单元
9	管理费用	公式单元	公式单元
10	财务费用（收益以"－"号填列）	公式单元	公式单元
11	资产减值损失	公式单元	公式单元
12	信用减值损失	公式单元	公式单元
13	加：公允价值变动净收益（净损失以"－"号填列	公式单元	公式单元
14	投资收益（净损失以"－"号填列）	公式单元	公式单元
15	二、营业利润（亏损以"－"号填列）	公式单元	公式单元
16	加：营业外收入	公式单元	公式单元
17	减：营业外支出	公式单元	公式单元
18	三、利润总额（亏损总额以"－"号填列）	公式单元	公式单元
19	减：所得税费用	公式单元	公式单元
20	四、净利润（净亏损以"－"号填列）	公式单元	公式单元

图 4-8 自定义报表界面

特别提示

（1）定义关键字主要包括设置关键字和调整关键字在表页上的位置。

（2）关键字主要有六种，即单位名称、单位编号、年、季、月、日，另外还包括一个自定义关键字。可以根据实际需要任意设置相应的关键字。

（3）一个关键字在一个表中只能定义一次，即同一个表中不能有重复的关键字。

（4）关键字在格式状态下设置，如果设置错误可以取消。

（5）关键字的值在数据状态下录入。

（6）同一个单元或组合单元的关键字定义完以后，可能会重叠在一起，如果造成重叠，可以在设置关键字时输入关键字的相对偏移量。偏移量为负值时表示向左移，正值时表示向右移。

8. 录入单元公式

（1）单击 B5 单元，单击"数据"｜"编辑公式"｜"单元公式"，打开"定义公式"对话框。

（2）在"定义公式"对话框中，录入 B5 单元公式，也可单击"函数向导"按钮，按向导进行操作，最后单击"确认"按钮，如图 4-9 所示。

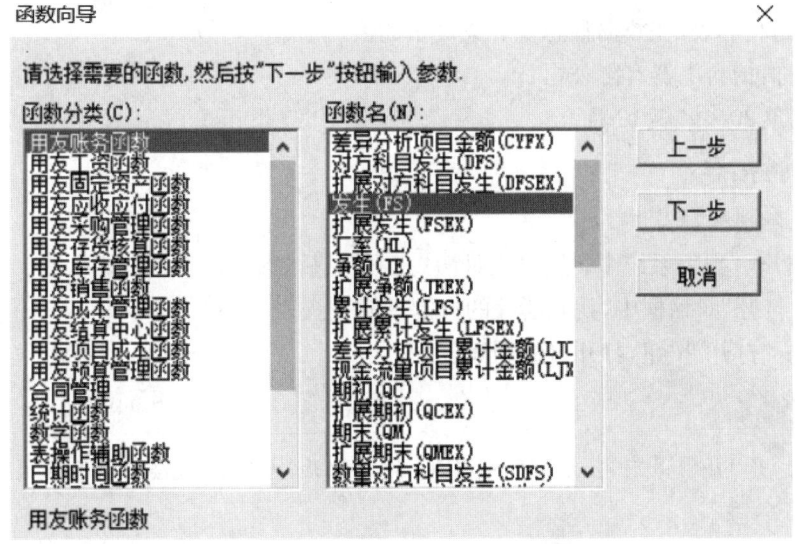

图 4-9 "函数向导"窗口

（3）依此方法录入其他单元的计算公式。

特别提示

（1）单元公式是指为报表数据单元进行赋值的公式，单元公式的作用是从账簿、凭证、本表或其他报表等处调用、运算所需的数据，并填入相应的报表单元中。它既可以将数据单元赋值为数值，也可以赋值为字符。

（2）必须在英文状态下录入计算公式。

（3）计算公式可以直接录入，也可以利用函数向导参照录入。

（4）所录入的公式必须符合公式的模式，否则会被系统判定为公式错误。

9. 保存报表格式

（1）单击"文件"|"另存为"。打开保存文件路径对话框,修改文件名为"班级＋学号＋利润表"。

（2）单击"保存"按钮。

实验二　报表数据处理

一、实验要求

1. 生成自制利润表的数据

2. 存储已生成数据的自制利润表

二、实验资料

打开自制利润表,在数据状态设置关键字的值。

单位名称:博科电器有限公司

编制日期:20××年 12 月

三、实验指导

1. 打开自制利润表

（1）在 UFO 报表系统中,单击"文件"|"打开",进入"打开"对话框。

（2）在"打开"对话框中,找到所存的自制利润表报表文件。

（3）单击"打开"按钮,打开自制利润表。

特别提示

（1）打开 UFO 表既可以在进入 UFO 表后打开,也可以直接在打开报表文件后直接打开 UFO 表。

（2）可以在编制报表时反复使用已经设置的报表公式,并且在不同的会计期间可以生成不同的报表。

（3）在报表的数据状态下可以插入表页或追加表页。

2. 录入关键字并计算报表数据

（1）在 UFO 报表系统中,单击"数据"按钮,进入 UFO 电子表的数据状态。

（2）在 UFO 电子表的数据状态下单击"数据"|"关键字"|"录入",打开"录入关键字"对话框。

（3）录入单位名称、年,月,如图 4-10 所示。

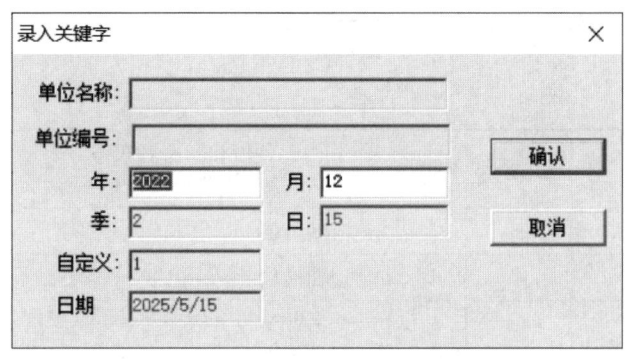

图 4-10 "录入关键字"对话框

（4）单击"确认"按钮，系统提示"是否重算第 1 页"。

（5）单击"是"按钮，系统自动计算报表数据，重新计算结果。

特别提示

在编制报表时可以选择整表计算，整表计算是将该表的所有表页全部进行计算，而表页计算仅是将表页的数据进行计算。

---

3. 将已生成的利润表另存为"12 月份利润表"

（1）单击"文件"|"另存为"，打开另存为文件的路径，录入文件名"12 月份利润表"。

（2）单击"保存"按钮。

实验三 报表模板的运用

一、实验要求

1. 利用系统内置报表模板生成资产负债表

2. 利用系统内置报表模板生成现金流量表主表

二、实验资料

1. 资产负债表格式（表 4-2）

2. 现金流量表资料见第三至第八章涉及现金流量科目的业务

三、实验指导

1. 建立"资产负债表"格式

（1）在 UFO 报表系统中，单击"文件"|"新建"，打开报表格式状态窗口。

（2）在报表格式状态窗口中，单击"格式"|"报表模板"，打开"报表模板"对话框，如图 4-11 所示。

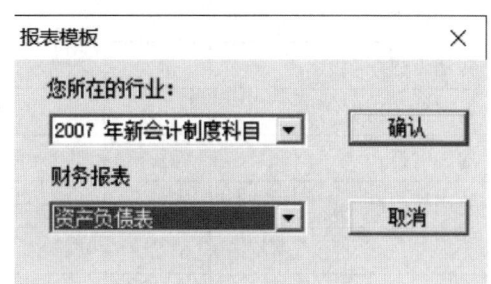

图 4-11 "报表模板"对话框

表 4-2   **资 产 负 债 表**

会企 01 表

编制单位：   年　月　日　 单位:元

资产	期末余额	上年年末余额	负债和所有者权益（或股东权益）	期末余额	上年年末余额
流动资产：			流动负债：		
货币资金			短期借款		
交易性金融资产			交易性金融负债		
衍生金融资产			衍生金融负债		
应收票据			应付票据		
应收账款			应付账款		
应收款项融资			预收款项		
预付款项			合同负债		
其他应收款			应付职工薪酬		
存货			应交税费		
合同资产			其他应付款		
持有待售资产			持有待售负债		
一年内到期的非流动资产			一年内到期的非流动负债		
其他流动资产			其他流动负债		
流动资产合计			流动负债合计		
非流动资产：			非流动负债：		
债权投资			长期借款		
其他债权投资			应付债券		
长期应收款			其中:优先股		
长期股权投资			永续债		
其他权益工具投资			租赁负债		
其他非流动金融资产			长期应付款		
投资性房地产			预计负债		
固定资产			递延收益		
在建工程			递延所得税负债		
生产性生物资产			其他非流动负债		
油气资产			非流动负债合计		
使用权资产			负债合计		
无形资产			所有者权益（或股东权益）：		
开发支出			实收资本（或股本）		
商誉			其他权益工具		

(续表)

资产	期末余额	上年年末余额	负债和所有者权益（或股东权益）	期末余额	上年年末余额
长期待摊费用			其中:优先股		
递延所得税资产			永续债		
其他非流动资产			资本公积		
非流动资产合计			减:库存股		
			其他综合收益		
			专项储备		
			盈余公积		
			未分配利润		
			所有者权益(或股东权益)合计		
资产总计			负债和所有者权益(或股东权益)总计		

（3）单击企业所在行业栏下的下拉列表，选择"2007年新会计制度科目"，再单击财务报表栏，选择"资产负债表"。

（4）单击"确认"按钮。系统提示"模板格式将覆盖本表格式！是否继续?"。

（5）单击"确定"按钮，打开"2007年新会计制度科目"设置的"资产负债表"模板，生成资产负债表，如图4-12所示。

图 4-12　资产负债表模板

（6）根据企业情况增减项目，并按需要调整报表标题、表头、表体、表尾字体和大小及行高、列宽。

2. 设置关键字

（1）在报表格式状态窗口中，单击选择 A3 单元，将"编制单位"删除。

（2）仍选择 A3 单元，单击"数据" |"关键字" | "设置"。打开"设置关键字"窗口，设置"年""月" "日"等关键字。

（3）单击"确定"按钮。

3. 录入关键字并计算报表数据，在电子、手工并行期，检查、修改报表公式，保证其正确性和通用性

4. 保存资产负债表

5. 依次按照下面步骤进行操作，完成现金流量表主表的生成

（1）指定"现金流量科目"，输入涉及现金流量科目的业务，并选择相应现金流量项目。这个内容在第二、第三章中已经操作过，不再叙述。

（2）调用"现金流量表"主表模板格式。

（3）定义"现金流量表"主表公式，具体操作步骤如下：

第一，单击 C6 单元格，单击"数据" |"编辑公式" |"单元公式"，进入"定义公式"对话框，单击"函数向导"按钮，进入"函数向导"对话框。

第二，在"函数分类"列表框中选择"用友账务函数"，在"函数名"列表框中选择"现金流量项目金额（XJLL）"，单击"下一步"按钮，进入"用友账务函数"对话框。

第三，在"用友账务函数"对话框，单击"参照"按钮，进入"账务函数"对话框，单击"现金项目编码"后面的参照按钮，打开"现金流量项目"选项，双击选择相应的项目，单击"确定"按钮。注意"会计期间"设为"全年"，"方向"与选择的"现金流量项目"方向保持一致。最后在

"定义公式"对话框单击"确认"按钮。在其他没有公式的单元格用同样方法设置公式或按表内计算公式进行定义。

（4）输入关键字并计算报表数据。

（5）保存"现金流量表"主表。

第五章　薪　资　系　统

 学习目标

知识目标：了解薪资系统的功能和应用流程；明确薪资系统与其他系统的业务联系；熟练掌握薪资系统初始设置；熟练掌握薪资系统日常业务处理原理；熟练掌握薪资系统工资分摊及凭证处理。

能力目标：能够结合企业员工岗位设置，进行相应工资类别设置；能够完成工资项目公式设定、期初薪资数据以及当月薪资的录入；能掌握工资分摊设置并能生成对应凭证；掌握薪资系统月末处理和工资账表查询业务。

思政目标：引导学生关注薪酬分配的合规性；通过数据优化，强化社会责任担当，助力共同富裕目标。

 概述

1. 功能概述

薪资系统是人力资源系统中的一个子系统，可以独立运行。薪资系统可以对不同类别的工资进行不同工资项目的核算，如果企业所有员工的工资核算发放项目相同，工资计算方法也相同，那么可以对全部员工进行统一的工资核算，应选用单类别工资核算。如果企业存在不同类别人员（如在职人员、临时工作人员、退休人员）或者每月进行多次工资发放（如企业采用周薪制），则需要选用系统提供的多个工资类别核算。

2. 应用流程

薪资系统应用流程分为三个阶段，如图5-1所示。用户第一次使用薪资系统，应先完成薪资系统初始化，主要包括建立工资账套、工资类别设置、设立人员档案、工资项目和公式设置以及基础数据录入等。系统初始化完成后，开始薪资日常业务处理，主要包括工资变动核算、工资计算与汇总、个税设置与扣缴个税、工资分摊设置与生成凭证。薪资期末处理主要包括查询工资表、工资分析表和月末结账。

3. 薪资系统与其他系统的关系

薪资系统与其他系统之间有数据传递关系，如图5-2所示。薪资系统主要是通过转账凭证向总账系统传递凭证；薪资系统为成本系统提供其核算所需要的工资和福利费用的数据；薪资系统将计算结果和各种统计分析数据传递给报表系统，以便其定义相关报表。

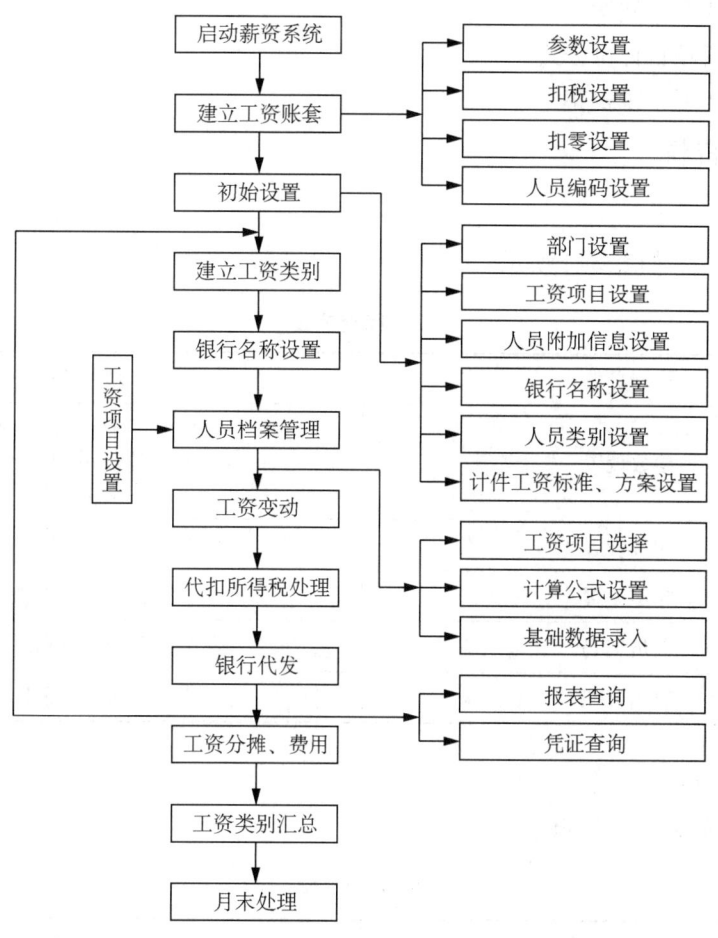

图 5-1 薪资系统应用流程

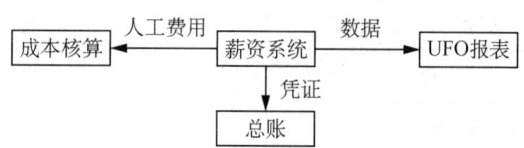

图 5-2 薪资系统与其他系统的关系

实验一 薪资系统初始设置

一、实验要求

1. 建立工资账套
2. 设置薪资项目
3. 设置工资类别
4. 设置正式职工工资账套的工资项目

5. 设置正式职工档案

6. 设置工资项目计算公式

7. 设置个人所得税税率

二、实验资料

（一）工资账套参数

工资账套参数，如表 5-1 所示。

表 5-1　　　　　　　　　　　　工资账套参数

控制参数	参数设置
参数设置	工资类别个数有：多个 核算本位币：人民币 不核算计件工资
扣税设置	要求代扣个人所得税
扣零设置	不进行扣零设置
人员编码	与公共平台人员编码一致
启用日期	20××年 12 月 1 日

（二）银行档案

银行档案，如表 5-2 所示。

表 5-2　　　　　　　　　　　　银　行　档　案

项目名称	参数设置
开户银行编码	0101
开户银行名称	工商银行北京支行
银行账号	0015672001
个人账号长度	19
个人账号定长	17
企业账号定长	10

（三）工资项目

工资项目，如表 5-3 所示。

表 5-3　　　　　　　　　　　　工　资　项　目

工资项目名称	类型	长度	小数	增减项
基本工资	数字	8	2	增项
岗位工资	数字	8	2	增项

(续表)

工资项目名称	类型	长度	小数	增减项
交通补助	数字	8	2	增项
奖金	数字	8	2	增项
住房公积金	数字	8	2	减项
养老保险金	数字	8	2	减项
失业保险金	数字	8	2	减项
医疗保险金	数字	8	2	减项
卫生费	数字	8	2	减项
缺勤扣款	数字	8	2	减项
缺勤天数	数字	3	1	其他
日工资	数字	8	2	其他
应付工资	数字	10	2	其他
五险一金缴费基数	数字	10	2	其他
个税缴纳基数	数字	10	2	其他

（四）工资类别

工资类别，如表5-4所示。

表5-4　　　　　　　　工 资 类 别

工资类别名称	正式职工	临时职工
部门选择	所有部门	生产部
启用时间	20××-12-1	20××-12-1

（五）正式职工信息

1. 人员附加信息设置

人员附加信息设置，如表5-5所示。

表5-5　　　　　　　　人员附加信息设置

人员附加信息	学历
是否设置参考档案	是
参考档案	本科
	专科

2. 正式职工档案

在职正式人员档案，如表5-6所示。

表 5-6　　　　　　　　　　　　　在职正式人员档案

职员编号	人员姓名	中方人员	是否计税	工商银行北京支行 代发账号	学历
10101	杨一帆	是	是	6217232801000093831	本科
10201	钱　明	是	是	6217232801000093832	本科
10202	汪　兰	是	是	6217232801000093833	本科
10203	李　萍	是	是	6217232801000093834	本科
20101	吴永斌	是	是	6217232801000093835	本科
20201	叶　丽	是	是	6217232801000093836	本科
30101	李彬彬	是	是	6217232801000093837	本科
30102	宁志敏	是	是	6217232801000093838	专科
30103	胡兰巧	是	是	6217232801000093839	专科
30201	周光荣	是	是	6217232801000093840	本科
30202	张小萌	是	是	6217232801000093841	专科
30203	钟　杰	是	是	6217232801000093842	专科
40101	汪春凌	是	是	6217232801000093843	专科
40201	李华康	是	是	6217232801000093844	专科

注：正式人员均为在职人员，不核算计件工资，代发工资银行为工商银行北京支行。

3. 工资项目

基本工资、岗位工资、交通补助、奖金、缺勤扣款、应付工资、住房公积金、养老保险金、失业保险金、医疗保险金、卫生费、代扣税、扣款合计、实发合计、日工资、缺勤天数、五险一金缴费基数、个税缴纳基数

4. 工资项目计算公式

工资项目计算公式，如表 5-7 所示。

表 5-7　　　　　　　　　　　　　工资项目计算公式

工资项目	定义公式
奖金	iff(人员类别＝"销售人员"，800，600)
交通补助	iff(人员类别＝"销售人员"，300，100)
日工资	基本工资/21.5
缺勤扣款	日工资×缺勤天数
应付工资	基本工资＋岗位工资＋交通补贴＋奖金－缺勤扣款
五险一金缴费基数	基本工资＋岗位工资
住房公积金	五险一金缴费基数×0.08
养老保险金	五险一金缴费基数×0.08
失业保险金	五险一金缴费基数×0.005
医疗保险金	五险一金缴费基数×0.02
个税缴纳基数	基本工资＋岗位工资＋交通补贴＋奖金－缺勤扣款－（住房公积金＋养老保险金＋失业保险金＋医疗保险金）

注：五险一金缴费基数根据不同区域、单位，按实际情况设置。

5. 个人所得税纳税基数

工资类别选项设置:"收入额合计"选择"个税缴纳基数"工资项目。从 2018 年 10 月 1 日起,工资、薪金所得基本减除费用为 5 000 元/月,外籍人员不再享受附加减除费用,适用新的个人所得税税率(表 5-8)。自 2019 年 1 月 1 日起,将劳务报酬、稿酬、特许权使用费等三项所得与工资、薪金合并起来计算纳税,并实行专项附加扣除。(实务中按现行税法规定设置)

$$应纳个人所得税额 ＝ 个税缴纳基数 \times 适用税率 － 速算扣除数$$

表 5-8　　　　　　　　　　　　个人所得税税率表

级数	应纳税所得额	上一范围上限(元)	税率	扣除数
1	不超过 3 000 元的	3 000	3％	0
2	超过 3 000 元至 12 000 元部分	12 000	10％	210
3	超过 12 000 元至 25 000 元部分	25 000	20％	1 410
4	超过 25 000 元至 35 000 元部分	35 000	25％	2 660
5	超过 35 000 元至 55 000 元部分	55 000	30％	4 410
6	超过 55 000 元至 80 000 元部分	80 000	35％	7 160
7	超过 80 000 元的部分		45％	15 160

三、实验指导

1. 建立工资账套

(1) 单击"开始"|"程序"|"新道 U8"|"企业应用平台",打开"业务导航"选项卡,选择"人力资源"|"薪资管理",出现"建立工资套——参数设置"窗口,如图 5-3 所示。

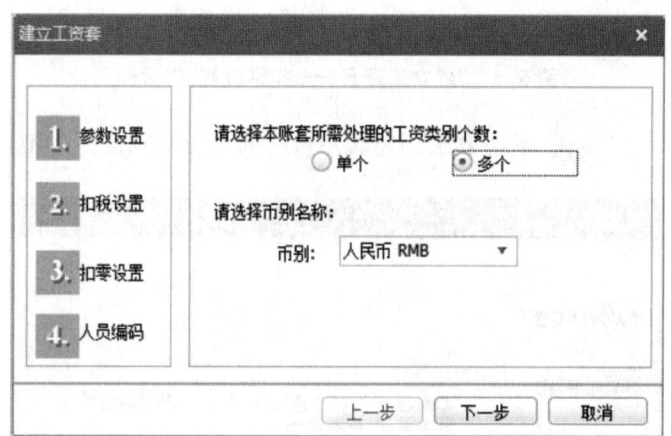

图 5-3　"建立工资套——参数设置"对话框

(2) 在"建立工资套——参数设置"窗口中,单击"多个"前的按钮。

(3) 选择币别"人民币 RMB",单击"下一步"按钮。打开"建立工资套—扣税设置"对话框,单击"是否从工资中代扣个人所得税"前的复选框按钮,如图 5-4 所示。

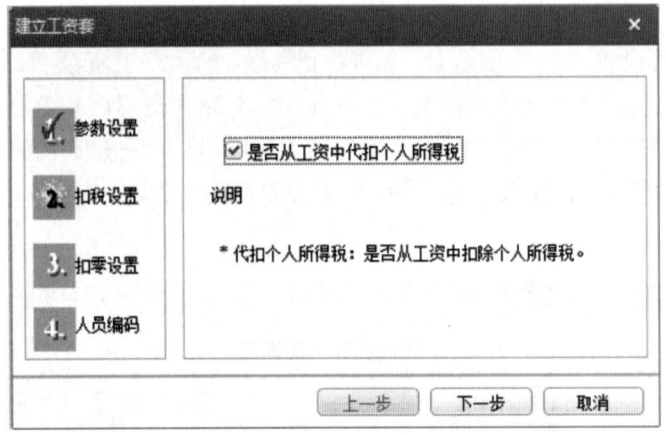

图 5-4 "建立工资套——扣税设置"对话框

（4）单击"下一步"按钮。打开"建立工资套——扣零设置"对话框，不操作，如图 5-5 所示。

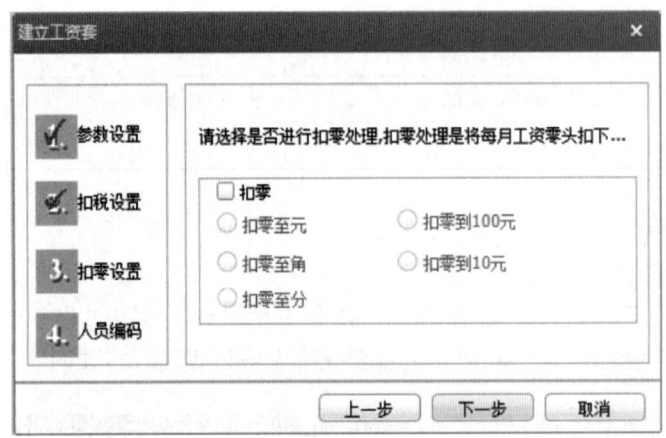

图 5-5 "建立工资套——扣零设置"对话框

（5）单击"下一步"按钮，系统要求和公共平台中的人员编码保持一致，如图 5-6 所示。

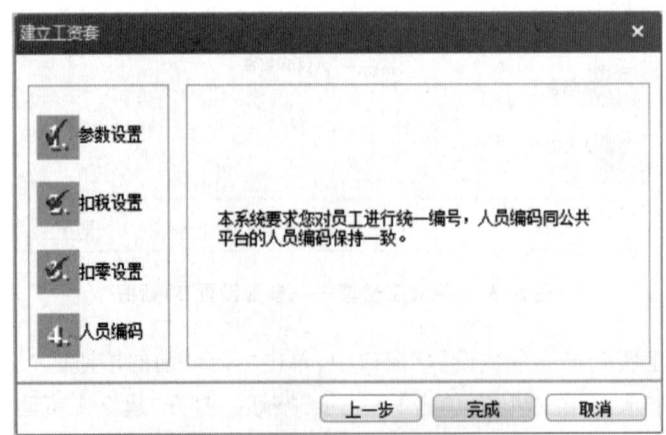

图 5-6 "建立工资套——人员编码"对话框

（6）单击"完成"按钮。

2. 设置人员类别

人员类别在第二章基础档案中已经讲述，不再重复，也不需要再操作。只是这个公共信息在薪资系统运用。人员类别的设置目的是为"工资分摊"设置入账科目时提供依据。

3. 设置薪资管理工资项目

（1）在关闭工资类别状态下，单击薪资管理系统"设置"菜单中的"工资项目设置"，打开"工资项目设置"对话框，如图 5-7 所示。

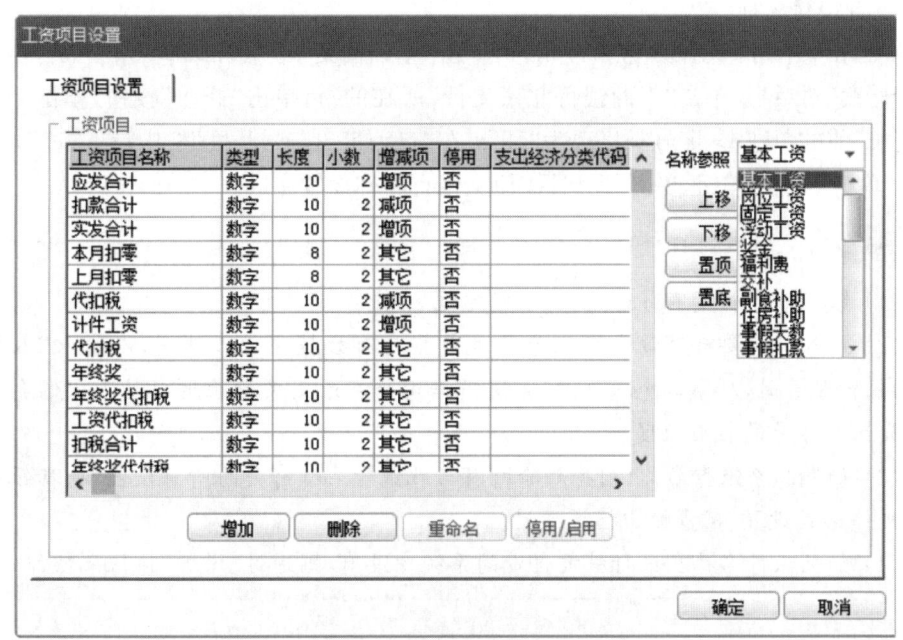

图 5-7　"工资项目设置"对话框

（2）单击对话框中的"增加"按钮，录入工资项目名称"基本工资"，单击"基本工资"所在

行的类型栏下的下三角按钮,选择"数字",选择小数位为"2",选择增减项为"增项",也可单击"名称参照"的下三角按钮选择对应工资项目。用同样方法,继续增加其他的工资项目。注意增减项一定要按表内容修改。

(3)单击"确认"按钮,系统自动提示"工资项目已经改变,请确认各工资类别的公式是否正确。否则计算结果可能不正确。"

(4)单击"确定"按钮即可。

> **特别提示**
>
> (1)工资项目设置,定义工资系统所有工资类别所涉及的工资项目名称、类型、宽度、小数位数、增减项等,其中增减项不要录错,否则会影响有关公式的正确性。
>
> (2)工资项目名称必须唯一。
>
> (3)已使用的工资项目不可删除,不能修改数据类型。
>
> (4)与选择的工资账套参数无关,薪资管理系统中提供了一些固定的工资项目,如"应发合计""扣款合计""实发合计"。
>
> (5)系统提供的固定工资项目如"应发合计",不允许修改。
>
> (6)如果在建立工资套时,选择了"从工资中代扣个人所得税",则系统自动提供"代扣税"固定工资项目。
>
> (7)如果建立工资套时,在扣零设置中选择了"扣零",则系统自动提供"上月扣零"和"本月扣零"两个固定工资项目。

4. 设置银行名称

(1)点击左下角"基础设置"选项卡,再单击"基础档案"|"收付结算"|"银行档案",进入"银行档案"对话框,单击"工商银行北京支行"所在的行,单击"修改"按钮,单击个人账户规则"定长"前的单选框,账号长度改为"19",在"自动带出账号长度"栏中录入"17"。

(2)单击"保存"按钮,单击"退出"按钮。银行名称设置完成。

> **特别提示**
>
> (1)银行账号长度不得为空,且不能超过30个字节。
>
> (2)录入时需要自动带出的账号长度是指为有效提高录入速度,在录入"人员档案"的银行账号时,从第二个人开始,系统根据用户在此定义的长度自动带出的自第一位开始银行账号的相应长度。
>
> (3)如果删除银行名称,则将删除所有与此银行名称有关的所有设置,包括银行的代发文件格式设置、磁盘输出格式设置。
>
> (4)如果银行名称在银行档案自带的系统中没有,则通过"增加"按钮来操作。

5. 建立工资类别

(1)打开"工资类别"|"新建工资类别",进入"新建工资类别"对话框,在工资类别名称输入"正式职工",如图5-8所示。

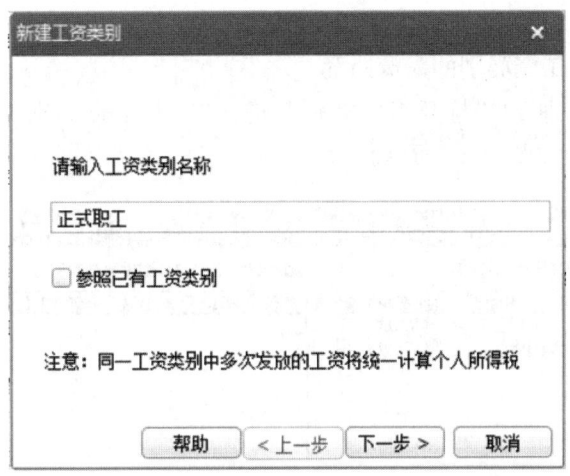

图 5-8 "新建工资类别——设置工资类别名称"对话框

（2）单击"下一步"按钮，打开"选定部门"对话框，单击"选定全部部门"，如图 5-9 所示。

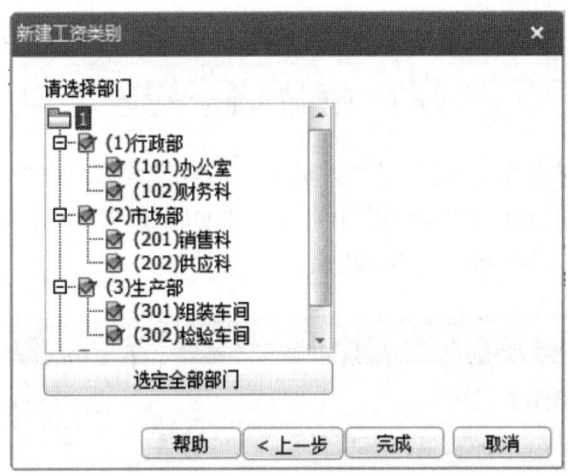

图 5-9 "新建工资类别——选定部门"对话框

（3）单击"完成"按钮。系统提示"是否以 20××-12-01 为当前工资类别的启用日期?"，单击"是"按钮，如图 5-10 所示。

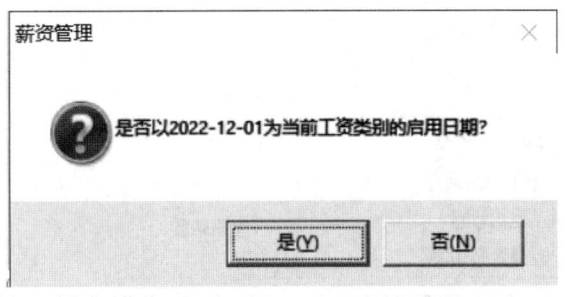

图 5-10 "新建工资类别——设置启用日期"对话框

（4）按照此方法继续设置工资类别"临时职工"。

6. 设置正式职工工资类别的人员档案

（1）打开"工资类别"｜"打开工资类别"，进入"打开工资类别"对话框，单击"正式职工"，单击"确定"按钮，如图 5-11 所示。

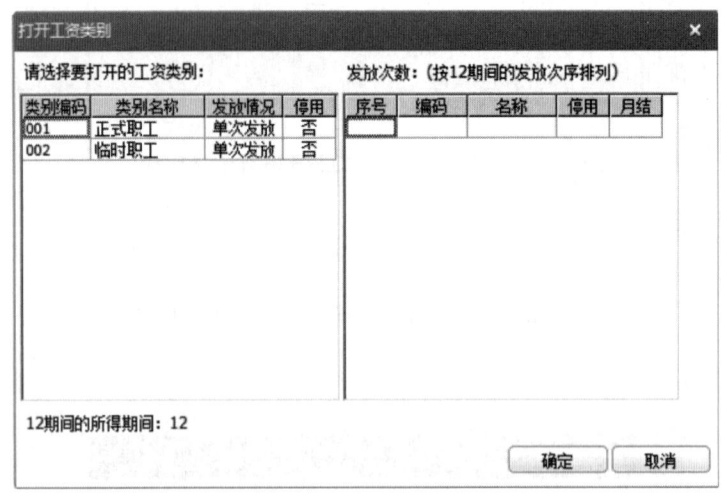

图 5-11 "打开工资类别"对话框

（2）双击薪资管理系统"设置"中的"人员附加信息设置"，单击"增加"按钮，在"信息名称"栏录入"学历"，也可使用"栏目参照"功能，单击"增加"按钮，单击"确定"按钮。这个操作也可以在关闭工资类别的情况下进行，如图 5-12 所示。

图 5-12 "人员附加信息设置"对话框

（3）双击薪资管理系统"设置"中的"人员档案"，打开"人员档案"窗口，如图5-13所示。

图 5-13 "人员档案"窗口

（4）单击"批增"按钮，进入"人员批量增加"对话框，在左侧的"正式职工"部门列表中，单击"行政部""市场部""生产部"和"仓储部"前面的选择栏。在右侧"条件查询"输入查询条件，单击"查询"后所选部门下符合条件的人员出现在右下侧列表框中，单击"确定"按钮，如图5-14所示。返回"人员档案"窗口，可以看到所有正式职工的人员档案。

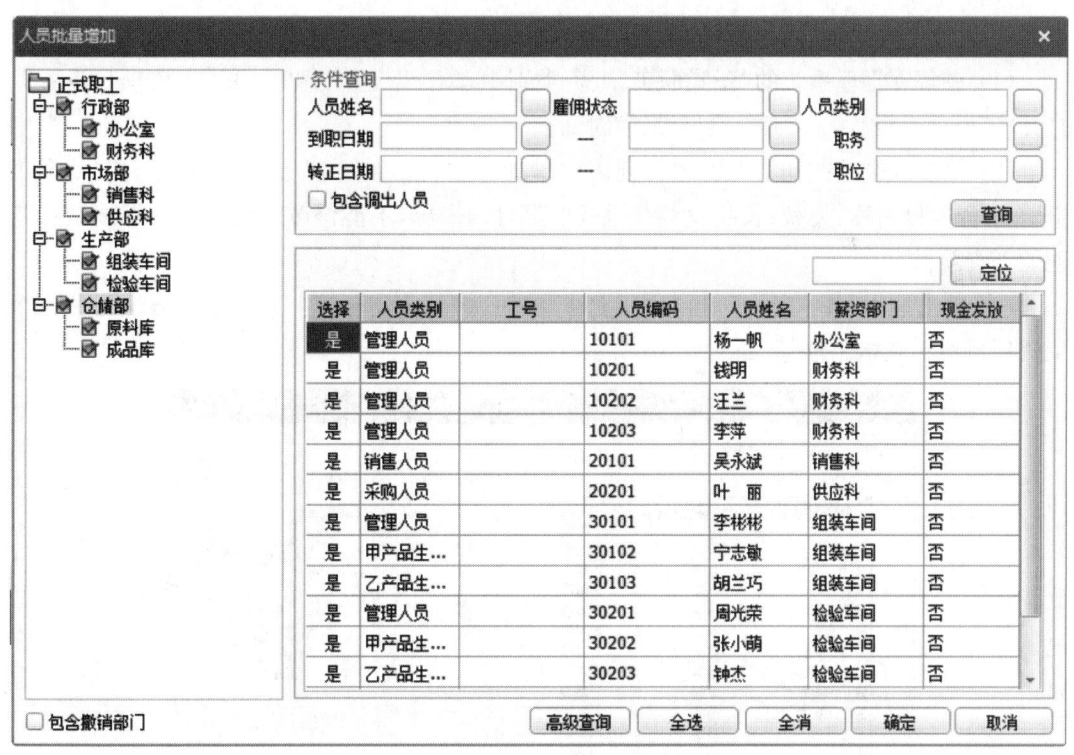

图 5-14 "人员批增增加"对话框

（5）双击杨一帆所在的行，出现"人员档案明细"对话框，点击"附加信息"页签，学历录入"本科"，单击"确认"按钮。依照此方法按表5-6内容录入其他正式职工的工资档案设置，最后单击"关闭"按钮，如图5-15所示。

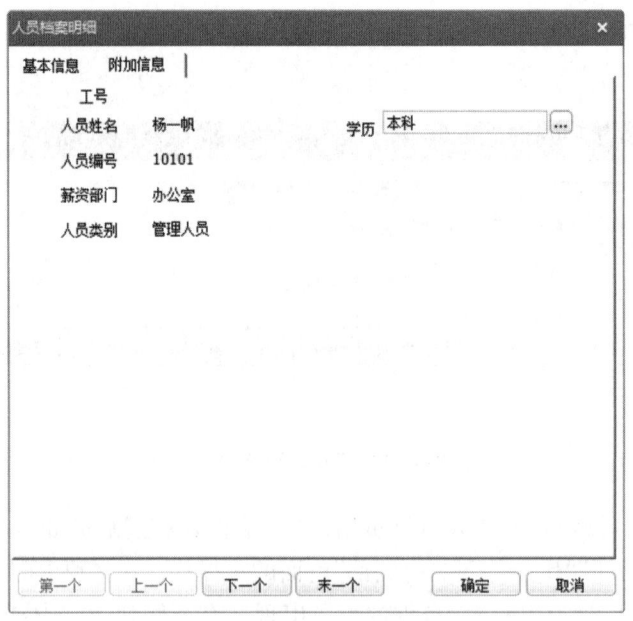

图5-15 "人员档案明细"对话框

7. 设置正式职工工资类别的工资项目

(1) 在薪资管理系统的"正式职工"工资类别中,单击"设置"菜单中的"工资项目设置",打开"工资项目设置——工资项目设置"对话框。

(2) 单击"增加"按钮,工资项目列表中增加一空行,再单击"参照"按钮,选择"基本工资",工资项目名称、类型、长度、小数、增减项都自动带出,不能修改。按此方法继续增加其他的工资项目。

(3) 单击选中"基本工资",再单击"上移"按钮,将其移动至第一行。依此方法将每一个工资项目移动至指定位置,如图5-16所示。

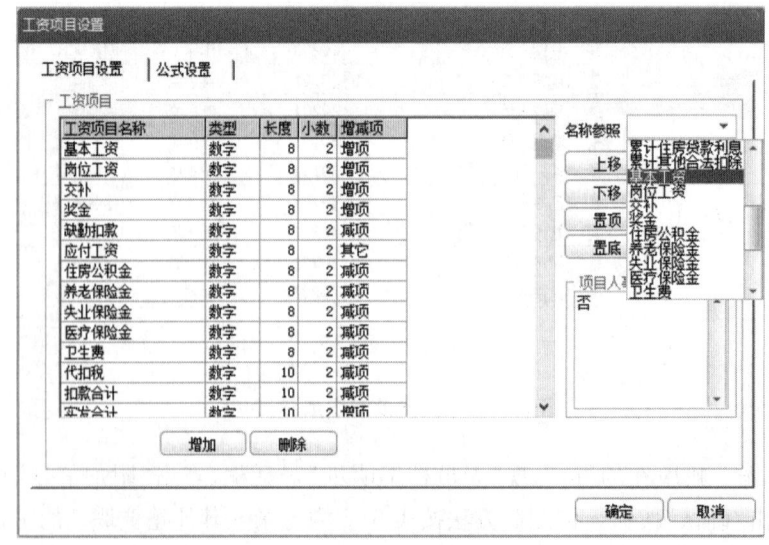

图5-16 "工资项目设置——工资项目设置"对话框

（4）单击"确认"按钮。至此，正式职工工资类别的工资项目选择已经完成。

特别提示

（1）选择正确的准备定义公式的工资类别，本实验选择"正式职工"工资类别。

（2）如果所需的工资项目不存在，则需关闭本工资类别，然后新增工资项目后，再打开此工资类别进行选择。

（3）没有选择的工资项目不允许在计算公式中出现。

（4）工资项目一旦被选择，即可进行公式的设置。

（5）已输入数据的工资项目和已设置计算公式的工资项目都不能删除。

8. 设置"缺勤扣款"计算公式

（1）单击"设置"中的"工资项目设置"，打开"工资项目设置——工资项目设置"对话框。

（2）单击"公式设置"页签，如图5-17所示。

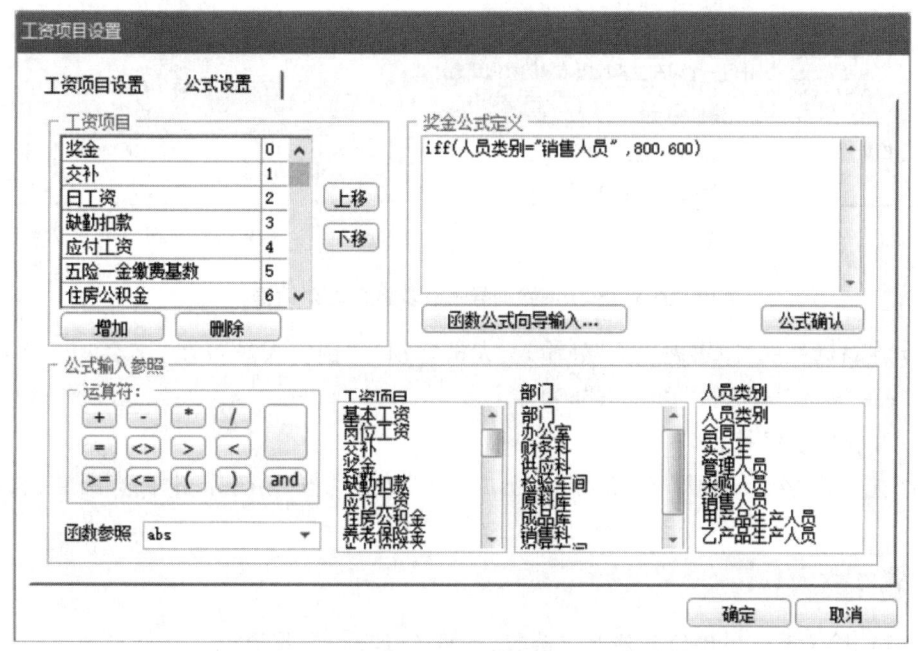

图5-17 "工资项目设置——公式设置"对话框

（3）单击"增加"按钮，再单击工资项目栏下的下三角按钮，选择"缺勤扣款"。

（4）在"缺勤扣款公式定义"栏利用公式输入参照录入"日工资×缺勤天数"。

（5）单击"公式确认"按钮，"缺勤扣款"的计算公式设置完毕。

9. 设置"奖金"的计算公式

（1）单击菜单中"设置"项下的"工资项目设置"，打开"工资项目设置——工资项目设置"对话框。

（2）单击"公式设置"页签。

（3）单击"增加"按钮，再单击工资项目栏的下三角按钮，选择"奖金"项目。

（4）单击"函数公式向导输入"按钮，打开"函数向导——步骤之1"对话框。

（5）选择函数名"iff"，单击"下一步"按钮，打开"函数向导——步骤之2"对话框，如图5-18所示。

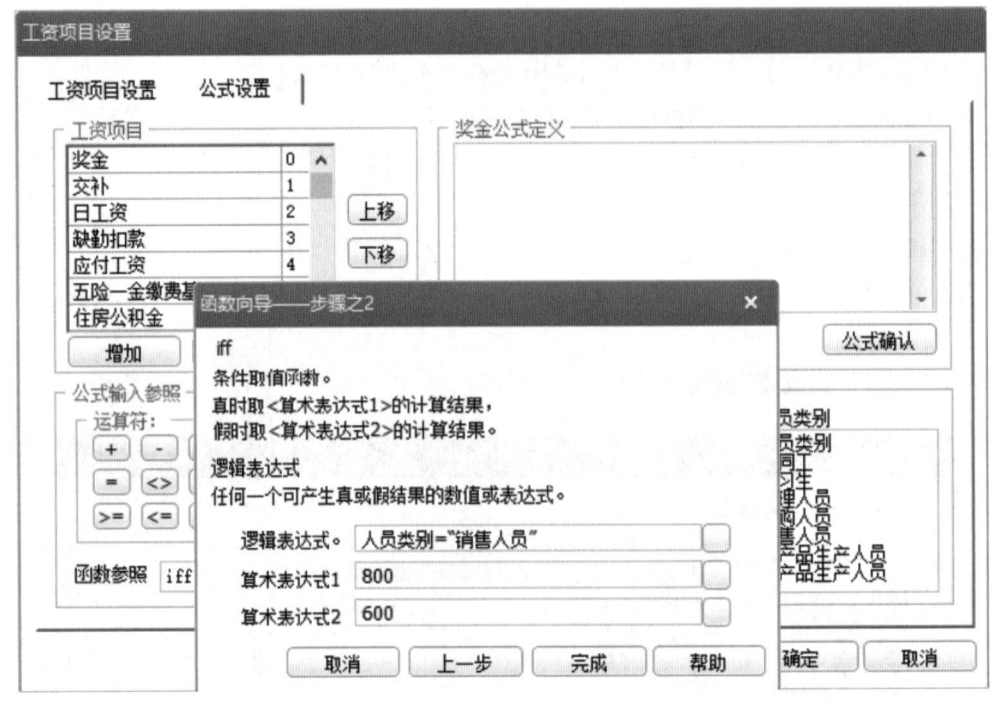

图5-18 "函数向导——步骤之2"对话框

（6）在对话框的"逻辑表达式"处输入：人员类别＝"销售人员"；在"算术表达式1"处录入"800"；在"算术表达式2"处录入"600"。

（7）单击"完成"按钮。

（8）先单击"公式确认"按钮，再单击"确认"按钮。奖金的条件取值函数公式设置完成。

特别提示

（1）iff是系统提供的条件取值函数，利用函数公式向导输入。

（2）函数公式向导只支持系统提供的函数。

（3）选择准备定义公式的工资类别，本实验选择"正式职工"工资类别。

（4）如果所需的工资项目不存在，则需关闭本工资类别，然后新增工资项目后，再打开此工资类别进行选择。

（5）没有选择的工资项目不允许在计算公式中出现。

（6）工资项目一旦被选择，即可进行公式的设置。

（7）已输入数据的工资项目和已设置计算公式的工资项目都不能删除。

10. 扣税设置

（1）进入薪资管理系统中的"正式职工"工资类别，单击"设置"菜单下的"选项"，打开"选项"对话框，单击"扣税设置"页签，单击"编辑"按钮，将"实发合计"改为"个税缴纳基数"工资项目，如图 5-19 所示。

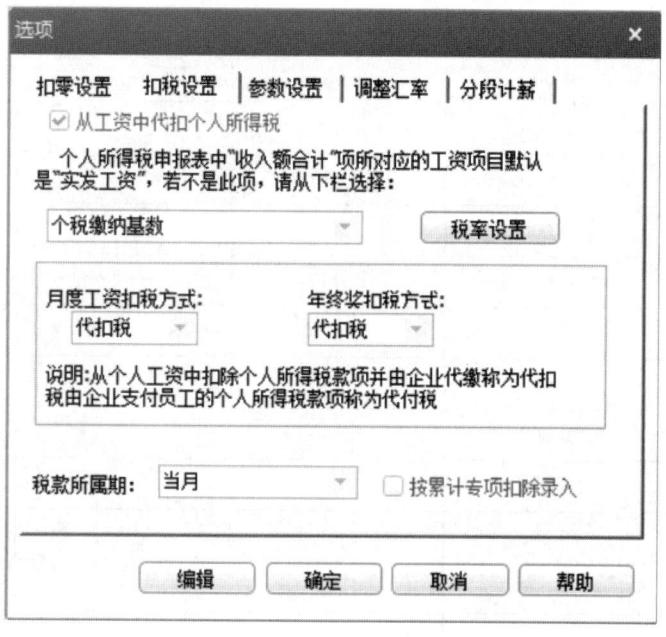

图 5-19 "选项"对话框

（2）单击"税率设置"按钮，打开"个人所得税申报表—税率表"对话框，将"基数"改设为"5 000"，并调整应纳税所得额限额及税率，单击"确定"按钮。

（3）单击"确定"按钮返回。

实验二 薪资业务处理

一、实验要求

1. 核算与管理正式职工工资

2. 录入并计算 12 月份的工资数据

3. 查看扣缴所得税

4. 银行代发工资

5. 分摊工资并生成转账凭证

6. 月末处理

二、实验资料

1. 12 月正式职工工资数据

12 月正式职工基本工资、岗位工资和缺勤天数，如表 5-9 所示。

表 5-9　　　　　　　　　　　　**20××年 12 月正式职工部分工资数据**

金额单位:元

人员姓名	基本工资	岗位工资	缺勤天数(天)	卫生费
杨一帆	10 000	7 000		10
钱明	8 000	5 000		10
学生本人	7 000	4 000		10
李萍	7 000	4 000		10
吴永斌	8 000	5 000		10
叶 丽	8 000	5 000	1	10
李彬彬	8 000	5 000		10
宁志敏	5 000	4 000		10
胡兰巧	5 000	4 000		10
周光荣	8 000	5 000		10
张小萌	5 000	4 000		10
钟杰	5 000	4 000		10
汪春凌	4 000	4 000	1	10
李华康	4 000	4 000		10

2. 银行代发

银行代发,如表 5-10 所示。

表 5-10　　　　　　　　　　　　**工商银行北京支行银行代发**

栏目名称	数据类型	总长度	小数位数
单位编号	字符型	10	0
人员编号	字符型	5	0
账　号	字符型	19	0
姓　名	字符型	8	0
金　额	数字型	10	2
录入日期	字符型	8	0

3. 工资分摊的类型

(1) 按应付工资总额的 2% 计提工会经费,按应付工资总额的 1.5% 计提职工教育经费,税前扣除限额比例 8%,如表 5-11 所示。

表 5-11   工资分摊设置

部门名称	人员类别	项目	应付工资(100%)		工会经费(2%)		职工教育经费(1.5%)	
			借方科目	贷方科目	借方科目	贷方科目	借方科目	贷方科目
行政部 仓储部	管理人员	应付工资	管理费用——工资	应付职工薪酬——工资	管理费用——工会经费	应付职工薪酬——工会经费	管理费用——职工教育经费	应付职工薪酬——职工教育经费
供应科	采购人员	应付工资	管理费用——工资		管理费用——工会经费		管理费用——职工教育经费	
销售科	销售人员	应付工资	销售费用——工资		销售费用——工会经费		销售费用——职工教育经费	
生产部	管理人员	应付工资	制造费用——工资		制造费用——工会经费		制造费用——职工教育经费	
生产部	甲产品生产人员	应付工资	生产成本——直接人工(甲产品)		生产成本——直接人工(甲产品)		生产成本——直接人工(甲产品)	
生产部	乙产品生产人员	应付工资	生产成本——直接人工(乙产品)		生产成本——直接人工(乙产品)		生产成本——直接人工(乙产品)	

(2)单位缴纳住房公积金、养老保险金、失业保险金和医疗保险金,缴纳比例分别为 8%,20%,1.5%和 10%,如表 5-12 所示。

表 5-12   住房公积金及社会保险金分摊设置

部门名称	人员类别	项目	住房公积金(8%)		社会保险金(31.5%)	
			借方科目	贷方科目	借方科目	贷方科目
行政部 仓储部	管理人员	五险一金缴费基数	管理费用——住房公积金	应付职工薪酬——住房公积金	管理费用——社会保险金	应付职工薪酬——社会保险金
供应科	采购人员	五险一金缴费基数	管理费用——住房公积金		管理费用——社会保险金	
销售科	销售人员	五险一金缴费基数	销售费用——住房公积金		销售费用——社会保险金	
生产部	管理人员	五险一金缴费基数	制造费用——住房公积金		制造费用——社会保险金	
生产部	甲产品生产人员	五险一金缴费基数	生产成本——直接人工(甲产品)		生产成本——直接人工(甲产品)	
生产部	乙产品生产人员	五险一金缴费基数	生产成本——直接人工(乙产品)		生产成本——直接人工(乙产品)	

4. 12 月 20 日,开出转账支票(Z1016)支付 12 月的工资

要求:根据 12 月份工资表编制发放工资凭证,在总账系统中输入。

三、实验指导

1. 录入并计算 12 月份的工资数据

(1)单击"业务处理"菜单中的"工资变动"项,打开"工资变动"窗口。

(2)在"工资变动"窗口中,单击各栏目,根据表 5-9 内容,分别录入工资项目数据,不要

遗漏缺勤天数的录入。

（3）单击工具栏中的"计算"按钮，计算全部工资项目内容，单击"汇总"按钮，如图 5-20 所示。

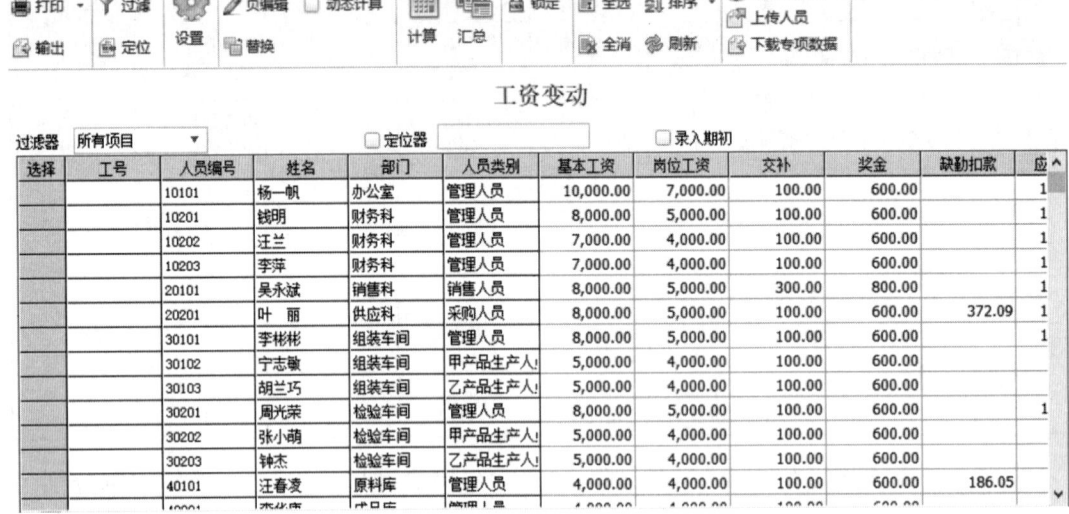

图 5-20　"工资变动"窗口

（4）单击工具栏中的"退出"按钮。

特别提示

（1）第一次使用薪资管理系统时，需将所有人员的工资数据录入，工资数据既可以在这一模块录入，也可以在录入人员档案时直接录入；每月发生的工资数据变动也在这一模块中处理。

（2）如果工资数据变动较大，使用"替换"功能有利于提高工作效率。

（3）在出现以下四种情况（修改了某些数据；重新设置了计算公式；进行了数据替换；在个人所得税中执行了自动扣税）之一时，必须调用"计算"和"汇总"功能对个人工资数据重新进行计算，才能保证数据的正确性。

（4）如果对以上情况只进行了"计算"操作，没有进行"汇总"操作，则在退出系统时，系统会自动提示"数据发生变动后尚未进行汇总，是否进行汇总？"单击"是"即可。

2. 查看扣缴所得税

（1）打开"业务处理"|"扣缴所得税"，打开"个人所得税申报模板"对话框。

（2）"请选择所在地区名"处默认系统，在"报表名称"列表中选择"系统扣缴个人所得税年度申报表"，单击"打开"按钮。

（3）进入"所得税申报"对话框，不做修改，单击"确定"按钮。

（4）进入"所得税申报"界面，可以查看个人所得税的扣缴情况，单击"退出"按钮。

（5）进入"工资变动"窗口，重新计算、汇总。

扣税基数也可以在"所得税申报"界面单击"税率"按钮来设置。

3. 银行代发

(1) 双击"业务处理"菜单下的"银行代发",进入"请选择部门"对话框,选择所有部门,单击"确定"按钮,进入"银行文件格式设置"界面。

(2) 在"银行模板"处,单击下三角按钮选择"工商银行北京分行",系统自带相关银行的文件格式。

(3) 单击"插入行"按钮,按表内容在栏目名称处手工输入"姓名"等其他信息,修改账号总长度为"19",如图 5-21 所示。

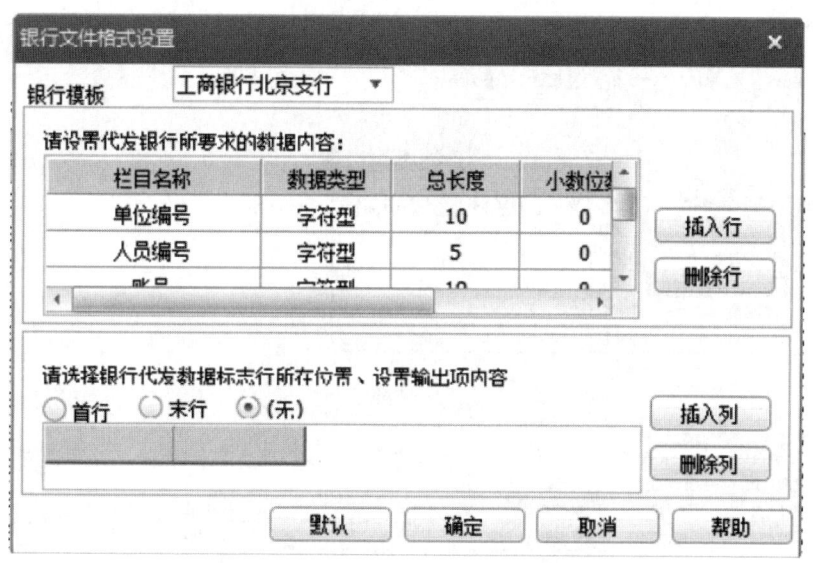

图 5-21 "银行文件格式设置"界面

(4) 单击"确定"按钮,系统提示"确认设置的银行文件格式?"

(5) 点击"是"按钮,系统保存设置,生成银行代发一览表。点击"否",可以进一步修改相关内容。

(1) 设置代发工资的文件名称时,TXT 定长文件和 DAT 不定长文件类型不能超过 16 位字符,DBF 类型的文件名称不能超过 8 位。

(2) 新增栏目的名称可以自己录入,但其数据来源只能选择录入,不可手工输入。

(3) 你所输入的栏目的数据类型应与你选择的数据来源的数据类型一致,否则,系统会提示你是否转换字段类型。

(4) 如果栏目顺序需调整,可直接用鼠标拖动到指定位置即可。

4. 工资分摊

1）工资分摊设置

（1）在薪资管理系统中，单击"设置"菜单中的"工资分摊设置"，选择工资类别，进入"分摊类型设置"界面。

（2）在"分摊类型设置"界面中单击"增加"按钮，进入"分摊凭证设置"对话框。

（3）"分摊凭证设置"对话框中分摊类型编码由系统自动填制，在计提类型名称处录入"应付工资"；在"分摊计提比例"处选择"100％"，在"凭证类别"处选择"记账凭证"。

（4）单击"增行"，根据实验资料，依次选择部门、人员类别、工资项目、借方科目和贷方科目，如果科目为项目辅助核算类型，还要为该科目继续选择具体的项目大类和项目目录。

（5）凭证模板记录输入完后，单击"保存"，如图 5-22 所示。

分摊类型设置

选择	分摊类型编码	分摊类型名称	工资类别	分摊比例%	凭证类别字
	4	住房公积金	正式职工	8	记
	5	社会保险金	正式职工	1.5	记
	1	应付工资	正式职工	100	记
	2	工会经费	正式职工	2	记
	3	职工教育经费	正式职工	1.5	记

部门名称	人员类别	工资项目	借方科目	借方项目大类	借方项目	贷方科目	贷方项目大类	贷方项目
组装车间_检验…	管理人员	应付工资	510101			221101		
办公室_财务科…	管理人员	应付工资	660201			221101		
供应科	采购人员	应付工资	660201			221101		
销售科	销售人员	应付工资	660101			221101		
组装车间_检验…	甲产品生产人员	应付工资	500102	产成品	甲产品	221101		
组装车间_检验…	乙产品生产人员	应付工资	500102	产成品	乙产品	221101		

图 5-22 "分摊凭证设置"对话框

（6）重复以上操作，分别完成"应付福利费""工会经费"和"职工教育经费"的分摊设置。全部完成后，单击"退出"。

2）生成工资分摊凭证

（1）单击"业务处理"中的"工资分摊"，进入"工资分摊"对话框，勾选"计提费用类型""选择核算部门""计提会计月份""计提分配方式""明细到工资项目"和"按项目核算"复选框，如图 5-23 所示。

（2）单击"确定"进入"分摊应付工资一览表"界面，如图 5-24 所示。单击"合并科目相同，辅助项相同的分录"前的复选框，单击工具栏中的"制单"按钮，生成应付工资分摊的记账凭证，选择凭证类型为"记账凭证"，选择制单日期，单击"保存"按钮。

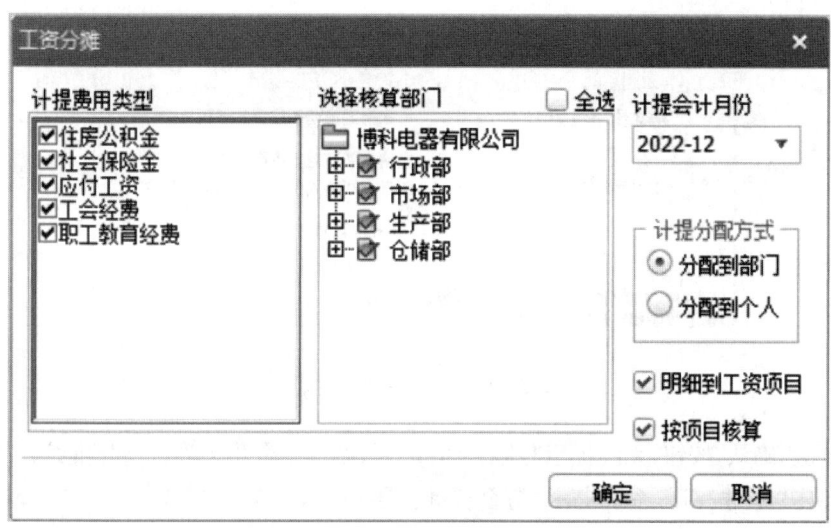

图 5-23 "工资分摊"对话框

应付工资一览表

☑合并科目相同、辅助项相同的分录

类型 应付工资　　　　　　　　　　　　　　　　　　　　　　　　　　　计提会计月份　12月

部门名称	人员类别	应付工资						
		分配金额	借方科目	借方项目大类	借方项目	贷方科目	贷方项目大类	贷方项目
办公室	管理人员	17700.00	660201			221101		
财务科		37100.00	660201			221101		
销售科	销售人员	14100.00	660101			221101		
供应科	采购人员	13327.91	660201			221101		
组装车间	管理人员	13700.00	510101			221101		
	甲产品生产人员	9700.00	500102	产成品	甲产品	221101		
	乙产品生产人员	9700.00	500102	产成品	乙产品	221101		
检验车间	管理人员	13700.00	510101			221101		
	甲产品生产人员	9700.00	500102	产成品	甲产品	221101		

图 5-24 "分摊应付工资一览表"界面

特别提示

（1）在初次使用薪资管理系统时,应先进行工资分摊类型的设置。所有与工资相关的费用及经费基金都需要进行相应的分摊类型名称及分摊比例的建立。

（2）部门不同、人员类别相同,在设置时可以一次选择多个部门,可以设置为不同的分摊科目。

（3）进行工资分摊时应按分摊类型依次进行。

---

5. 月末处理

（1）单击工具栏中"业务处理"菜单下的"月末处理",打开"月末处理"对话框,如图 5-25所示。

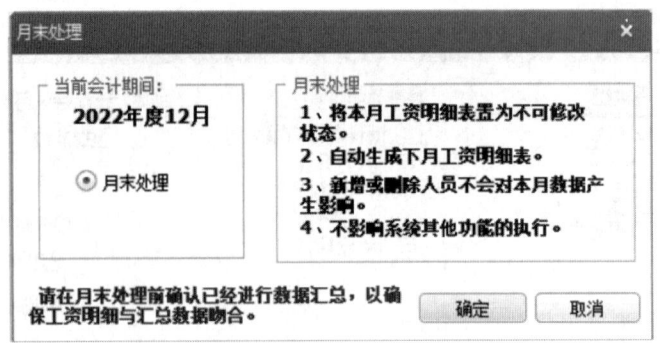

图5-25 "月末处理"对话框

（2）单击"确认"按钮，系统提示"月末处理之后，本月工资将不许变动！继续月末处理吗？"

（3）单击"是"按钮。系统提示"是否选择清零项？"，如图5-26所示。

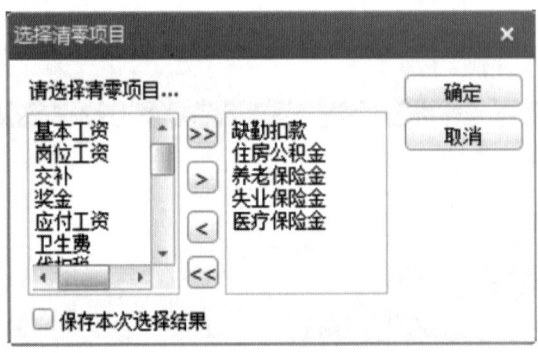

图5-26 "选择清零项目"对话框

（4）本实验选择"否"。系统提示"月末处理完毕！"

（5）单击"确定"按钮即可。

特别提示

（1）月末处理就是将当月数据经过处理后结转至下月。

（2）月末处理功能只有账套主管才有权限执行，一旦进行月末数据处理后，当月数据将不再允许变动。

（3）月末处理只能在1～11月进行，并且在月末处理前，必须将本月工资进行汇总。

（4）如果有多个工资类别，应分别进入相应的工资类别，分别进行月末处理。

实验三　薪资数据统计分析

一、实验要求

1. 查看工资表和工资分析表

2. 查询12月份工资核算的记账凭证

二、实验资料

以前面资料为基础。

三、实验指导

1. 查看工资表和工资分析表

（1）单击"账表"菜单"工资表"。

（2）选择工资类别，打开"工资表"窗口。双击要查看的工资表，如工资发放条，选择要分析的部门，即可得到相应的查询结果。

（3）单击"工资分析表"，打开"工资分析表"窗口。双击要查看的工资分析表，如员工工资汇总表，选择要分析的部门和项目，即可得到相应的查询结果。

2. 查询记账凭证

（1）单击"凭证查询"菜单中的"凭证查询"，打开"凭证查询"窗口。

（2）在"凭证查询"窗口，单击要查询的业务类型的所在行，单击"凭证"按钮，就打开要查询的记账凭证。

（3）单击"退出"按钮退出。

特别提示

（1）工资表用于本月工资的发放和统计，主要完成查询和打印各种工资表的工作。

（2）工资分析表是以工资数据为依据，对部门、人员类别的工资数据进行分析和比较，生成分析人员使用的各种分析表。

（3）在薪资管理系统中生成的工资分摊转账凭证，在总账系统中可以进行查询、审核、记账等操作，但不能在总账系统中修改和删除此类凭证，需要在薪资管理系统中的凭证查询功能里完成此操作。①单击"删除"按钮可以删除"未审核"的凭证。②单击"红字冲销"按钮，可以自动生成与原凭证相同的红字凭证，冲销"记账"的凭证。③单击"单据"按钮，可以显示已生成凭证的原始凭证。④单击"凭证"按钮，可以显示单张凭证界面。

第六章　固定资产系统

学习目标

知识目标:了解固定资产系统的功能和应用流程;明确固定资产系统与其他系统的关系;掌握固定资产系统的原始卡片录入、资产增减和计提折旧;明确固定资产系统凭证处理、账表查询和期末处理。

能力目标:能够根据企业固定资产管理要求,建立相应的初始设置;能够核算固定资产不同增减类型业务以及固定资产的变动管理;能够完成固定资产折旧计提和归集;能够根据固定资产业务生成记账凭证;能够掌握固定资产月末处理和账表查询。

思政目标:培养学生保护国有资产与公共资源的意识;理解资产全生命周期管理对国家可持续发展的重要性;树立"厉行节约、绿色发展"的生态文明观。

概述

1. 功能概述

固定资产系统的主要功能是进行固定资产日常业务的核算和管理,按月反映固定资产的增减变动,并输出相应的增减变动,并输出相应的增减变动明细账,按月计提折旧,生成折旧分配凭证,同时生成与设备管理相关的报表和账簿。

2. 应用流程

固定资产管理子系统的应用流程分为三个部分,如图 6-1 所示,一是系统初始设置,主要包括控制参数设置、固定资产基础信息设置、核算科目设置和固定资产原始卡片的录入;二是固定资产日常业务处理,主要包括资产增减、资产内部调拨、资产变动处理、计提折旧和批量制单;三是固定资产期末处理,主要包括期末结账和各类账簿记录查询。

3. 固定资产系统与其他系统的关系

固定资产系统与其他系统的数据流程关系,如图 6-2 所示。固定资产的日常变动数据和计提折旧的数据通过生成的转账凭证传递到账务子系统;固定资产管理子系统为成本子系统提供其核算所需要的折旧费用数据,是成本核算的基础数据之一;报表子系统可以通过调用固定资产管理子系统核算结果数据编制相关报表。

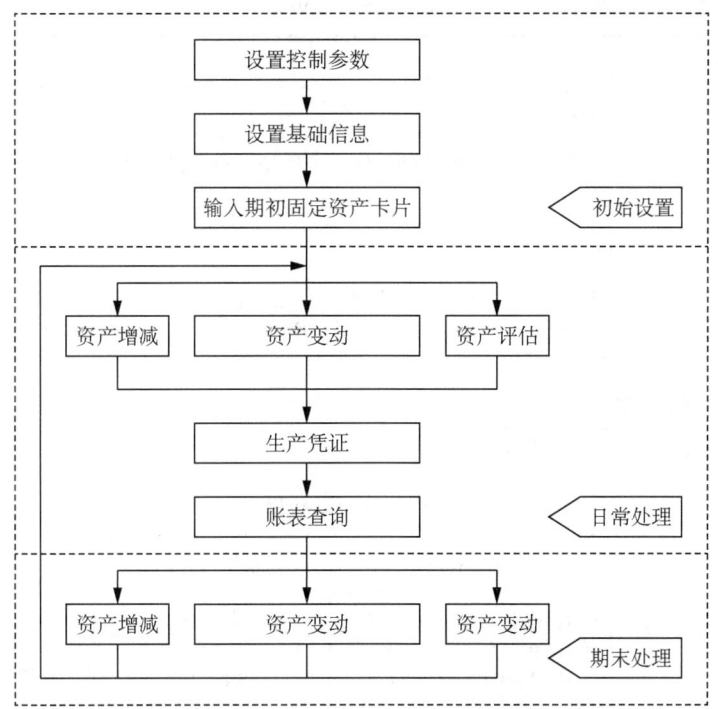

图 6-1　固定资产应用流程图

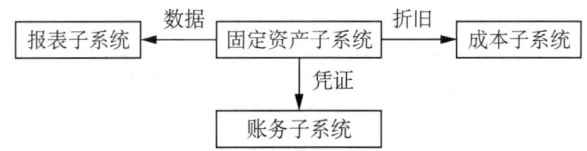

图 6-2　固定资产系统与其他系统的关系

实验一　固定资产系统初始设置

一、实验要求

以账套主管身份完成固定资产子系统初始设置。

1. 建立固定资产账套

2. 基础信息设置

3. 录入原始卡片

二、实验资料

1. 固定资产账套启用

固定资产参数,如表 6-1 所示。

表 6-1   固定资产参数设置

启用时间	20××年 12 月 1 日
折旧方法	平均年限法(一)
折旧汇总分配周期	1 个月,当"月初已提月份=可使用月份-1"时将剩余折旧全部提足
固定资产编码方式	资产类别编码方式:21;固定资产编码方式:类别编码+序号,采用手工输入;序号长度为"3"
对账要求	要求固定资产系统与总账进行对账;固定资产对账科目为"1601",累计折旧对账科目为"1602";对账不平衡的情况下,不允许固定资产月末结账

2. 部门对应折旧科目

部门对应折旧科目设置,如表 6-2 所示。

表 6-2   部门对应折旧科目

部门名称	对应科目	部门名称	对应科目
行政部	管理费用——折旧费	生产部	制造费用——折旧费
办公室	管理费用——折旧费	组装车间	制造费用——折旧费
财务科	管理费用——折旧费	检验车间	制造费用——折旧费
市场部		仓储部	管理费用——折旧费
销售科	销售费用——折旧费	原料库	管理费用——折旧费
供应科	管理费用——折旧费	成品库	管理费用——折旧费

注:表 6-2 的科目设置仅供参考,具体科目设置可以根据现行规定和企业实际情况进行调整。

3. 固定资产类别

固定资产类别设置,如表 6-3 所示。

表 6-3   固定资产类别

类别编码	类别名称	使用年限(年)	净残值率	计提属性	折旧方法	卡片样式
01	房屋及建筑物					通用样式
011	办公楼	30	2%	正常计提	平均年限法(一)	通用样式
012	厂房	30	2%	正常计提	平均年限法(一)	通用样式
02	机器设备					通用样式
021	生产设备	10	3%	正常计提	平均年限法(一)	通用样式
022	办公设备	5	3%	正常计提	平均年限法(一)	通用样式

4. 固定资产增减方式

固定资产增减方式对应的科目的设置,如表 6-4 所示。

表 6-4　　　　　　　　　　　　　固定资产增减方式

增加方式	对应入账科目	减少方式	对应入账科目
直接购入	银行存款——工行存款	出售	固定资产清理
在建工程转入	在建工程——基建工程	报废	固定资产清理
盘盈	以前年度损益调整	盘亏	待处理财产损溢——待处理固定资产损溢
		毁损	固定资产清理

注:表 6-4 的科目设置仅供参考,具体科目设置可以根据现行规定和企业实际情况进行调整。

5. 固定资产原始卡片

固定资产原始卡片,如表 6-5 所示。

表 6-5　　　　　　　　　　　　固定资产原始卡片　　　　　　　　金额单位:元

固定资产编码	固定资产名称	类别编号	部门名称	分摊比率	增加方式	开始使用日期	原值	累计折旧
011001	1 号楼	011	行政部和市场部	1:1:1:1	在建工程转入	20××-11-08(注:年度＝启用年度－6)	8 232 000.00	1 590 400.00
012001	2 号厂房	012	组装车间、检验车间	1:1	在建工程转入	20××-11-08(注:年度＝启用年度－6)	8 000 000.00	1 562 000.00
021001	自动生产线	021	组装车间		直接购入	20××-11-08(注:年度＝启用年度－2)	6 134 000.00	1 299 920.00
022001	服务器	022	办公室		直接购入	20××-11-8(注:年度＝启用年度－2)	24 000.00	7 320.00
022002	计算机	022	财务部		直接购入	20××-11-8(注:年度＝启用年度－2)	6 000.00	680.00
022003	计算机	022	财务部		直接购入	20××-11-8(注:年度＝启用年度－2)	6 000.00	680.00

6. 固定资产子系统和总账系统对账

三、实验指导

1. 建立固定资产账套

(1) 在"业务导航"中,单击"财务会计"下的"固定资产",系统提示"这是第一次打开此账套,还未进行过初始化,是否进行初始化?"

(2) 单击"是"按钮,就可以看到"固定资产初始化向导约定及说明"界面。请注意仔细阅读相关系统约定,只有点击"我同意"按钮,才可以单击"下一步"按钮,打开"初始化账套向导——启用月份"窗口。

(3) 单击"下一步"按钮,打开"初始化账套向导——折旧信息"窗口(请注意:当月增加

的固定资产当月不计提折旧,当月减少的固定资产当月照提折旧)。根据实验资料输入,如图 6-3 所示。

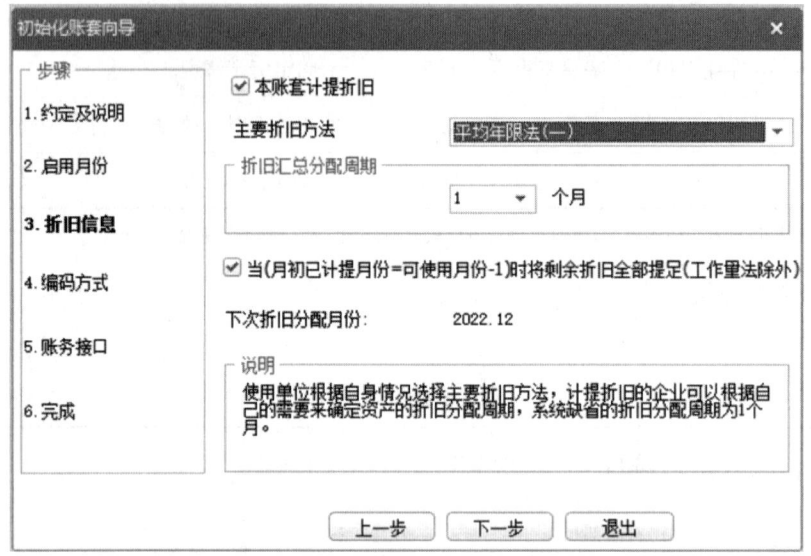

图 6-3 "初始化账套向导——折旧信息"设置

(4) 单击"下一步"按钮,打开"初始化账套向导——编码方式"窗口。根据实验资料确定各级别的编码长度。点击"自动编码",选择"类别编号+序号",确定"序号长度",最后再点击"手工输入"编码方式,如图 6-4 所示。

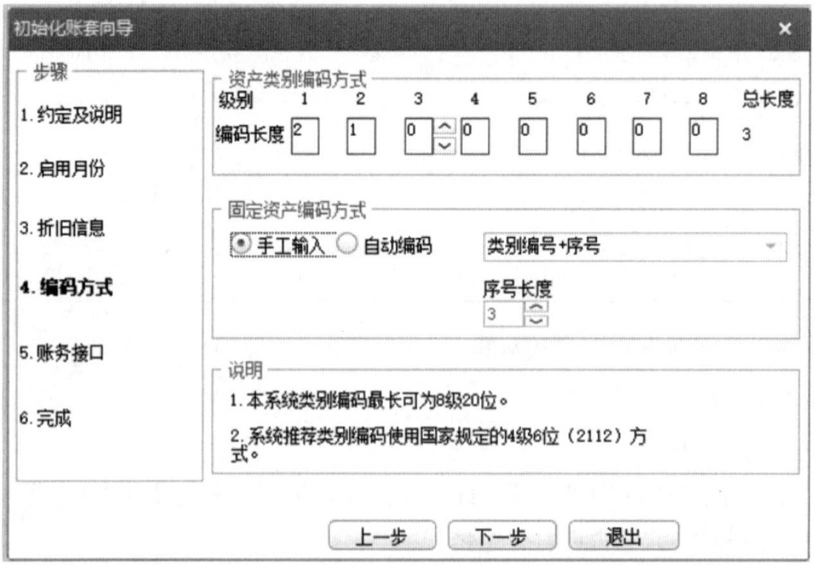

图 6-4 "初始化账套向导——编码方式"设置

(5) 单击"下一步"按钮,打开"初始化账套向导——财务接口"窗口。此时在固定资产对账科目栏输入"1601"并显示固定资产,在累计折旧对账科目栏输入"1602"并显示累计折旧,并按实验资料中的"对账要求"进行相关设置,如图 6-5 所示。

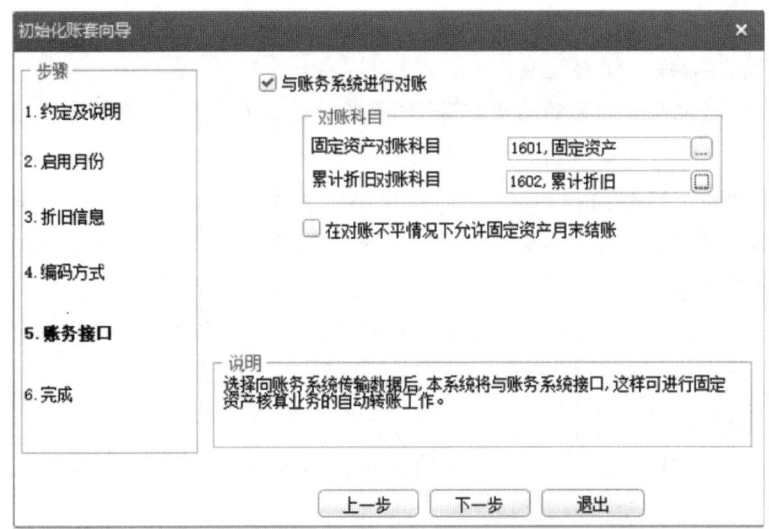

图 6-5　"初始化账套向导——财务接口"设置

（6）单击"下一步"按钮,打开"初始化账套向导——完成"窗口。

（7）单击"完成"按钮,针对系统提示,单击"是"按钮,系统显示"已经成功初始化本固定资产账套",再单击"确定"按钮,完成固定资产相关初始设置。

（8）点击"固定资产——设置——选项"可以对折旧信息、固定资产和累计折旧对账科目与缺省科目、资产编码方式等信息进行修改和补充,如图 6-6 所示。

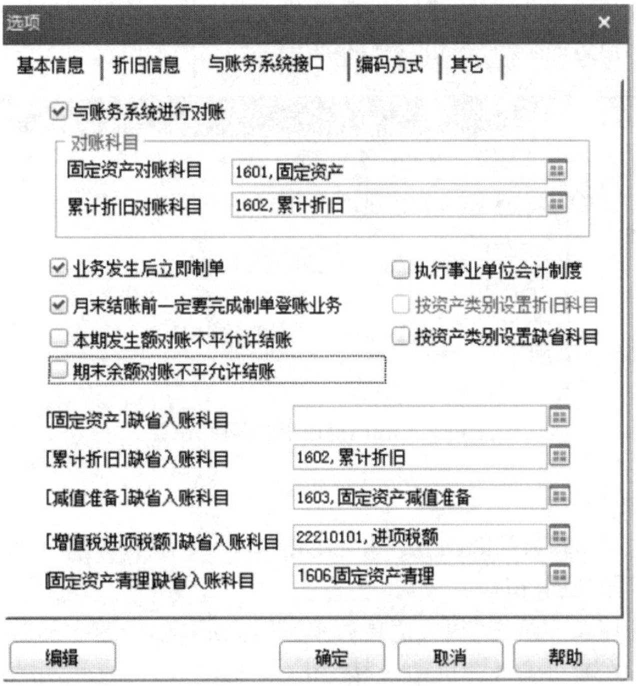

图 6-6　"固定资产选项卡"设置

特别提示

（1）初始化设置完后，有些参数在"固定资产—设置"中不能修改，在此一定要慎重，在确认无误后，方可保存设置。

（2）在"初始化账套向导的启用月份"中所列示的启用月份只能查看，不能修改。启用日期确定后，在该日期的所有固定资产都将作为期初数据，在启用月份开始计提折旧。

（3）在"初始化账套向导的折旧信息"中，当"月初已计提月份＝可使用月份－1"时，将剩余折旧全部提足（工作量法除外），只要上述条件满足，该月折旧额＝净值－净残值，并且不能手工修改。如果不选择该项，则该月不提足折旧。

（4）固定资产对账科目和累计折旧对账科目应与账务系统内对应的科目一致。

---

2. 部门对应折旧科目设置

（1）如果用户还想对固定资产的相关信息进行修改，则可以单击"固定资产"|"设置"，然后在"选项"里点击"编辑"进行修改。

（2）如果需要增加新的部门，则直接在"基础设置"|"基础档案"|"机构"菜单里，单击"部门档案"，对部门进行设置。在系统弹出对话框里单击"增加"，注意保存。

（3）如果不需新增部门，则在"固定资产"中的"设置"菜单里，单击"部门对应折旧科目"，系统弹出"固定资产部门编码目录"对话框。

（4）单击"固定资产部门编码目录"下的"行政部"，然后单击菜单栏中的"修改"。

（5）在"折旧科目"里，点击查询按钮，找到损益类的"管理费用——折旧费"，再点击"确定"，并点击"保存"。如果"行政部"有下级，可以点击"刷新"按钮，完成"行政部"下级部门折旧科目的定义，如图6-7所示。如果个别科目不同，可以选择该部门，点击"修改"，删除携带的原折旧科目，查找到所需科目，点击"保存"即可。

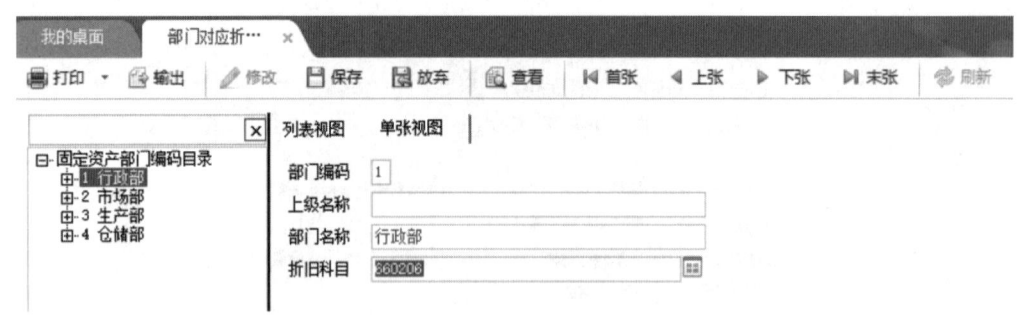

图6-7　"部门对应折旧科目"设置

3. 设置固定资产类别

（1）单击"设置"下的"资产类别"，打开"类别编码——列表视图"。单击"增加"按钮，进入"类别编码——单张视图"窗口。

（2）输入"01 房屋及建筑物"相关信息后单击"保存"，单击选中的"01 房屋及建筑物"，再单击"增加"按钮，在窗口录入"011 办公楼"相关信息，单击"保存"，继续完成其他"房屋及建筑物"的信息输入。

（3）点击"固定资产分类编码表"，点击"增加"按钮，录入"02 机器设备"，保存后，继续完成"机器设备"详细信息的输入，如图 6-8 所示。

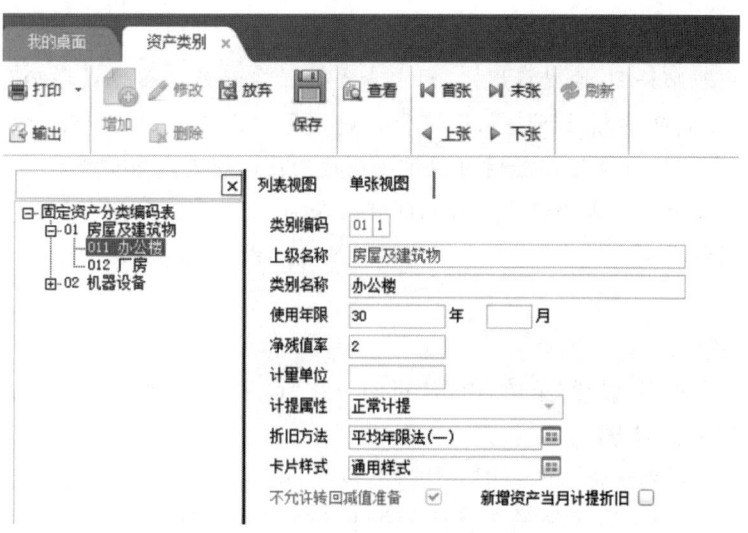

图 6-8 "资产类别"设置

特别提示

如果该类别在增加固定资产卡片时引用了，则其类别下不能再增加新类别。

4. 设置固定资产的增减方式

（1）单击固定资产下"设置——增减方式"，打开"增减方式"窗口。

（2）在"增减方式目录表"，单击选中"直接购入"所在行，再单击"修改"按钮，打开"增减方式——单张视图"窗口，根据实验资料，在对应入账科目栏中选择或直接录入对应入账科目"1002"（如果银行存款下还有明细科目，如××银行的编码为 100201，则在对应入账科目栏中录入"100201"），如图 6-9 所示。

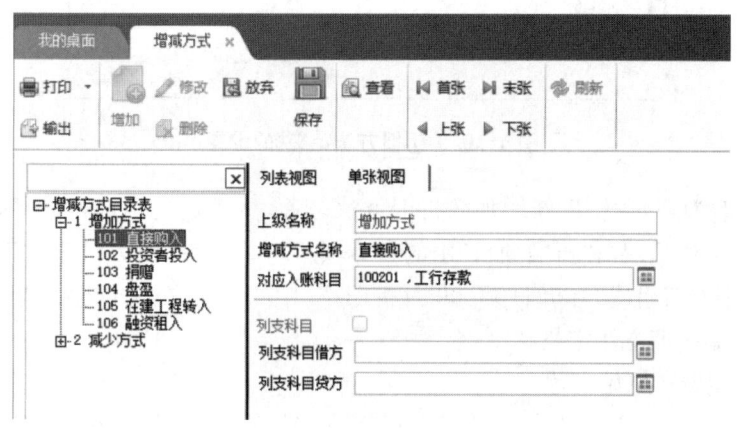

图 6-9 "增减方式"设置

（3）单击"保存"按钮，依此方式继续设置其他增减方式的入账科目。注意有下级的要选择最低级科目，需要增加科目表中没有的科目，可以直接在"科目参照"中，点击"编辑"增加。

> **特别提示**
>
> （1）对应入账科目：按现行规定，固定资产以固定资产盘盈方式增加时，对应入账科目应设为"以前年度损益调整"；固定资产以盘亏方式减少时，对应入账科目应设为"待处理财产损溢"，学生做实验时可以根据制度的最新规定进行调整。
>
> （2）在资产增减方式中设置对应入账科目是为了生成凭证时缺省。
>
> （3）非明细增减方式不能删除，已使用的增减方式不能删除。

5. 折旧方法的设置

（1）展开固定资产"设置"菜单，单击"折旧方法"命令，系统弹出"折旧方法"对话框，该对话框列出已有的折旧方法。

（2）如果想要对固定资产的折旧方法进行修改，可以单击工具栏中的"修改"按钮，对所选定的折旧方法进行修改（系统给出常用的折旧方法是系统缺省的折旧方法，只能选用，不能删除和修改）。单击工具栏中的"增加"按钮，系统弹出"折旧方法定义"对话框，在此可以进行相关定义，如图 6-10 所示。

图 6-10 "折旧方法定义"的设置

（3）在"名称"项目中输入新增加的折旧方法名称，然后定义"月折旧率"，再定义"月折旧额"。定义的方法是双击"折旧项目"中的具体项目与单击"折旧方法定义"窗口上的计算公式按钮或数字按钮组成"月折旧额"和"月折旧率"中的自定义公式，最后单击"确定"按钮进行保存，完成新折旧方法定义。

6. 录入固定资产原始卡片

（1）如果要对固定资产的卡片样式进行修改，则展开"设置"菜单，单击"卡片样式"命令，系统弹出"卡片样式"对话框，然后单击"修改"。

（2）如果不需修改卡片，则单击"卡片"下的"录入原始卡片"，打开"固定资产类别档案"窗口。

（3）选择、双击"固定资产类别档案"中的资产类别，如"011 厂房"，会出现"录入原始卡片：00001 号卡片"对话框。

（4）在固定资产编号栏录入"011001"（011 代表房屋及建筑物，001 代表 1 号楼），在固定资产名称栏录入"1 号楼"，单击"使用部门"按钮，打开"本资产部门使用方式"对话框。

（5）如果是单部门使用，则单击"单部门使用"，再点击"确定"，出现"部门参照"窗口，选择相应部门，点击"确认"。

如果是多部门使用，则单击"多部门使用"，单击"确定"；进入"使用部门"设置窗口。在该窗口，依次单击"增加"，在新增行中选择使用部门，输入使用比例，对应折旧科目等系统自动带出。最后，单击"确定"退出该窗口，如图 6-11 所示。

使用部门						✕
使用部门有效数量范围：2 ～ 999个						
序号	使用部门	使用比例%	对应折旧科目	项目大类	对应项目	部门编码
1	办公室	25.0000	660206,折旧费			101
2	财务科	25.0000	660206,折旧费			102
3	销售科	25.0000	660106,折旧费			201
4	供应科	25.0000	660206,折旧费			202

图 6-11　"使用部门"设置窗口

（6）单击固定资产卡片下的"增加方式"按钮，打开"增加方式参照"窗口，单击选中"105 在建工程转入"，并点击"确认"按钮。

（7）单击固定资产卡片下的"使用状况"按钮，打开"使用状况参照"窗口，点击"1001 在用"方式，再点击"确认"按钮。

（8）在"开始使用日期"栏、"原值"栏、"累计折旧"栏录入相关信息。此时"净值""月折旧率""已计提月份"等相关信息自动得出。

（9）单击"保存"按钮，系统提示"数据成功保存"后，再点击"确定"，完成该卡片的输入，如图 6-12 所示。依此方法继续录入其他的固定资产卡片。

固定资产卡片

卡片编号	00001		日期	2022-12-31
固定资产编号	011001	固定资产名称		1号楼
类别编号	011	类别名称		办公楼
规格型号		使用部门		办公室/财务科/销售科/供应科
增加方式	在建工程转入	存放地点		
使用状况	在用	使用年限（月）	360	折旧方法　平均年限法（一）
开始使用日期	2016-11-08	已计提月份	72	币种　人民币
原值	8232000.00	净残值率	2%	净残值　164640.00
累计折旧	1509400.00	月折旧率	0.0027	本月计提折旧额　22226.40
净值	6722600.00	对应折旧科目	(660206,折旧费)	项目
录入人	钱明		录入日期	2022-12-31

图 6-12　"固定资产原始卡片"设置

实验二 固定资产系统的日常业务处理

一、实验要求

1. 固定资产增减
2. 固定资产变动
3. 计提固定资产减值准备
4. 计提 12 月份固定资产折旧
5. 生成凭证
6. 查询凭证

二、实验资料

(1) 12 月 16 日,本厂新建厂房——3 号楼(资产编号:012002)竣工并投入使用,组装车间和检验车间使用,使用比例 1:1,预计使用 30 年,由在建工程转入,原值为 350 000 元,净残值 2%,折旧采用"平均年限法一"。

(2) 12 月 17 日,购入 1 台华为服务器(资产编号:022004),无税单价 40 000 元,税率 13%,价税以转账支票(Z1014)方式支付,行政部和市场部使用,办公室、财务部、采购部和销售部平均分摊折旧费用。

(3) 12 月 20 日,对 1 号楼(资产编号:011001)进行评估,评估结果为原值 8 300 000 元。

(4) 12 月 21 日,本月计提固定资产折旧。

(5) 12 月 22 日,旧服务器(资产编号:022001)因配置过低不满足工作需要报废。

(6) 12 月 31 日,对自动生产线(资产编号:021001)进行测试,计提减值准备 4 080 元。

(7) 期末盘点,对办公设备进行实地盘点,发现少了 1 台固定资产编号为 022003 的计算机。

三、实验指导

1. 增加固定资产

(1) 单击"卡片"下的"资产增加",系统弹出"资产类别参照"对话框。

(2) 选择、双击新增资产所属类别,如"022 办公设备",弹出"固定资产卡片"录入窗口,此时可以参照前面的"固定资产——录入原始卡片"录入,输入新增固定资产相关信息。

(3) 如果需要在"部门名称"里选择"多部门使用",则累计折旧按照比率来分配。依次单击"增加"按钮,依次双击"使用部门",再单击查询按钮,查找相关使用部门。

(4) 设置完该资产使用部门后,调整比例,然后单击"确定",而固定资产卡片下的对应折旧科目也会发生相应的变化。

> **特别提示**
>
> (1) 新卡片录入的第一个月不计提折旧,折旧额为空或零。
>
> (2) 原值录入的必须是卡片录入月初的价值,否则将会出现计算错误。
>
> (3) 已计提月份必须严格按照该资产在其他单位已经计提或估计已计提的月份数,不包括使用期间停用等不计提折旧的月份。

2. 减少固定资产

（1）单击"资产处置"下的"资产减少"，打开"资产减少"界面。

（2）在卡片编号栏录入要减少的资产或单击"卡片编号"栏的查询按钮进行选择。

（3）单击"增加"按钮，再双击"减少方式"的空格栏，如图 6-13 所示，选择"减少方式"。

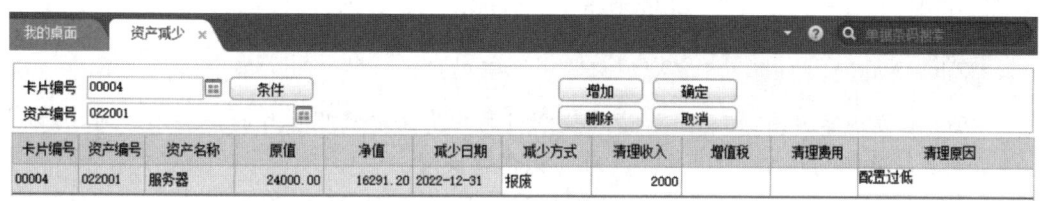

图 6-13 "资产减少"界面

（4）单击"确认"按钮，出现资产减少成功的提示图，然后单击"确定"按钮，完成资产减少操作。

特别提示

只有当资产开始计提折旧后才可以使用资产减少功能，否则，减少资产只有通过删除卡片来完成。

3. 固定资产变动

（1）变动单。资产变动原因很多，系统提供了原值变动、部门转移、使用状况调整、折旧方法调整、累计折旧调整、使用年限调整、工作量调整、净残值（率）调整和类别调整变动单输入。当资产发生上述任何变动情况，单击固定资产下的"变动单"下的菜单，在其中选择具体的变动方式，打开"固定资产变动单[新建变动单：00001 号变动单]"，如图 6-14 所示。选择需要变动的"卡片编号"，修改需变动的项目，然后单击"保存"按钮。

固定资产变动单

— 原值增加 —

变动单编号	00002			变动日期	2022-12-31
卡片编号	00001	资产编号	011001	开始使用日期	2016-11-08
资产名称			1号楼	规格型号	
增加金额	0.00	币种	人民币	汇率	1
变动的净残值率	2%	变动的净残值			0.00
变动前原值	8232000.00	变动后原值			0.00
变动前净残值	164640.00	变动后净值			164640.00
变动原因					
				经手人	钱明

图 6-14 "固定资产变动单"录入窗口

（2）变动单管理。系统可以对资产变动单进行查询、编辑、删除等操作。系统提供了按部门查询、按类别查询、按卡片号查询、自定义查询。在"编辑"状态下可以新增变动单。

（3）批量变动。当某类，或某部门的资产有多项资产发生变动，变动原因或类型相同，可以采用"固定资产"|"卡片"|"批量变动"菜单，进行统一处理。

特别提示

（1）当发现卡片有录入错误，资产使用过程中有必要修改卡片的一些内容时，可以通过卡片的修改功能实现，这种修改称为无痕迹修改。

（2）本月录入的卡片和本月新增的资产卡片不允许进行变动，只能在下月进行；非本月录入的卡片不能删除。

（3）卡片做过一次月末结账后不能删除。做过变动单或评估单的卡片删除时会提示先删除相关的变动单或评估单。

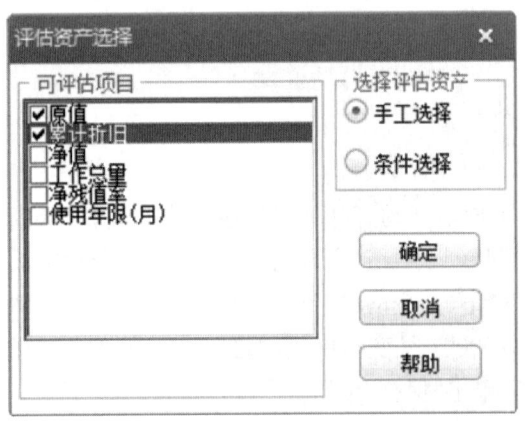

图 6-15 "评估资产选择"窗口

4. 资产评估

（1）点击"固定资产"|"资产评估"|"资产评估"菜单，进入资产评估初始界面。

（2）点击"增加"按钮，进入"评估资产选择"窗口，如图 6-15 所示。选择"可评估项目"（注意原值、累计折旧、净值只能且必须选其中两个项目），进入"资产编号"与"卡片编号"选择窗口，选择要评估的资产。

（3）如图 6-16 所示，修改"可评估项目"评估后的值，并保存。如果需要修改有关计算公式，可以点击"计算公式"按钮，进行修改公式相关操作。

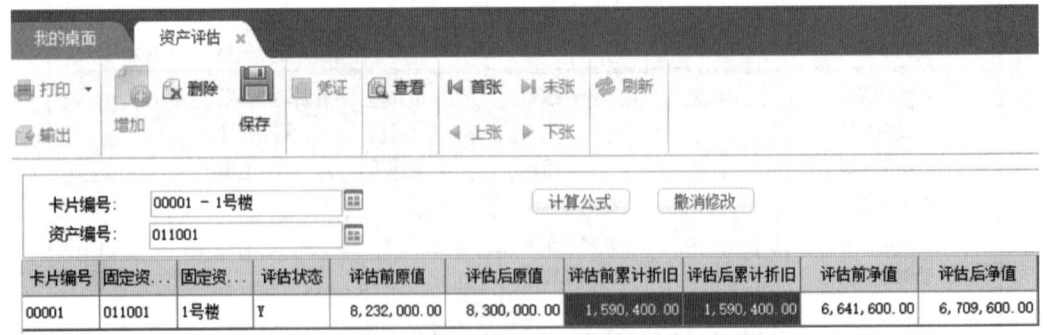

卡片编号	固定资...	固定资...	评估状态	评估前原值	评估后原值	评估前累计折旧	评估后累计折旧	评估前净值	评估后净值
00001	011001	1号楼	Y	8,232,000.00	8,300,000.00	1,590,400.00	1,590,400.00	6,641,600.00	6,709,600.00

图 6-16 "资产评估"设置界面

5. 批量生成凭证及凭证查询

1）批量生成凭证

（1）点击"固定资产"|"凭证处理"|"批量制单"菜单，选择需要生成的凭证的业务，如图 6-17 所示。

图 6-17　"批量制单——制单选择"界面

（2）点击"制单设置"按钮，进入"制单设置"界面，如图 6-18 所示，进行具体科目的设置，点击"制单"按钮，进行凭证类别、制单日期、附件、有关科目及金额等凭证项目的输入，输入完毕后保存，系统凭证显示"已生成"。依此方法，逐一生成其他凭证。

序号	业务日期	业务类型	业务描述	业务号	方向	发生额	科目	
1	2022-12-31	卡片	新增资产	00007	借	175,000.00	160101	生产经营用固定资产
2	2022-12-31	卡片	新增资产	00007	借	175,000.00	160101	生产经营用固定资产
3	2022-12-31	卡片	新增资产	00007	贷	175,000.00	160401	基建工程
4	2022-12-31	卡片	新增资产	00007	贷	175,000.00	160401	基建工程

图 6-18　"批量制单——制单设置"界面

2）查询凭证

（1）点击固定资产系统"凭证处理"菜单下的"查询凭证"，系统弹出"查询凭证"界面，如图 6-19 所示。在此，可对具体的凭证记录进行查询、编辑、删除、冲销等操作。如果计提了折旧后固定资产发生了变动，在此可以删除"折旧计提凭证"。点击"查看"可以了解部门资产的使用情况和相应的固定资产卡片资料。

（2）再点击"查询凭证"菜单里的"凭证"，如图 6-20 所示。"记账凭证"界面可对凭证进行详细查询。

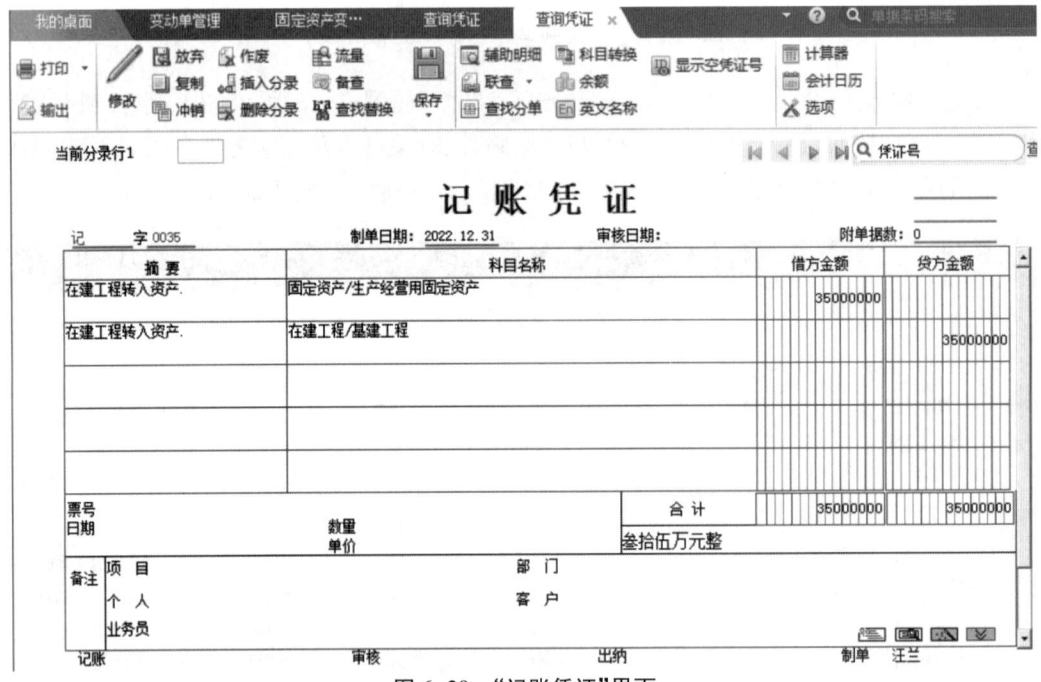

图 6-19 "查询凭证"界面

图 6-20 "记账凭证"界面

实验三   固定资产系统期末处理

一、实验要求

1. 填制凭证

2. 审核凭证、记账

3. 月末对账、结账

4. 账表查询

二、实验资料

1. 依据实验二的资料编制会计分录,在总账系统中录入

(1) 12 月 22 日,清理旧服务器,取得清理收入 2 000 元,以转账支票(票号:Z2005)方式进账;12 月 31 日,经批准将固定资产清理转入营业外支出。

(2) 12 月 31 日,经批准将盘亏损失计入营业外支出。

2. 审核凭证、记账

3. 月末对账

检查固定资产卡片中的固定资产原值合计是否与和总账的固定资产一致;检查固定资产卡片中的累计折旧合计是否与和总账的累计折旧一致。

4. 固定资产系统结账

三、实验指导

1. 计提减值准备处理

(1) 在"固定资产"|"减值准备"|"减值准备期初"菜单,选择资产"卡片编号",然后输入期初减值准备,点击"保存"。

(2) 当资产发生减值时,打开"固定资产"|"减值准备"|"计提减值准备"菜单,输入"减值准备金额"和"变动原因",点击保存,如图 6-21 所示。

固定资产变动单

－计提减值准备－

变动单编号	00001		变动日期	2022-12-31
卡片编号	00003	资产编号 021001	开始使用日期	2021-11-08
资产名称		自动生产线	规格型号	
减值准备金额	0.00	币种 人民币	汇率	1
原值	6134000.00	累计折旧		1299920.00
累计减值准备金额	4080.00	累计转回准备金额		0.00
可回收市值	4780314.60			
变动原因				技术
			经手人	汪兰

图 6-21 "计提减值准备"界面

(3) 当资产减值转回时,打开"固定资产"|"减值准备"|"转回减值准备"菜单,输入相关信息,点击保存。

> **特别提示**
>
> (1) 资产减值期初,要和总账相关科目的"期初余额"相符,否则会造成总账系统和固定资产系统对账不符。
>
> (2) 如果选项中的系统参数设置为"不允许转回减值准备","转回减值准备"功能不可用。

2. 计提本月折旧

（1）单击固定资产系统"折旧计提"菜单，单击"计提本月折旧"命令，系统弹出一个对话框"是否要查看折旧清单？"单击"是"，此时弹出折旧清单，查看是否有问题。在此窗口可以按照部门和类别来具体查询折旧数据，如图 6-22 所示。

折旧清单

卡片编号	资产编号	资产名称	原值	计提原值	本月计提折旧额	累计折旧	本年计...	减值准备	净值	净残值	折旧率
00001	011001	1号楼	8,232,0...	8,232,000.00	22,226.40	1,612,6...	22,226.40	0.00	6,619,3...	164,640.00	0.0027
00002	012001	2号厂房	8,000,0...	8,000,000.00	21,600.00	1,583,6...	21,600.00	0.00	6,416,4...	160,000.00	0.0027
00003	021001	自动生产线	6,134,0...	6,134,000.00	49,685.40	1,349,6...	49,685.40	4,080.00	4,780,3...	184,020.00	0.0081
00004	022001	服务器	24,000.00	24,000.00	388.80	7,708.80	388.80	0.00	16,291.20	720.00	0.0162
00005	022002	计算机	6,000.00	6,000.00	97.20	777.20	97.20	0.00	5,222.80	180.00	0.0162
00006	022003	计算机	6,000.00	6,000.00	97.20	777.20	97.20	0.00	5,222.80	180.00	0.0162
合计			22,402,...	22,402,000.00	94,095.00	4,555,0...	94,095.00	4,080.00	17,842,...	509,740.00	

图 6-22 "计提折旧——折旧清单"界面

（2）点击"折旧计提"下的"折旧分配表"，出现"折旧分配表"，可以对其进行修改，如图 6-23 所示，也可以单击"打印"将其打印出来。

图 6-23 "计提折旧——折旧分配表"界面

（3）单击工具栏中的"凭证"按钮生成折旧分配凭证。双击"……字"，则出现"记账凭证"，单击"附单据数"上的横线，输入凭证号数，如果贷方科目没有设置好，则双击"科目名称"的第三栏，找到"累计折旧"，点击菜单上的"保存"按钮保存，系统显示"已生成"。

> **特别提示**
>
> （1）计提折旧功能对各项资产每期计提一次折旧，并自动生成折旧分配表，然后制作记账凭证，传递到总账系统。
>
> （2）在一个期间内可以多次计提折旧，每次计提折旧后，只是将计提的折旧累加到月初的累计折旧上，不会重复累计。

（3）若上次计提折旧已制单并已传到总账系统,则必须删除该凭证才能重新计提折旧。

（4）计提折旧后又对账套进行了影响折旧计算或分配的操作,必须重新计提折旧,否则系统不允许结账。

（5）在折旧费用分配表界面,可以单击"制单"按钮制单,也可以以后利用"批量制单"功能进行制单。

3. 审核凭证、记账

（1）更换操作员,进入"财务会计"|"总账"|"凭证"|"审核凭证"菜单,对固定资产系统生成的凭证,逐一审核。

（2）点击"财务会计"|"总账"|"凭证"|"记账"菜单,对已经审核凭证进行记账处理。

4. 月末对账、结账

（1）单击"固定资产"|"资产对账"|"对账",出现"与账务对账结果"对话框,显示"结果:平衡"字样,单击"确定"按钮。

如果对账结果不平衡,可以对相关资料进行分析、查找原因,进行修正。

（2）点击"固定资产"|"期末处理"|"月末结账"模块,出现如图 6-24 所示提示窗口,确认后,即可点击"开始结账",进行结账操作,最后点击"确定"按钮。

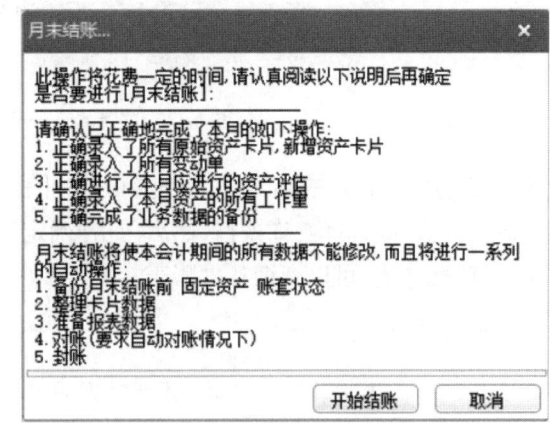

图 6-24　"月末结账"提示窗

特别提示

（1）只有设置账套参数时选择了"与账务系统进行对账",本功能才能操作。

（2）如果对账不平,需要根据初始化是否选中"在对账不平的情况下允许固定资产月末结账"来判断是否可以进行结账处理。

（3）在固定资产系统中已经计提了折旧,但尚未在总账系统中记账,因此出现了折旧的差额。

（4）在固定资产系统中已经计提了折旧等,但尚未在总账系统中记账,"与账务系统进行对账"结果不平衡。

（5）本期不结账,将不能处理下期的数据,结账前一定要进行数据备份,否则数据一旦丢失,将造成无法挽回的后果。

（6）恢复到某个月月末结账前状态后,本账套对该结账后所做的所有工作都可以无痕迹地删除。

（7）不能跨年度恢复数据,即本系统年末结转后,不能利用本功能恢复结转前的状态。

5. 账表查询

(1) 单击固定资产"账表"下的"我的账表"模块,系统弹出"报表"对话框,再双击"分析表"下的"使用状况分析表",点击"确定",此时出现"使用状况分析表"界面,见图6-25。点击"图形分析",在此可用图形直观地反映固定资产使用状况。

图6-25 "账表——使用状况分析表"界面

(2) 点击"统计表",双击"固定资产统计表"命令,系统弹出"固定资产统计表查询条件"对话框,输入或选择查询条件,然后单击"确定"按钮,系统将列出符合条件的"固定资产统计表"。依此方法,可以查询各种账表。

特别提示

(1) 在执行月末结账时,有可能因为外部原因而中断,所以之前最好对账套数据进行备份,以免数据丢失。

(2) 如果系统提供的报表不能满足要求,可以根据需要自定义用户自己的报表。

第七章 应收款系统

学习目标

知识目标：了解应收款系统的功能和应用流程；明确应收款系统与其他系统间的关系；掌握应收款系统初始设置、应收款业务单据处理的方法和应收款其他业务处理的方法。

能力目标：能够结合企业实际，进行应收款子系统参数设置、基础信息设置和期初数据录入；处理应收款子系统应收单据和收款单据；进行基本票据管理、坏账处理和转账处理；完成应收款管理子系统的制单处理、账表查询和期末处理。

思政目标：强化学生风险防控与契约精神；通过信用管理维护社会主义市场经济秩序，深化"诚信立身"的个人品德与法治意识。

概述

1. 功能概述

应收款管理系统是对企业客户之间发生的往来款项进行核算和管理。它以发票和其他应收单等原始单据为依据，记录销售业务及其他业务所形成的往来款项，处理应收款的收回、坏账和转账等情况，同时提供票据处理功能。

该系统根据客户往来款项核算和管理程度不同，提供了两种方案：第一种方案是在总账系统中核算客户往来款项。如果企业应收款业务比较简单，或者现销业务很多，可以选择在总账管理系统通过辅助核算完成客户往来核算，无须用到应收款管理系统。第二种方案是在应收款管理系统中核算客户往来款项。如果企业的应收款核算管理比较复杂，可以启用应收款管理系统。所有客户往来凭证全部由应收款系统根据原始业务生成，其他系统不再生成这类凭证。应收款详细核算和简单核算两种应用方案。该系统提供了选项设置、初始设置、日产处理、单据查询、账表管理等功能。

2. 应用流程

应收款的操作流程总体分为三大块：一是初始化，主要包括设置账套参数、设置基础信息和录入期初余额。二是日常处理，主要包括用户根据输入的单据或者由销售系统传递过来的单据记录应收款项的形成、处理应收项目的收款及转账业务、对应收票据进行管理和坏

账处理。在应收项目的处理过程中生成凭证,并向总账管理系统进行传递,提供各种查询和分析。三是期末处理,主要包括汇兑损益和期末结账。应收款系统的应用流程如图 7-1 所示。

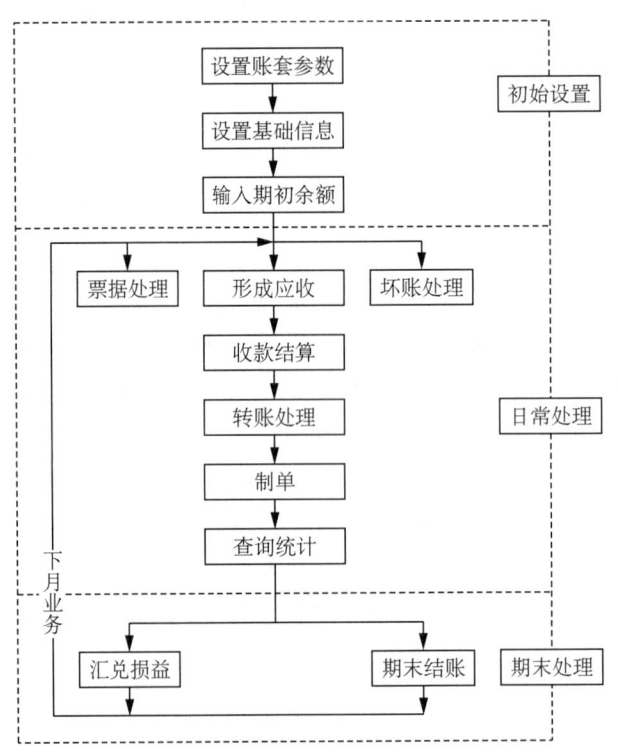

图 7-1　应收款系统的应用流程

3. 应收款系统与其他系统的关系

应收款系统与其他系统的关系,如图 7-2 所示。销售系统为应收款系统提供已审核的销售发票、销售调拨单以及代垫费用单,在应收款系统对发票单据进行审核并进行收款结算处理,生成凭证;应收账系统和应付款系统之间可以进行转账处理;应收款系统向总账系统传递凭证;应收款系统向财务分析系统提供各种分析凭证。

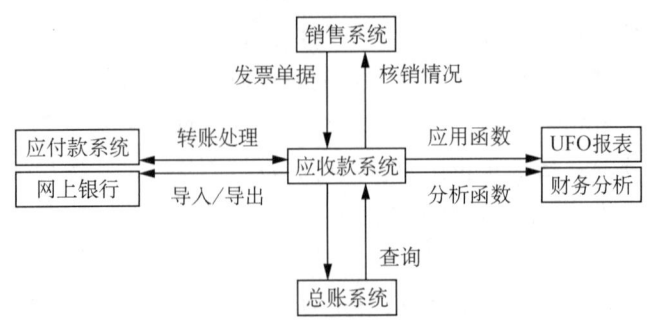

图 7-2　应收款系统与其他系统的关系

实验一　应收款系统初始设置

一、实验要求

以账套主管身份完成应收账款子系统初始化。

1. 账套参数设置

2. 初始设置

3. 设置单据编号

4. 期初余额录入

二、实验资料

1. 账套参数设置

应收款管理账套参数设置，如表 7-1 所示。

表 7-1　　　　　　　　　　　应收款管理账套参数设置

选项卡	项目	设置参数
常规	单据审核日期依据	业务日期
	坏账处理方式	应收账款余额百分比法
	代垫费用类型	其他应收单
	应收账款核算类型	详细核算
	是否自动计算现金折扣	是
	应收票据是否直接生成收款单	是
凭证	受控科目制单方式	明细到客户
	非受控科目制单方式	汇总方式
	月结前是否全部生成凭证	是
	核销是否生成凭证	是
	预收冲应收是否生成凭证	是
凭证	红票对冲是否生成凭证	是
	凭证是否可编辑	是
	制单时是否写摘要	是
核销设置	应收款核销方式	按单据

2. 初始设置资料

初始设置资料，如表 7-2 至表 7-6 所示。

表7-2 应收款管理科目设置

大类	项目	设置科目		
基本科目设置	应收科目本币	1122 应收账款		
	预收科目本币	2205 预收账款		
	银行承兑科目	1121 应收票据		
	商业承兑科目	1121 应收票据		
	现金折扣科目	660302 利息支出		
	票据利息科目	660301 利息收入		
	票据费用科目	660303 金融机构手续费		
产品科目设置	存货名称	销售收入科目	应交增值税科目	销售退回科目
	甲产品	600101 主营业务收入(甲产品)	22210105 应交增值税(销项税额)	600101 主营业务收入(甲产品)
	乙产品	600102 主营业务收入(乙产品)	22210105 应交增值税(销项税额)	600102 主营业务收入(乙产品)

表7-3 结算方式科目设置

结算方式	币种	本单位账号	科目
1 现金结算	人民币	0015672001	1001
201 现金支票	人民币	0015672001	100201
202 转账支票	人民币	0015672001	100201
3 其他	人民币	0015672001	100201
401 商业承兑汇票	人民币	0015672001	100201

表7-4 坏账准备设置

项目	设置内容
提取比例	0.5%
坏账准备期初余额(元)	1 350.00
坏账准备科目	1241 坏账准备
对方科目	6702 信用减值损失

表7-5 账期内账龄区间设置　　　　　　　　　　　单位:天

序号	起止天数	总天数
01	0～30	30
02	31～60	60
03	61～90	90
04	91～120	120
05	121 以上	

表 7-6　　　　　　　　　　　　　　　　逾期账龄区间设置

序号	起止天数	总天数
01	1～30	30
02	31～60	60
03	61～90	90
04	91～120	120
05	121 以上	

3. 销售发票、其他应收单、收款单据编号按"手工改动,重号时自动重取"设置

4. 期初余额表

期初余额表,如表 7-7 至表 7-9 所示。

表 7-7　　　　　　　　　　　　销售发票(专用发票)期初余额

单据编号	Y101	Y102
客户名称	华丰公司	物美公司
业务日期	20××.08.25	20××.10.18(年度为建账年度－3)
货物编号	202	201
货物名称	乙产品	甲产品
数量	78 箱	1 箱
总价	262 980.00	7 020.00

表 7-8　　　　　　　　　　　　　　　预收款期初余额

单据编号	客户名称	业务日期	金额(元)	结算方式	支票号
W102	源仕公司	20××.11.20	20 000.00	202	Z2102

表 7-9　　　　　　　　　　　　　　　应收票据期初余额

票据编号	客户名称	签发日期	收到日期	到期日	金额(元)
X256	天仑公司	20××.09.15	20××.09.20	20××.12.15	40 000.00
X679	新星公司	20××.11.08	20××.11.13	20××.12.8	20 000.00

注:表 7-7 至表 7-9 所有业务的部门为"销售科",业务员为"吴永斌";表 7-9 票据类型均为"商业承兑汇票"。

三、实验指导

1. 应收款管理账套参数设置

应收款管理账套参数设置具体操作步骤如下:登录企业应用平台,时间为 20××年 12 月 1 日,进入"业务工作"|"财务会计"|"应收款管理"|"设置"|"选项",在账套参数设置界面的常规页面,单击"编辑"按钮,单据审核日期依据为"业务日期",坏账处理方式为"应收余额百分比法",代垫费用类型为"其他应收单",应收账款核算类型为"详细核算"。在账套参数设置的凭证页面,选择受控科目制单方式为"明细到客户",非受控科目制单方式为"汇总方式",月结前

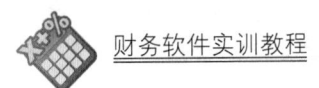

全部生成凭证,核销生成凭证,预收冲应收生成凭证,红票对冲生成凭证,凭证可编辑,制单时回写摘要。在账套参数设置的核销设置页面,应收款核销方式为"按单据",收付款审核后核销,核销办法为"自动核销"。单击"确定"按钮,完成账套参数设置,如图7-3所示。

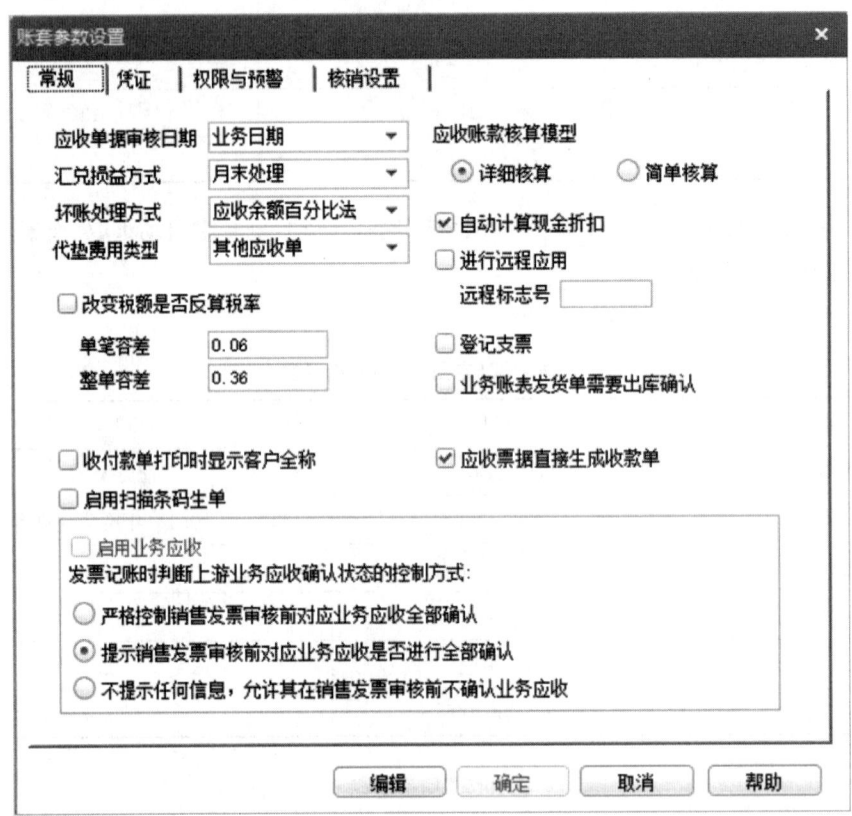

图7-3 "应收款管理账套参数设置"界面

参数设置中常规页面各项设置含义如下:

(1)应收款按单据核销:系统将满足条件的未结算单据全部列出,操作员选择要结算的单据,根据所选择的单据进行核销。

(2)应收款按产品核销:系统将满足条件的未结算单据按存货列出,由操作员选择要结算的存货,根据所选择的存货进行核销。

单据审核日期依据为单据日期,则在单据处理功能中进行单据审核时,自动将单据的审核日期(即入账日期)记为该单据的单据日期。

单据审核日期依据为业务日期,则在单据处理功能中进行单据审核时,自动将单据的审核日期(即入账日期)记为当前业务日期(即登录日期)。

(3)坏账处理方式:系统提供两种坏账处理的方式,备抵法和直接转销法。如果选择备抵法,还应该选择的具体方法有应收余额百分比法、销售收入百分比法和账龄分析法三种。这三种方法需要在初始设置中录入坏账准备期初和计提比例或输入账龄区间,并在坏账处理中进行后续处理。如果选择了直接转销法,可以直接在下拉框中选择该方法即可。当坏账发生时,直接在坏账发生处将应收账款转为费用即可。

(4) 应收款核算类型为简单核算:应收只是完成将销售传递过来的发票生成凭证传递给总账这样的模式(在总账中以凭证为依据进行往来业务的查询)。如果销售业务以及应收账款业务不复杂,或者现销业务很多,则可以选择此方案。

(5) 应收款核算类型为详细核算:应收可以对往来进行详细的核算、控制、查询、分析。如果销售业务以及应收款核算与管理业务比较复杂;或者需要追踪每一笔业务的应收款、收款等情况;或者需要将应收款核算到产品一级;则需选择详细核算。

特别提示 ▐▐▐▐

(1) 企业收款时,如果没有指定具体收取是某个存货的款项,则可以采用按单据核销应收款;对于单位价值较高的存货,企业可以采用按产品核销应收款,即收款指定到具体存货上。一般企业,按单据核销即可。

(2) 因为单据审核后记账,故单据审核日期依据单据日期还是业务日期,决定业务总账、业务明细账、余额表等的查询期间取值。如果使用单据日期为审核日期,则月末结账时单据必须全部审核。因为下月无法以单据日期为审核日期,业务日期无此要求。在账套使用过程中,可以随时将选项从按单据日期改成按业务日期。在账套使用过程中,若需要将选项从按业务日期改成按单据日期,则需要判断当前未审核单据中有无单据日期在已结账月份的单据。若无,则允许修改;否则不允许修改。

(3) 在账套使用过程中,如果当年已经计提过坏账准备,则坏账处理参数不可以修改,只能下一年度修改。

(4) 系统提供两种应收款管理系统的应用模型,必须选择其中一种方式,系统缺省则选择详细核算方式。该选项在系统启用时或者还没有进行任何业务(包括期初数据录入)允许从简单核算改为详细核算;从详细核算改为简单核算随时可以进行,但要慎重,简单核算在进行业务之后无法改回详细核算。

参数设置中凭证页面各项设置含义如下:

(1) 受控科目制单方式明细到客户:当将一个客户的多笔业务合并生成一张凭证时,如果核算这多笔业务的控制科目相同,系统将自动将其合并成一条分录。

(2) 受控科目制单方式明细到单据:当将一个客户的多笔业务合并生成一张凭证时,系统会将每一笔业务形成一条分录。

(3) 非控科目制单方式明细到客户:当将一个客户的多笔业务合并生成一张凭证时,如果核算这多笔业务的非受控制科目相同,且其所带辅助核算项目也相同,则系统将自动将其合并成一条分录。

(4) 非控科目制单方式明细到单据:当将一个客户的多笔业务合并生成一张凭证时,系统会将每一笔业务形成一条分录。

(5) 非控科目制单方式汇总制单:当将多个客户的多笔业务合并生成一张凭证时,如果核算这多笔业务的非控制科目相同,且其所带辅助核算项目也相同,则系统将自动将其合并成一条分录。

(6) 月末结账前是否全部生成凭证:如果选择了月末结账前需要将全部的单据和处理

生成凭证,则在进行月末结账时将检查截止至结账月是否有未制单的单据和业务处理。若有,系统将提示不能进行本次月结处理,但可以详细查看这些记录;若没有,才可以继续进行本次月结处理。如果选择了在月末结账前不需要将全部的单据和处理生成凭证,则在月结时只是允许查询截止至结账月的未制单的单据和业务处理,不进行强制限制。

(7)方向相反的分录是否合并:选择合并,则在制单时若遇到满足合并分录的要求,且分录的情况如上所描述的,则系统自动将这些分录合并成一条,根据在哪边显示为正数的原则来显示当前合并后分录的显示方向;选择不合并,则在制单时若遇到满足合并分录的要求,且分录的情况如上所描述的,则不能合并这些分录,还是原样显示在凭证中。

(8)预收冲应收是否生成凭证:选择需要,则对于预收冲应收业务,当预收、应收科目不相同时,需要生成一张转账凭证;选择不需要,则对于预收冲应收业务不管预收、应收科目是否相同均不需要生成凭证。

(9)红票对冲是否生成凭证:若选择需要生成凭证,则对于红票对冲处理,当对冲单据所对应的受控科目不相同时,需要生成一张转账凭证;选择不需要,则对于红票对冲处理,不管对冲单据所对应的受控科目是否相同均不需要生成凭证。

特别提示

(1)受控科目在合并分录时若自动取出的科目相同、辅助项为空,则不予合并成一条分录;非受控科目在合并分录时若自动取出的科目相同、辅助项为空,则不予合并成一条分录。

(2)对单据制单时,若单据上有科目,则直接取单据上的科目;若无,则取"控制科目设置"中设置的科目。若在"控制科目设置"设置处未设置控制科目,则系统将取"设置科目"|"基本科目设置"中设置的应收科目。若在"基本科目设置"设置也未设置科目,则需手工输入凭证科目。

(3)设置销售科目依据是为了在"产品科目设置"中可以针对不同的存货(存货分类)设置不同的产品销售收入科目、应交增值税科目。用途:若单据上未带科目,则取在"产品科目设置"设置处设置的产品科目,若未设置产品科目,则系统将取"设置科目"|"基本科目设置"中设置的销售科目及税金科目。若在"基本科目设置"中未设置科目,则需手工输入凭证科目。

(4)即使选择合并分录,在坏账收回制单时也不合并应收账款科目,即该选项对坏账收回制单无效。核销是否生成凭证选择否时,不管核销双方单据的入账科目是否相同均不需要对这些记录进行制单;选择是时,则需要判断核销双方的单据其当时的入账科目是否相同,不相同时,需要生成一张调整凭证。

(5)预收冲应收选择需要生成凭证的情况下,月末结账时需要对预收冲应收进行分别检查有没有制单的记录;在选择不需要生成凭证的情况下,月末结账时不需要检查预收冲应收记录有无制单。

(6)红票对冲选择需要生成凭证的情况下,月末结账时需要对红票对冲处理分别检查有无需要制单的记录;在选择不需要生成凭证的情况下,月末结账时不需要检查红票对冲处理制单情况。

2. 应收款管理初始设置

1) 设置科目

(1) 基本科目设置。具体如下：①单击"科目设置"|"基本科目"，进入"应收基本科目"设置窗口。②单击"增行"，在"基本科目种类"栏中选择"应收科目"；在"科目栏"中输入科目代码"1122"；"币种"选择"人民币"，回车到下一行，继续输入其他基本科目种类，如图7-4所示。

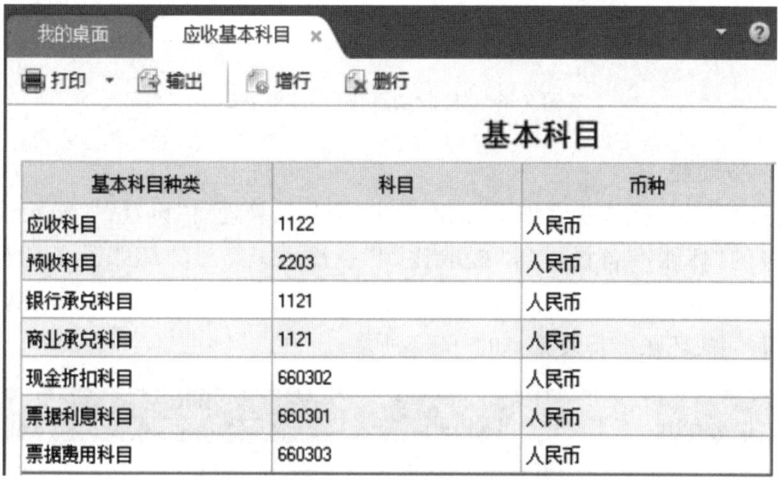

基本科目种类	科目	币种
应收科目	1122	人民币
预收科目	2203	人民币
银行承兑科目	1121	人民币
商业承兑科目	1121	人民币
现金折扣科目	660302	人民币
票据利息科目	660301	人民币
票据费用科目	660303	人民币

图7-4　"应收基本科目"设置窗口

(2) 对方科目设置。具体如下：①单击"科目设置|对方科目"，进入"应收对方科目"设置窗口。②单击"增行"，新增空白行，在"存货编码"栏中输入"甲产品"的存货编码，"销售收入科目编码"输入"600101"，应交增值税科目输入"22210105"，销售退回科目输入"600101"，回车到下一行，继续设置乙产品的应收对方科目，如图7-5所示。

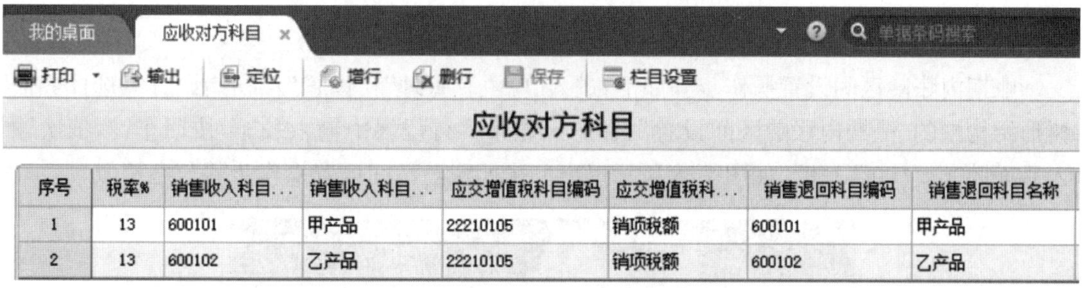

序号	税率%	销售收入科目...	销售收入科目...	应交增值税科目编码	应交增值税...	销售退回科目编码	销售退回科目名称
1	13	600101	甲产品	22210105	销项税额	600101	甲产品
2	13	600102	乙产品	22210105	销项税额	600102	乙产品

图7-5　"应收对方科目"设置窗口

(3) 结算方式科目设置。具体如下：①单击"科目设置"|"结算科目"，进入"应收结算科目"设置窗口。②单击"增行"，点击"结算方式"空白栏处，下拉选择框选中依次选中"现金结算""现金支票"等结算方式，币种选择"人民币"，输入本单位账号，科目选择"1001"或者"100201"等，如图7-6所示。

结算方式	币　种	本单位账号	科　目
1 现金结算	人民币	0015672001	1001
201 现金支票	人民币	0015672001	100201
202 转账支票	人民币	0015672001	100201
3 其他	人民币	0015672001	100201
401 商业承兑汇票	人民币	0015672001	100201

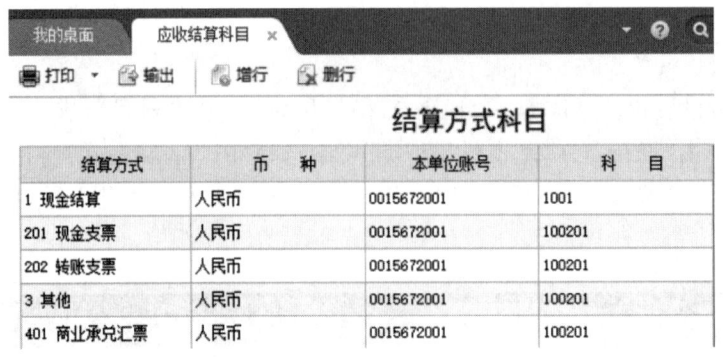

图 7-6　“应收结算科目”设置窗口

2）坏账准备设置

坏账准备设置具体操作步骤如下：依次单击“应收款管理”|“设置”|“初始设置”，选择界面树形结构中的“坏账准备设置”，“提取比例”栏输入 0.5%，“坏账准备期初余额”输入“1 350.00”，“坏账准备科目”输入“1241 坏账准备”，对方科目选择“6702 信用减值损失”，单击“确认”按钮，完成坏账准备设置，如图 7-7 所示。

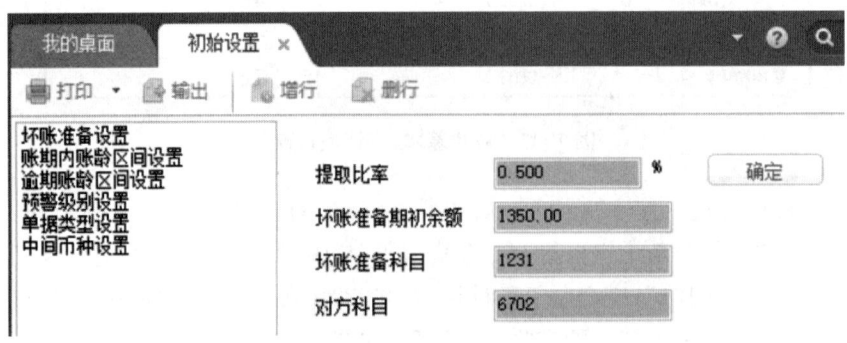

图 7-7　“坏账准备设置”窗口

3）账龄区间设置

账期内账龄区间设置操作步骤如下：进入“应收款管理”|“设置”|“初始设置”，选择界面树形结构中的“账期内账龄区间设置”，在总天数第一行位置中输入“30”，按回车键，依次输入后面的“60”“90”“120”，如图 7-8 所示退出。逾期账龄区间设置操作步骤与之相似。

序号	起止天数	总天数
01	0-30	30
02	31-60	60
03	61-90	90
04	91-120	120
05	121以上	

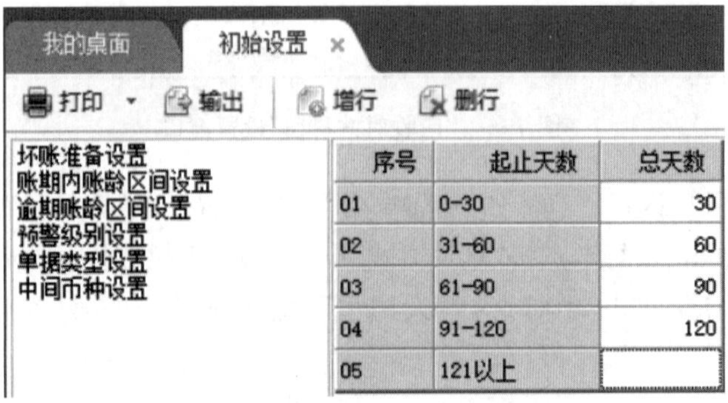

图 7-8　“账期内账龄区间设置”窗口

3. 单据编号设置

(1) 在"业务导航"中,在"基础设置"页签下,单击"单据设置",打开"单据编号设置"窗口。

(2) 单击左侧"单据类型"窗口中"销售管理"|"销售专用发票",打开"单据编号设置-[销售专用发票]"窗口。

(3) 在"单据编号设置-[销售专用发票]"窗口中,单击"修改"按钮,单击"手工改动,重号时自动重取"前的复选框。

(4) 保存后,单击"退出"按钮,依次设置其他单据编号规则,如图7-9所示。

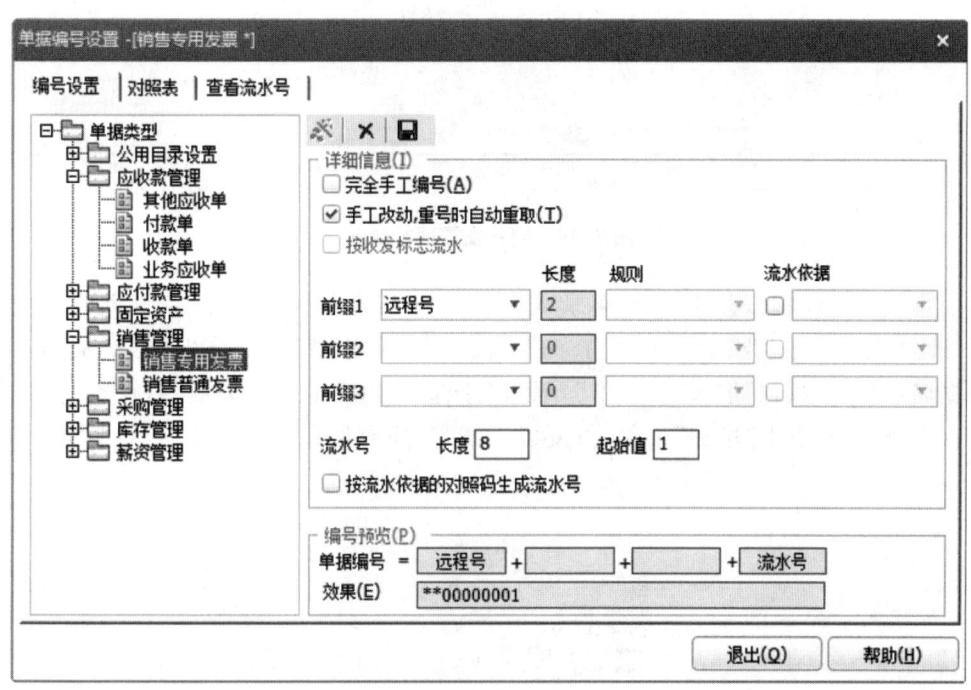

图7-9 "单据编号设置"窗口

4. 应收款管理期初余额

1) 期初余额录入

销售发票——应收账款期初余额录入具体操作步骤如下:进入"应收款管理"|"设置"|"期初余额",在"期初余额——查询"界面,点击"确定"后进入"期初余额明细表界面",点击"增加"按钮,在"单据类别"窗口,选择"单据名称"为"销售发票""单据类型"为"销售专用发票/销售普通发票","方向"为"正向",点击"确定"按钮,进入销售发票信息录入界面,按照业务内容录入具体的发票信息,录入完毕之后点击菜单栏"保存",如需继续增加,则点击"增加",重复以上步骤,所有信息录入完毕,退出,如图7-10所示。

应收单——其他应收款期初余额录入具体的操作步骤如下:进入"应收款管理"|"设置"|"期初余额",进入"期初余额——查询"界面点击"确定"按钮,进入"单据类别"界面,选择单据名称为"应收单",方向"正向",点击"确认"按钮,进入应收单增加界面,按照业务内容输入相关信息,点击"保存",如需输入多条记录,点击"增加"菜单,重复以上步骤,所有信息输入完毕后退出。

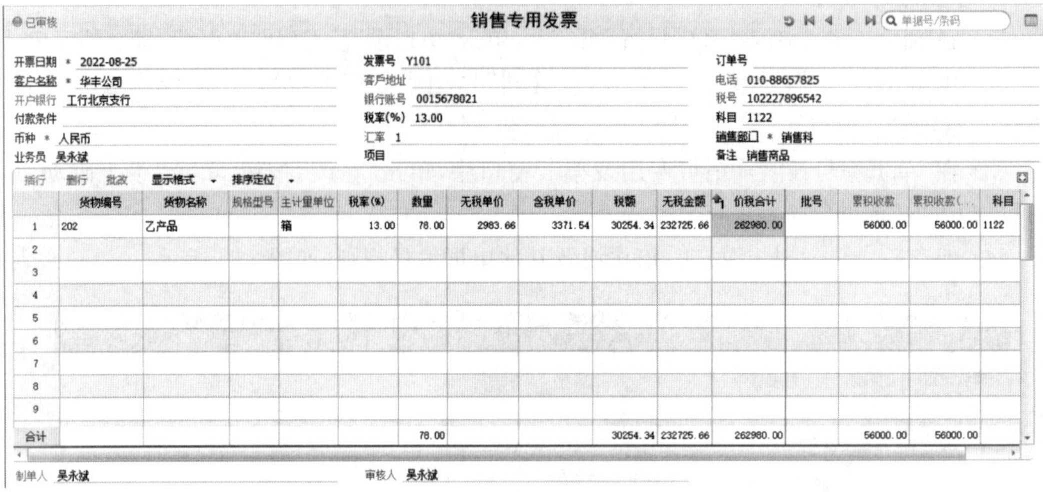
已审核 销售专用发票

开票日期 * 2022-08-25　发票号 Y101　订单号

客户名称 * 华丰公司　客户地址　电话 010-88657825

开户银行 工行北京支行　银行账号 0015678021　税号 102227896542

付款条件　税率(%) 13.00　科目 1122

币种 * 人民币　汇率 1　销售部门 * 销售科

业务员 吴永斌　项目　备注 销售商品

插行 删行 批改 显示格式 排序定位

	货物编号	货物名称	规格型号	主计量单位	税率(%)	数量	无税单价	含税单价	税额	无税金额	价税合计	批号	累积收款	累积收款(…	科目
1	202	乙产品		箱	13.00	78.00	2983.66	3371.54	30254.34	232725.66	262980.00		56000.00	56000.00	1122
2															
3															
4															
5															
6															
7															
8															
9															
合计						78.00			30254.34	232725.66	262980.00		56000.00	56000.00	

制单人 吴永斌　审核人 吴永斌

图 7-10　销售发票期初录入

预收款——预收账款期初余额录入具体操作步骤如下：进入“应收款管理”|“设置”|“期初余额”，从“期初余额——查询”界面点击“确定”按钮，进入“单据类别”界面，选择单据名称为“预收款”进入“收款单”界面，按照业务内容输入相关信息，点击“保存”，如需输入多条记录，点击“增加”菜单，重复以上步骤，所有信息输入完毕后退出，如图 7-11 所示。

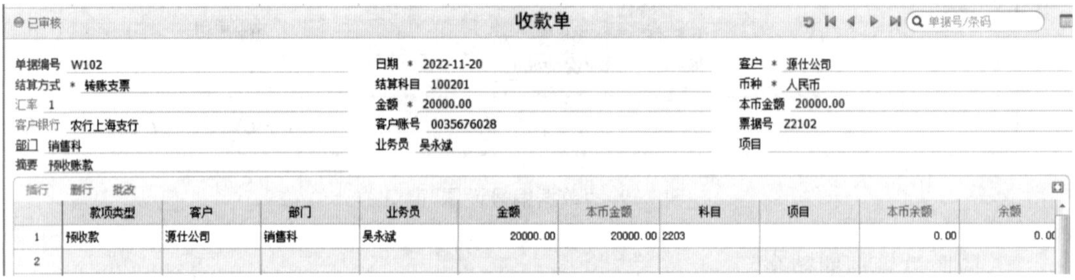
已审核 收款单

单据编号 W102　日期 * 2022-11-20　客户 * 源仕公司

结算方式 * 转账支票　结算科目 100201　币种 * 人民币

汇率 1　金额 * 20000.00　本币金额 20000.00

客户银行 农行上海支行　客户账号 0035676028　票据号 Z2102

部门 销售科　业务员 吴永斌　项目

摘要 预收账款

插行 删行 批改

	款项类型	客户	部门	业务员	金额	本币金额	科目	项目	本币余额	余额
1	预收款	源仕公司	销售科	吴永斌	20000.00	20000.00	2203		0.00	0.00
2										

图 7-11　预收账款期初录入

应收票据——应收票据期初余额录入具体操作步骤如下：进入“应收款管理”|“设置”|“期初余额”，从“期初余额——查询”界面点击“确定”按钮，进入“单据类别”界面，选择单据名称为“应收票据”，进入“应收票据”界面，按照业务内容输入相关信息，点击“保存”，如需输入多条记录，点击“增加”菜单，重复以上步骤，所有信息输入完毕后退出，如图 7-12 所示。

2）期初对账

期初对账的具体操作步骤如下：进入“应收款管理”|“期初余额”|“期初余额”界面，点击菜单栏“对账”，完成应收子系统与总账子系统期初余额的对账，如图 7-13 所示。

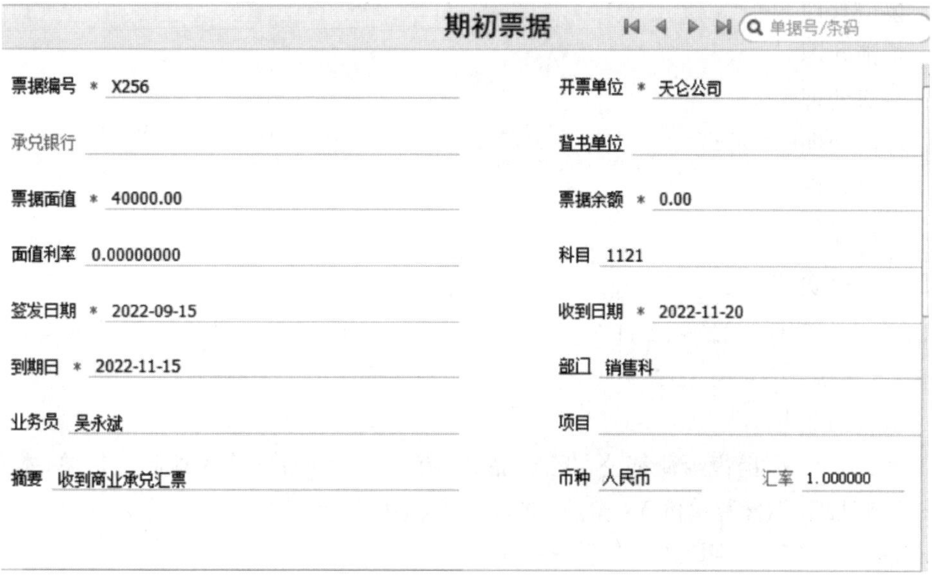

图 7-12　应收票据期初录入

科目		币种	应收期初		总账期初		差额	
编号	名称		原币	本币	原币	本币	原币	本币
1121	应收票据	人民币	60,000.00	60,000.00	60,000.00	60,000.00	0.00	0.00
1122	应收账款	人民币	270,000.00	270,000.00	270,000.00	270,000.00	0.00	0.00
2203	预收账款	人民币	-20,000.00	-20,000.00	-20,000.00	-20,000.00	0.00	0.00
	合计			310,000.00		310,000.00		0.00

图 7-13　与总账对账结果

特别提示

（1）所有期初余额信息在录入保存以后即可在该界面通过“上张”“下张”菜单进行查看，并可以对当前所在的票据界面信息进行修改，或者选择删除该张单据。

（2）所有单据编号采用系统默认编号规则，如想修改编号或者自行设置单据编号，可以通过在“基础档案”中进行单据编号规则的修改来实现。

实验二　日常业务处理

一、实验要求

以应收会计的身份完成应收账款日常业务处理。

1. 应收单据处理
2. 收款单据处理

3. 票据管理

4. 核销处理

5. 转账处理

6. 坏账处理

7. 制单处理

8. 取消操作

二、实验资料

20××年12月1日~12月31日,本公司发生应收子系统核算的经济业务,税率按13%和9%计算。

1. 应收单业务

(1) 12月1日,销售给荷都公司乙产品20箱,上月30日发货未编制发货单,本月作为期初发货单处理,不含税单价5 000元,价款及增值税合计113 000元,业务员吴永斌(业务类型:普通销售;销售专用发票;发票编号Y001)。

(2) 12月9日,根据合同约定销售给源仕公司甲产品3箱,不含税单价7 000元,价税共计23 730元,业务员吴永斌(业务类型:普通销售;销售专用发票;发票编号Y002)。

(3) 12月20日,荷都公司购买本公司的乙产品50箱,不含税单价5 000元,价款及增值税合计282 500元,为荷都公司代垫运费2 180元,运费以银行转账支票形式支付,支票号Z1017,业务员吴永斌(业务类型:普通销售;销售专用发票;发票编号Y003)。

(4) 12月24日,销售给新星公司甲产品80箱,不含税单价7 000元,价款及增值税合计632 800元,以银行转账支票形式支付销售费用1 000元,支票号Z1018,业务员吴永斌(业务类型:普通销售;销售专用发票;发票编号Y004)。

(5) 12月25日,荷都公司因为质量原因将原收到的2箱乙产品退回,不含税单价5 000元,价款及增值税合计11 300元,开出红字专用发票,业务员吴永斌(业务类型:普通销售;销售专用发票;发票编号Y005)。

(6) 12月27日,销售给朝阳公司乙产品120箱,不含税单价5 000元,价款及增值税合计678 000元,业务员吴永斌(业务类型:普通销售;销售专用发票;发票编号Y006)。

2. 收款单业务

(1) 12月4日,预收杭州朝阳有限公司货款240 000元,采用转账支票(Z2010)进行结算,业务员吴永斌(收款单编号:W001)。

(2) 12月10日,收到荷都公司用于结算货款的转账支票(Z2011)一张113 000元,业务员吴永斌,收款单编号:W002(对应发票号Y001)。

(3) 12月19日,收到华丰公司前欠货款56 000元,采用转账支票(Z2012)结算,业务员吴永斌,收款单编号:W003(对应发票号Y201)。

(4) 12月29日,收到朝阳公司用于结算货款的转账支票(Z2013),金额438 000元,业务员吴永斌,收款单编号:W004(对应发票号Y006)。

(5) 12月30日,收到新星公司用于结算货款的转账支票(Z2014),金额632 800元,业务员吴永斌,收款单编号:W005(对应发票号Y004)。

3. 票据业务

(1) 12月8日,新星公司承兑当年11月8日开出的商业承兑汇票,面值为20 000元,原汇票票据号X679,业务员吴永斌。

(2) 12月16日,天津天仑公司开出的商业承兑汇票到期,转入应收账款,原票据号X256,面值为40 000元(对应发票号Y007,业务员吴永斌)。

(3) 12月29日,收到荷都公司向本单位开出商业承兑汇票一张用于货款结算,票据号X789,面值为273 380元,票据2个月后到期(对应发票号Y003,业务员吴永斌)。

4. 坏账处理业务

(1) 12月9日,应收天津物美公司账款7 020元,款项已经超过3年,经批准确认款项已无法收回,予以注销,票号Y202,业务员吴永斌。

(2) 12月31日,按要求计提坏账准备。

三、实验指导

1. 应收单据处理

1) 销售发票录入

录入应收单具体操作步骤如下:进入"应收款管理"|"销售发票"|"销售专用发票录入",进入销售发票增加界面,按照业务内容输入相关信息,点击"保存",如需继续输入,点击菜单栏"增加",继续录入发票信息,保存后退出,如图7-14所示。输入的发票可以通过点击菜单栏"上张""下张"翻页查看,并且可以在相关页面点击菜单栏"修改""删除"进行相关操作。其他应收单的操作办法类似。

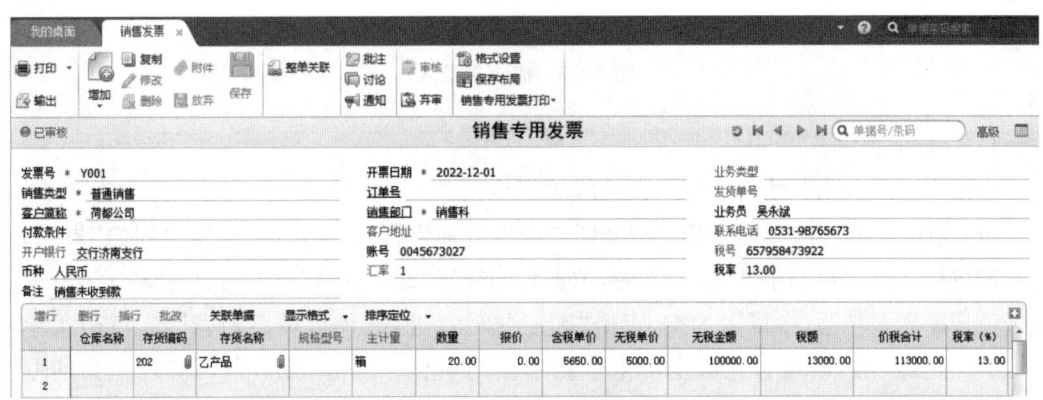

图7-14 销售专用发票录入

如果是销售普通发票,选择"销售发票"|"销售普通发票录入",进入销售普通发票增加界面,按照业务内容输入相关信息,点击"保存"。如需继续输入,点击菜单栏"增加",继续录入发票信息,保存后退出。

2) 红字销售专用发票录入

选择"销售发票"|"红字销售专用发票录入",进入红字销售专用发票增加界面,按照业务内容输入相关信息,注意数量应为负数,点击"保存"。如需继续输入,点击菜单栏"增加",继续录入发票信息,保存后退出。

如果是红字销售普通发票,选择"销售发票"|"红字销售普通发票录入",进入销售普通发票增加界面,按照业务内容输入相关信息,点击"保存"。

3)应收单录入

选择"应收单"|"应收单录入",进入应收单增加界面,按照业务内容输入相关信息,点击"保存",如需继续输入,点击菜单栏"增加",继续录入其他应收单,保存后退出,如图7-15所示。输入的应收单可以通过点击菜单栏"上张""下张"翻页查看,并且可以在相关页面点击菜单栏"修改""删除"进行相关操作。

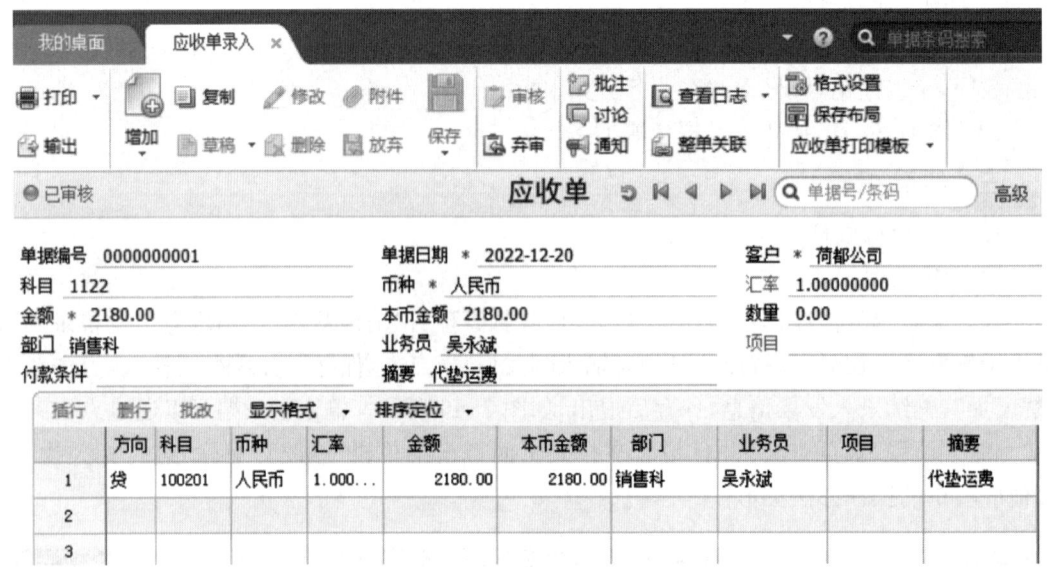

图 7-15 应收单录入

4)应收单据审核

审核应收单分为销售发票审核和应收单审核。

(1)销售发票审核。选择"销售发票"|"销售发票审核",进入"销售发票列表"界面,点击查询按钮,弹出"单据过滤条件"界面,单据日期选择"20××-12-01到20××-12-31",其他选项根据需要填写,也可以为空,点击"确定"按钮,进入"销售发票列表",先点击菜单栏"全选",然后点击"审核",完成全部未审核单据的审核。点击"弃审",可实现单据的取消审核。

进行审核以后,系统会有提示"是否立即制单",选择"是",则出现相关业务的凭证填制界面,修改有关项目后"保存"即可生成凭证;选择"否",则可在所有业务完成以后通过"制单处理"功能实现制单。

(2)应收单审核。选择"应收单"|"应收单审核",进入"应收单列表"界面,点击查询按钮,弹出"单据过滤条件"界面,单据日期选择"20××-12-01到20××-12-31",其他选项根据需要填写,也可以为空,点击"确定"按钮,进入"应收单列表",先点击菜单栏"全选",然后点击"审核",完成全部未审核单据的审核。点击"弃审",可以实现单据的取消审核。

如果启用"应收款管理"的同时,配合使用了"供应链"中的"销售管理",则销售业务形成的应收单会自动从"销售管理"模块传递至"应收款管理"模块,相关应收单据无法在"应收款管理"模块中录入,但"其他应收单"可在"应收款管理"中录入。

2. 收款单据处理

1) 收款单据录入

录入收款单具体操作步骤如下:进入"应收款管理"|"收款处理",点击"收款单据录入",在"收款单"界面,点击菜单栏"增加",录入一张新的收款单,款项类型依据需要可选择"应收款"或者"预收款"等类型,信息输入完毕后点击"保存",如需录入多张,则点击"增加"后重复以上操作步骤,如图7-16所示。录入收款单操作完毕以后,可以在当前界面通过菜单栏的"上张""下张"翻看、查询录入的单据信息,并可以点击"修改"或者"删除"进行相关操作。

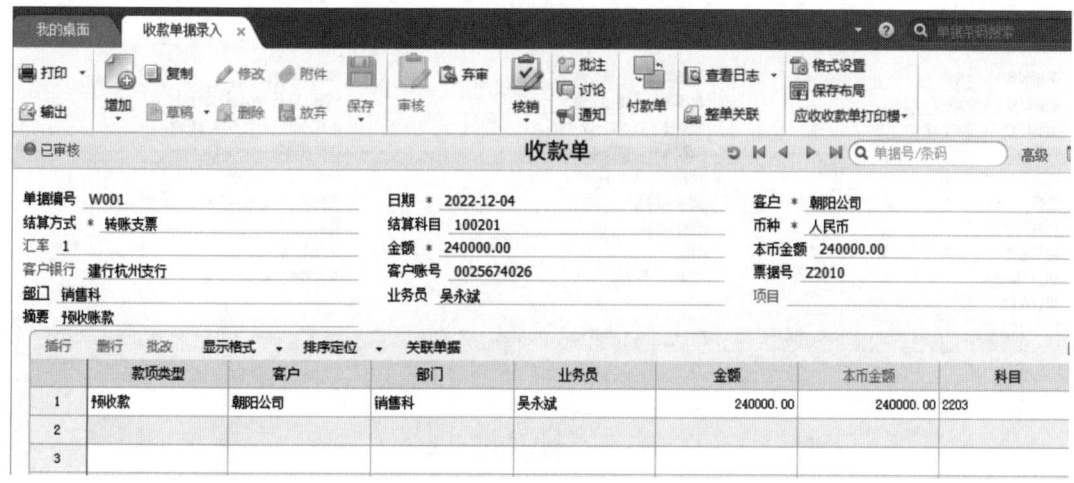

图7-16　收款单据录入

2) 收款单据审核

收款单的审核可以在录入一张收款单之后直接点击菜单栏"审核"来实现,也可以在"收款单处理"|"收款单据审核"下进行操作。收款单据的审核提供两种审核方式:批量审核和手工审核。如要批量审核,在"收款单据过滤条件"界面,所有过滤条件为空,点击"批审"按钮,自动完成审核,并提供审核报告。如选择手工审核,则在"收款单据过滤条件"界面输入相应过滤条件后,进行满足条件单据的审核,或者选择过滤条件为空,点击"确认"按钮,进入"收付款单列表",点击菜单栏"全选",然后点击"审核",完成所有单据的审核,如要取消审核,则可点击"弃审",取消审核标识。

特别提示

(1)审核完的单据不能进行修改、删除处理,除非先进行弃审,取消审核标识。

(2)已经审核过的单据不能进行重复审核;未经审核的单据不能进行弃审处理。已经做过后续处理(如核销、转账、坏账、汇兑损益等)的单据不能进行弃审处理。

3. 票据管理

1)票据增加

增加票据的具体操作步骤如下:进入"应收款管理",点击"票据管理"|"票据录入",进入票据管理界面,点击"增加",按照业务要求输入一张新票据,如图7-17所示。在增加完票据之后,如想要修改、删除票据信息,可以在"票据管理"界面中的票据列表中选中某张票据,然后通过点击菜单栏的"修改""删除"等对票据进行相关操作。

图 7-17 票据增加界面

特别提示

(1)票据所形成的收款单已经核销的,票据不能被修改、删除。

(2)已经进行过计息、结算、转出等后续处理的票据不能被修改、删除。

2)票据转出

票据转出的具体操作步骤如下:进入"票据管理"|"票据列表"界面,在票据列表中选中要转出的票据,然后点击菜单栏"转出",在"票据转出"界面输入要转出的金额、转出日期、应收科目以及应收单类型,如图7-18所示,点击"确定"按钮,完成操作。

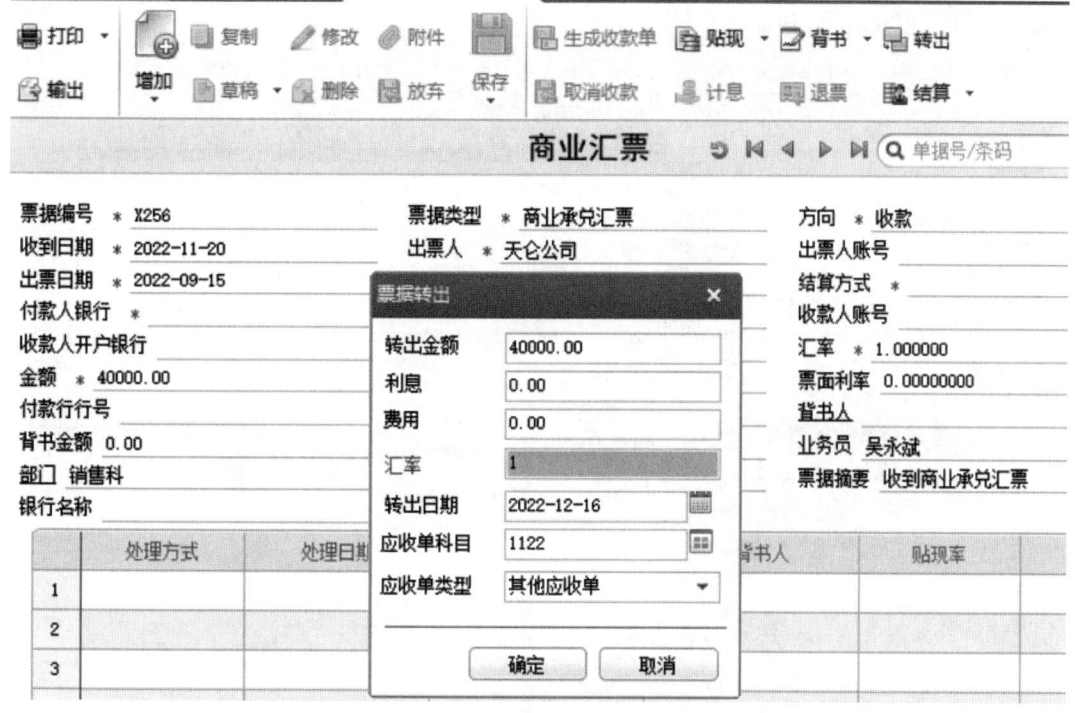

图 7-18　票据转出

（1）利息：如果转出金额大于票据余额，系统自动将其差额作为利息，不能修改。

（2）费用：如果转出金额小于票据余额，系统自动将其差额作为费用，不能修改。

3）票据结算

票据结算具体操作步骤如下：进入"票据管理"|"票据列表"界面，在票据列表中选中要结算的票据，然后点击菜单栏"结算"，在"票据结算"界面按照业务内容输入结算金额、结算科目等内容后，单击"确定"按钮，点击菜单"收款"，完成票据的结算，如图 7-19 所示。

特别提示

（1）利息：如应收票据为带息票据，应直接在此输入利息；如是不带息票据，此栏为空。

（2）费用：费用是在进行结算单据时所发生的相关费用，可以直接输入。如没有发生费用，此栏为空。

（3）结算科目：结算科目是票据结算时的对应科目，一般为银行存款科目。此栏可以为空。

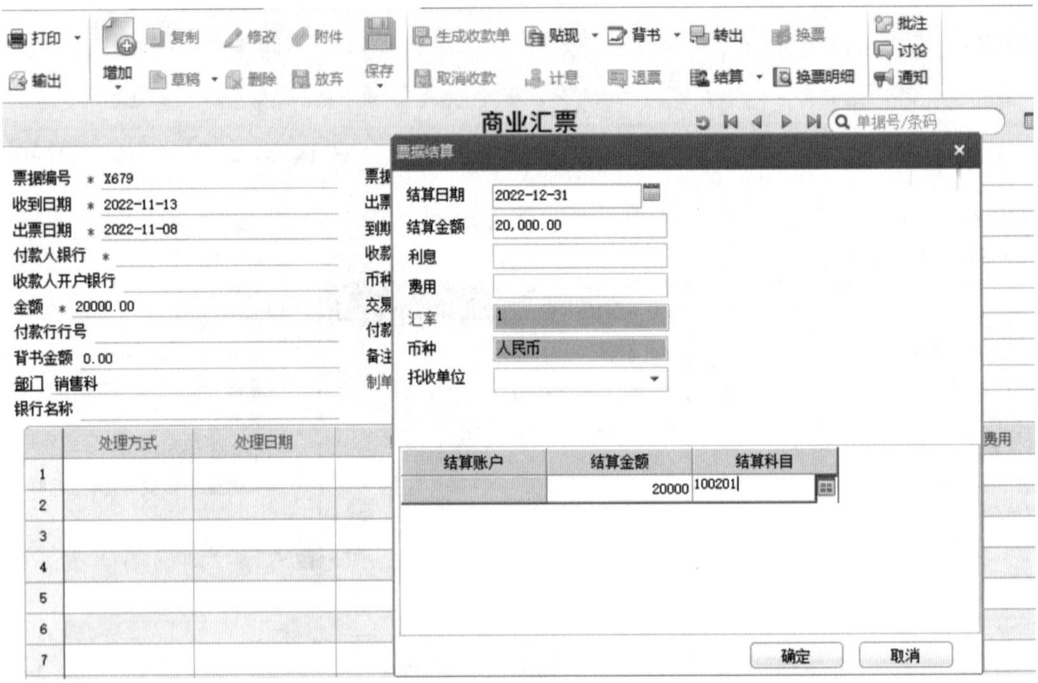

图 7-19 票据结算

4. 转账处理

应收冲应收——将某一客户的应收款转到另一客户中。通过本功能将应收款业务在客户之间进行转入、转出,实现应收业务的调整,解决应收款业务在不同客户间入错户或并户问题。

预收冲应收——处理客户的预收款和该客户应收欠款的转账核销业务。

点击"转账"菜单下的"预收冲应收",进入"预收冲应收"界面,单击"预收款选项卡",选择"客户",单击"过滤",显示客户的预收款记录。单击"应收款选项卡",单击"过滤",显示该客户应收款记录。在"预收款"记录中输入转账金额,在"应收款"记录的转账金额中也输入同样的金额,单击"确定",如图 7-20 所示。

应收冲应付——用某客户的应收账款,冲抵某供应商的应付款项,如图 7-21 所示。

红票对冲——用某客户的红字发票与其蓝字发票进行冲抵。对冲的方式可以分成手工对冲和自动对冲。手工对冲时,输入公司,在列表中输入对冲的金额,如图 7-22 所示;自动对冲时,"是否进行自动红票对冲"界面点击"是"。

5. 坏账处理

坏账发生具体操作步骤如下:进入"应收款管理"|"坏账处理",选择"坏账发生",在"坏账发生"界面,输入日期、客户等信息,单击"确认"按钮,进入"坏账发生单据明细"界面,在相应单据后输入本次坏账发生金额后,点击菜单栏"确认",退出,如图 7-23 所示。

坏账计提具体操作步骤如下:进入"应收款管理"|"坏账处理",选择"坏账计提",系统自动根据目前的应收账款余额按照先前设定的百分比计提本期的坏账准备,计提金额无法修改,点击菜单栏"确认",系统提示是否立即制单,可选择"是",生成相应凭证,也可在"制单"中单独操作,如图 7-24 所示。

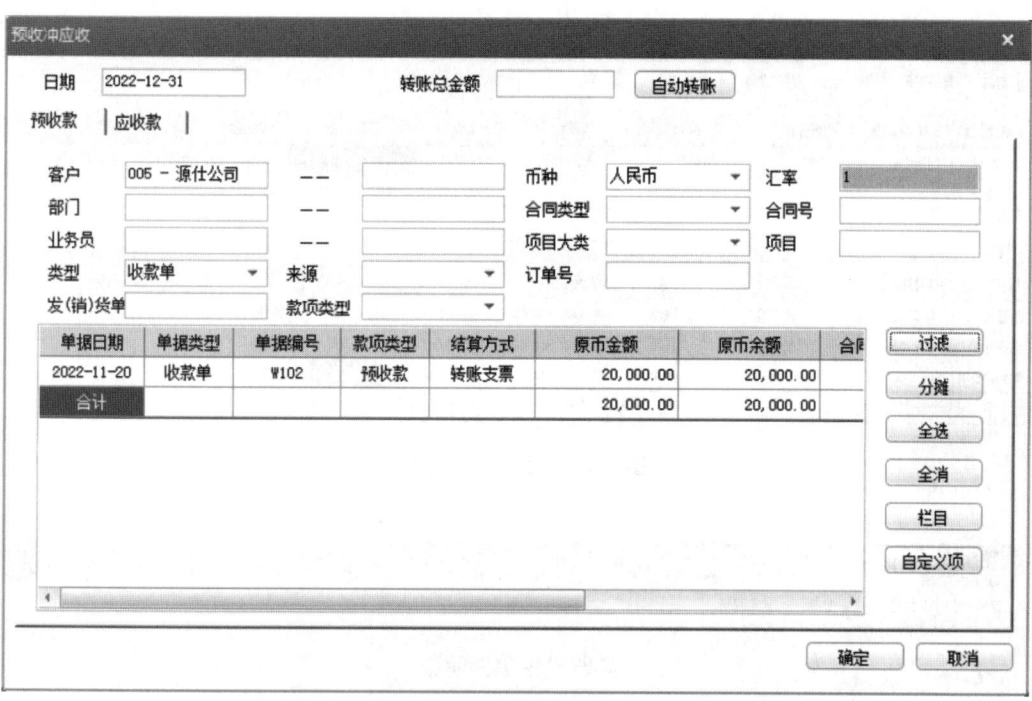

图 7-20 "预收冲应收——预收款"窗口

图 7-21 "预收冲应收——应收款"窗口

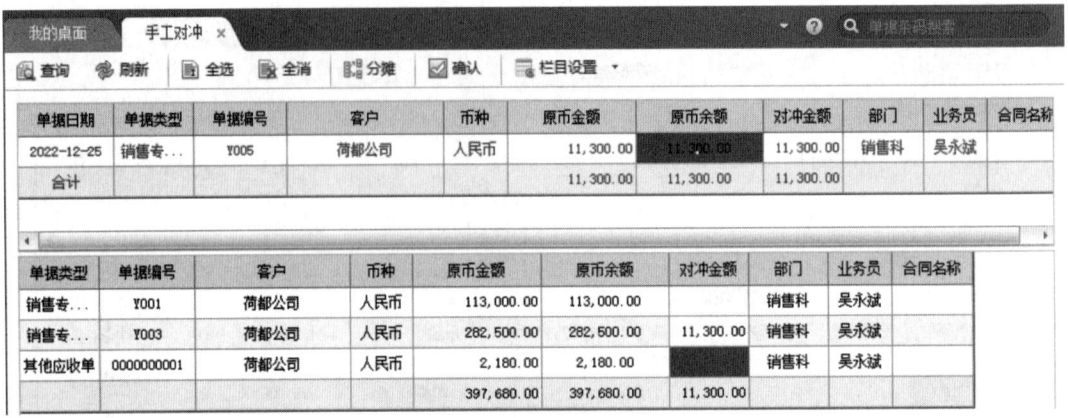

图 7-22 "红票对冲"窗口

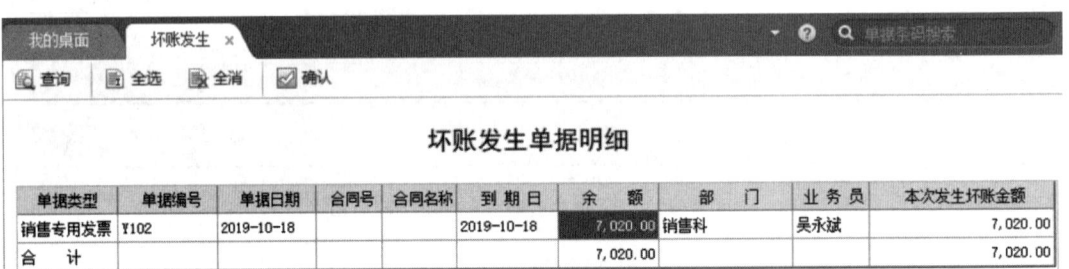

图 7-23 坏账发生

图 7-24 计提坏账准备

> **特别提示**
>
> （1）坏账发生的条件，如录入部门、业务员等信息，必须与原应收单的相应信息完全一致，才可以进行相应应收账款坏账发生的操作，否则无法实现。
>
> （2）本期坏账准备的计提工作应在完成所有收款单处理、付款单处理、核销处理、票据管理、转账处理工作之后再进行。

6. 制单处理

制单处理具体操作步骤如下:进入"应收款管理"|"制单处理",在"制单查询"界面,输入想要查询、制单的类别,进入制单界面,选择凭证类别、需要制单的业务,点击菜单栏"制单",如图7-25所示,点击"确定"按钮后,对生成的凭证进行相应补充和修改,点击"保存"即可完成制单。

发票列表

凭证类别　记账凭证　　　　　　　制单日期 2022-12-31　　　　　　共6条

选择标志	凭证类别	单据类型	单据号	日期	客户编码	客户名称	部门	业务员	金额
1	记账凭证	销售专用发票	Y001	2022-12-31	007	荷都公司	销售科	吴永斌	113,000.00
2	记账凭证	销售专用发票	Y002	2022-12-31	005	源仕公司	销售科	吴永斌	23,730.00
3	记账凭证	销售专用发票	Y003	2022-12-31	007	荷都公司	销售科	吴永斌	282,500.00
4	记账凭证	销售专用发票	Y004	2022-12-31	004	新星公司	销售科	吴永斌	632,800.00
5	记账凭证	销售专用发票	Y005	2022-12-31	007	荷都公司	销售科	吴永斌	-11,300.00
6	记账凭证	销售专用发票	Y006	2022-12-31	006	朝阳公司	销售科	吴永斌	678,000.00

图7-25　生成凭证——发票列表

特别提示

(1) 应收子系统的控制科目如可在其他系统进行制单,在其他系统的制单则会造成应收款管理系统与总账系统对账不平。

(2) 系统默认制单日期为当前业务日期。制单日期应大于等于所选的单据的最大日期,但小于当前业务日期。

(3) 如同时使用了总账系统,所输入的制单日期应该满足总账制单日期序时要求:即大于同月同凭证类别的日期;一张原始单据制单后,不能再次制单;如在退出凭证界面时,还有未生成的凭证,则系统会提示是否放弃对这些凭证的操作。如选择是,则系统会取消本次对这些业务的制单操作,坏账处理的制单需要单独操作。

7. 核销处理

对收付款单据进行核销处理时,首先必须在"应收款系统"|"设置"|"选项"|"核销设置"界面,对"收付款单审核后是否核销"选项进行勾选,然后再勾选具体的单据的核销处理方式:手工核销和自动核销。

1) 手工核销

手工核销时必须输入客户信息。手工核销具体操作步骤如下:点击"核销处理"|"手工核销",进入核销过滤条件界面,选择需要进行核销处理的客户,点击"确定",输入收付款单、被核销单据过滤条件,点击"确认"按钮,进入单据核销界面,上边列表显示该客户可以核销的收付款单记录,下边列表显示该客户符合核销条件的对应单据;手工输入本次结算金额,

上下列表中的结算金额合计必须保持一致,点击"保存"按钮,即可完成核销;也可手工输入本次结算金额后,点击菜单栏"分摊",系统将当前收付款单列表中的本次结算金额合计自动分摊到被核销单据列表的本次结算栏中,如图7-26所示。核销顺序与被核销单据的排序顺序一致。若需要更改当前被核销单据的排序,可通过点击"栏目"|"单据",进行单据列表顺序设置。完成后,点击"保存",系统自动保存收付款单核销信息,退出。

图 7-26　手工核销

（1）进行单据核销之前必须先对相应单据进行审核的处理,没有审核的单据无法核销。

（2）收付款单列表显示收付款单表体明细记录,包括款项类型为应收款和预收款的记录,不包括款项类型为其他费用的记录。余额已经为0的单据记录不在此列表中显示。

核销时可以修改本次结算金额,但是不能大于该记录的原币余额。

2）自动核销

自动核销操作具体步骤如下:点击"核销处理"|"自动核销",进入核销过滤条件界面。输入过滤条件,点击"确认"按钮。核销完成后,提交自动核销报告,显示已核销的情况和未核销的原因。

8.取消操作

取消操作具体步骤如下:进入"应收款管理"|"其他处理",在"取消操作"界面,输入想要取消操作的内容,选择相应条件,点击菜单栏"确定",即可完成取消操作,如图7-27所示。

选择标志	单据类型	单据号	日　期	客　户	金　额	部　门	业务员
	票据结算	X679	2022-12-08	新星公司	20,000.00	销售科	吴永斌
Y	票据转出	X256	2022-12-16	天仑公司	40,000.00	销售科	吴永斌

图 7-27　取消操作

实验三　单据查询及账表管理

一、实验要求

1. 查询本月应收系统生成的凭证情况,并具体查看 12 月 4 日收款单的制单内容

2. 查询本月的应收核销明细表,并查看 12 月 24 日开具给上海新星公司销售发票具体内容

3. 查询业务明细账、对账单

4. 与总账进行对账

5. 进行本月的应收账龄分析和收款预测

6. 查询本月科目明细账

二、实验资料

以前面的实验资料为基础。

三、实验指导

1. 查询本月应收系统生成的凭证情况,并具体查看 12 月 4 日收款单的制单内容

查询本月的凭证生成情况的操作办法是:在"凭证处理"下,进入"凭证查询",系统即可显示本月应收系统生成的全部凭证列表。想要查询 12 月 4 日收款单的制单内容,则在该界面,找到该张凭证的记录条,双击该条记录,即可查看详细的凭证内容。

2. 查询本月应收核销明细表,并查看 12 月 24 日开具给上海新星公司销售发票具体内容

查询本月的应收核销明细表的具体操作步骤是:在"核销处理"下,点击"应收核销明细表",在"过滤条件"中输入日期"20××.12.01-20××.12.31",单击"过滤"按钮,进入"应收核销明细表"界面,如图 7-28 所示。若要查询 12 月 24 日开具给上海新星公司销售发票具体内容,则在核销明细表的记录中选中该条记录,双击记录条,既可以看到该张发票的具体内容。

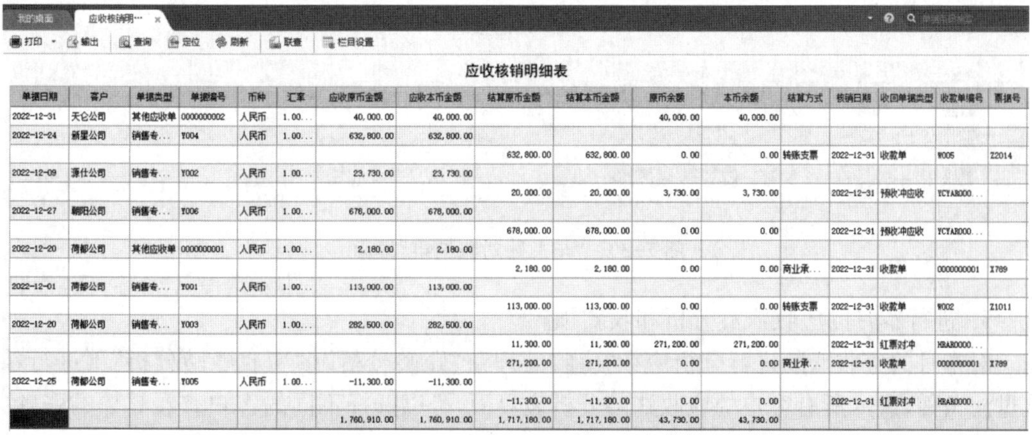

图 7-28　"应收核销明细表"界面

3. 查询业务明细账、对账单

查询本月的业务明细账要通过"账表管理"|"业务账表"|"业务明细账"进行查询,点击"过滤"按钮直接进入查询结果界面,如图 7-29 所示。查询本月对账单则进入"对账单"查询,过滤条件默认。

应收明细账

币种: 全部
期间: 12 - 12

年	月	日	凭证号	客户		摘要	订单号	发货单	出库单	单据类型	单据号	币种	本期应收	本期收回	余额	到期日
				编码	名称								本币	本币	本币	
				001	华丰公司	期初余额									262,980.00	
2022	12	19	记-0016	001	华丰公司	收到货款				收款单	W003	人民币		56,000.00	206,980.00	2022-12-19
			(001)小计											56,000.00	206,980.00	
				002	物美公司	期初余额									7,020.00	
2022	12	31	记-0021	002	物美公司	长期未达账				坏账发生	HZAR0000...	人民币		7,020.00		2019-10-18
			(002)小计											7,020.00	7,020.00	
2022	12	31	记-0019	003	天仑公司	票据转出				票据转出	CLAR0000...	人民币	40,000.00		40,000.00	2022-12-31
			(003)小计										40,000.00		40,000.00	
2022	12	30	记-0017	004	新星公司	收到货款				收款单	W005	人民币		632,800.00	-632,800.00	2022-12-30
2022	12	31	记-0008	004	新星公司	销售商品				销售专...	T004	人民币	632,800.00			2022-12-24
			(004)小计										632,800.00	632,800.00		
				005	源仕公司	期初余额									-20,000.00	
2022	12	31	记-0006	005	源仕公司	销售商品				销售专...	T002	人民币	23,730.00		3,730.00	2022-12-09
			(005)小计										23,730.00		3,730.00	
2022	12	4	记-0013	006	朝阳公司	预收账款				收款单	W001	人民币		240,000.00	-240,000.00	2022-12-04
2022	12	29	记-0018	006	朝阳公司	收到货款				收款单	W004	人民币		438,000.00	-678,000.00	2022-12-29
2022	12	31	记-0010	006	朝阳公司	销售乙产品				销售专...	T006	人民币	678,000.00			2022-12-27
			(006)小计										678,000.00	678,000.00		
2022	12	10	记-0014	007	菏都公司	收到货款				收款单	W002	人民币		113,000.00	-113,000.00	2022-12-10
2022	12	29	记-0020	007	菏都公司	货款				收款单	0000000001	人民币		273,380.00	-386,380.00	2022-12-29
2022	12	31	记-0011	007	菏都公司	代垫运费				其他应收单	0000000001	人民币	2,180.00		-384,200.00	2022-12-20
2022	12	31	记-0005	007	菏都公司	销售未...				销售专...	T001	人民币	113,000.00		-271,200.00	2022-12-01
2022	12	31	记-0007	007	菏都公司	销售商品				销售专...	T003	人民币	282,500.00		11,300.00	2022-12-20
2022	12	31	记-0009	007	菏都公司	销售退回				销售专...	T005	人民币	-11,300.00			2022-12-25
			(007)小计										386,380.00	386,380.00		
合...													1,760,9...	1,760,2...	250,710.00	

图 7-29　应收明细账

4. 与总账进行对账

与总账进行对账的具体操作步骤如下:进入"账表管理"|"对账"|"与总账对账",录入对账条件,点击"确认"按钮;进入"与总账对账结果"界面,如图 7-30 所示。双击对账不平的记录条,可以查看对账不平的明细记录。

与总账对账结果　　　　　　　　　　　　　　　　金额式 ▾

☐ 对账不平　　　　　　　　　　　日期:2022-12-01至2022-12-31

编号	客户		币种	应收系统			总账系统			差额(应收-总账)		
	编码	名称		期初本币	借方本币	贷方本币	期初本币	借方本币	贷方本币	期初本币	借方本币	贷方本币
001		华丰公司	人民币	262,980.00		56,000.00	206,980.00	262,980.00		56,000.00	206,980.00		
002		物美公司	人民币	7,020.00		7,020.00		7,020.00		7,020.00			
003		天仑公司	人民币	40,000.00	40,000.00	40,000.00	40,000.00	40,000.00	40,000.00	40,000.00	40,000.00		
004		新星公司	人民币	20,000.00	632,800.00	652,800.00	20,000.00	632,800.00	652,800.00			
005		源仕公司	人民币	-20,000.00	23,730.00		3,730.00	-20,000.00	23,730.00		3,730.00		
006		朝阳公司	人民币		678,000.00	678,000.00		678,000.00	678,000.00			
007		菏都公司	人民币	659,760.00	386,380.00	273,380.00	659,760.00	386,380.00	273,380.00			
		合计		310,000.00	2,034,290.00	1,820,200.00	524,090.00	310,000.00	2,034,290.00	1,820,200.00	524,090.00		

图 7-30　"与总账对账结果"界面

5. 进行本月的应收账龄分析和收款预测

对本月的应收账龄进行分析应在"应收处理"|"账龄分析"|"应收账龄分析"下进行,默认过滤条件,进入所有客户的应收账龄分析表界面,可以选择不同的客户查看具体的账龄分析情况。

对本月的收款预测应在"收款处理"下进行。按照要求选择输入预测对象等信息,单击

"确认"按钮,进入所有客户的收款预测界面,可选择查看不同客户的预测情况。

6. 查询本月科目明细账

查询本月科目账的具体操作步骤如下:进入"账表管理"|"科目账查询"|"科目明细账",在"客户往来科目明细账"界面,选择查询表,输入查询条件、明细对象,单击"确认"按钮。进入科目明细账界面,点击菜单栏"总账",可以查看科目余额表内容,选中某条具体的凭证记录条,点击菜单栏"凭证",可以查看该张凭证具体内容。

实验四 期末业务处理

一、实验要求

掌握本月的月末结账和取消结账操作办法。

二、实验资料

以前期实验资料为基础。

三、实验指导

1. 月末结账

月末结账的具体操作步骤如下:进入"应收款管理"|"期末处理"|"月末结账",双击"月末处理"界面的十二月的结账标志栏,点击"下一步"按钮,如图 7-31 所示,进入"月末处理"界面,点击"完成"按钮,完成本月结账。

月 份	结账标志
一月	系统未启用
二月	系统未启用
三月	系统未启用
四月	系统未启用
五月	系统未启用
六月	系统未启用
七月	系统未启用
八月	系统未启用
九月	系统未启用
十月	系统未启用
十一月	系统未启用
十二月	Y

月末结账后,该月将不能再进行任何处理!

上一步 下一步 取消

图 7-31 "月末处理"界面

2. 取消结账

取消月末结账的具体操作步骤如下:进入"应收款管理"|"期末处理"|"取消月结",选择十二月,单击"确定"按钮,取消本月结账。

特别提示

（1）应收系统与销售管理系统同时使用时,应在销售系统结账以后,再对应收子系统进行结账处理。

（2）如果当月总账系统已经结账,则应收子系统不能取消月结。

第八章 应付款系统

学习目标

知识目标：了解应付款子系统的功能和应用流程；明确应付款子系统与其他子系统的关系；掌握应付款系统初始设置、业务单据处理和其他业务处理的方法。

能力目标：能够结合企业实际，进行应付款子系统参数设置、基础信息设置、期初数据录入；掌握应付款子系统应付单据、付款单据处理；能够进行基本票据管理、转账处理；能够进行应付款管理子系统的制单处理、账表查询和期末处理。

思政目标：引导学生树立合规履约的职业观念；理解企业信用对构建和谐商业生态的意义，践行"友善共赢"的社会责任价值观。

概述

1. 功能概述

应付款管理系统主要以采购发票和其他应付单等原始单据为依据，记录采购业务及其他业务所形成的主要款项，处理应付款的支付、转账等情况，提供票据处理功能，实现对应付款的管理。

2. 应用流程

应付系统的应用流程总体分为三大块：一是初始化，主要包括设置账套参数、设置基础信息和录入期初余额。二是日常处理，主要包括用户根据输入的单据或者由采购系统传递过来的单据记录应付款项的形成、处理应付项目的付款及转账业务、对应付票据进行管理。在应付项目的处理过程中生成凭证，并向总账管理系统进行传递，提供各种查询和分析。三是期末处理，主要包括汇兑损益和期末结账。应付系统的应用流程如图8-1所示。

3. 应收款子系统与其他子系统

应收款管理子系统与其他子系统的关系，如图8-2所示。采购管理子系统为应付款管理子系统提供已审核的采购发票和费用单。在应收款系统对发票单据进行审核并进行收款结算处理，生成凭证。应付账子系统和应收款系统之间可以进行转账处理；应付款系统向总账子系统传递凭证；应付款系统向财务分析系统提供各种分析凭证。

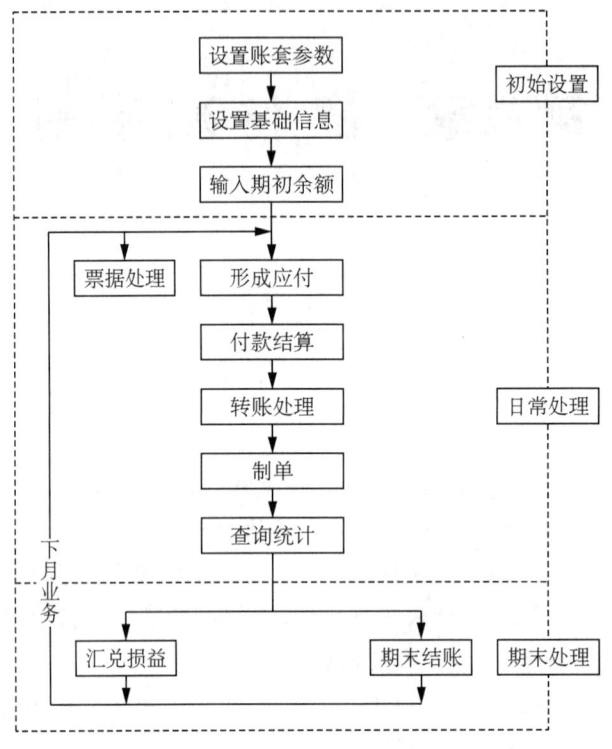

图 8-1　应付系统的应用流程

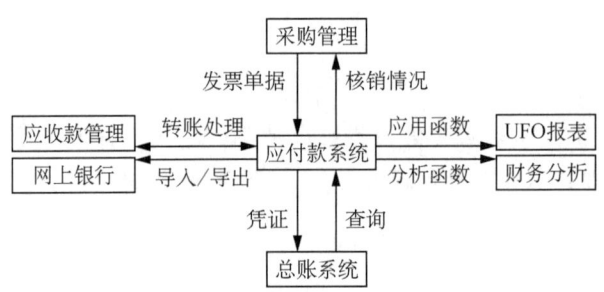

图 8-2　应付款系统与其他系统的关系

实验一　应付款系统初始设置

一、实验要求

以财务主管身份完成应付款管理系统的初始化工作。

1. 账套参数设置
2. 初始设置
3. 设置单据编号
4. 期初余额录入

二、实验资料

1. 账套参数设置

账套参数设置,如表8-1所示。

表8-1　　　　　　　　　　　　应付款管理账套参数设置(选项)

选项卡	项目	设置参数
常规	单据审核日期依据	业务日期
	应付账款核算类型	详细核算
凭证	受控科目制单方式	明细到供应商
	非受控科目制单方式	汇总方式
	月末结账前是否全部生成凭证	是
	核销是否生成凭证	是
	预付冲应付是否生成凭证	是
	凭证是否可编辑	是
	制单时是否写摘要	是
核销设置	应付款核销方式	按单据

2. 科目设置

科目设置,如表8-2至表8-5所示。

表8-2　　　　　　　　　　　　应付款管理科目设置

大类	项目	设置科目	
基本科目设置	应付科目本币	2202 应付账款	
	预付科目本币	1123 预付账款	
	银行承兑科目	2201 应付票据	
	商业承兑科目	2201 应付票据	
	采购税金科目	22210101 应交税费——应交增值税(进项税额)	
	现金折扣科目	660301 利息收入	
	票据利息科目	660302 利息支出	
	票据费用科目	660303 金融机构手续费	
产品科目设置	存货名称	采购科目	产品采购税金
	A材料	140101 材料采购——A材料	22210101 应交增值税(进项)
	B材料	140102 材料采购——B材料	22210101 应交增值税(进项)

表8-3 结算方式科目设置

结算方式	币种	本单位账号	科目
1 现金结算	人民币		1001
201 现金支票	人民币	0015672001	100201
202 转账支票	人民币	0015672001	100201
3 其他	人民币	0015672001	100201
401 商业承兑汇票	人民币	0015672001	100201

表8-4 账期内账龄区间设置 单位:天

序号	起止天数	总天数
01	0～30	30
02	31～60	60
03	61～90	90
04	91～120	120
05	121 以上	

表8-5 报警级别

名称	起止比率	总比率
A 级	0～10%	10%
B 级	10%～20%	20%
C 级	20%～30%	30%
D 级	30%～40%	40%
E 级	40%～50%	50%
F 级	50%以上	

3. 单据编号按"手工改动,重号时自动重取"设置

4. 期初余额表

期初余额,如表8-6至表8-8所示。

表8-6 采购发票(专用发票)期初余额

单据编号	Y201	Y202
客户名称	元科公司	天得公司
业务日期	20××.11.13	20××.11.19
货物编号	101	102
货物名称	A 材料	B 材料
数量(件)	172	448
总价(元)	28 000.00	52 000.00

表 8-7		预付款期初余额			
单据编号	客户名称	业务日期	金额(元)	结算方式	支票号
W201	永鑫公司	20××.10.08	40 000	202	Z1021

表 8-8		应付票据期初余额			
票据编号	收款单位	科目	签发日期	到期日	金额(元)
C569	青胜公司	2201	20××.9.7	20××.12.7	93 600.00

注:表8-6至表8-8所有业务的部门为供应科,业务员为叶丽;表8-8票据类型均为商业承兑汇票。

三、实验指导

1. 设置系统参数

(1)在"业务导航"中,双击"财务会计"中的"应付款管理",打开应付款管理系统。

(2)在应付款管理系统中,单击"设置"|"选项",打开"账套参数设置"对话框。

(3)在"账套参数设置"对话框中,单击"编辑"按钮,分别在"常规""凭证""权限与预警"三项页签中按实验资料逐项进行设置,如图8-3所示。

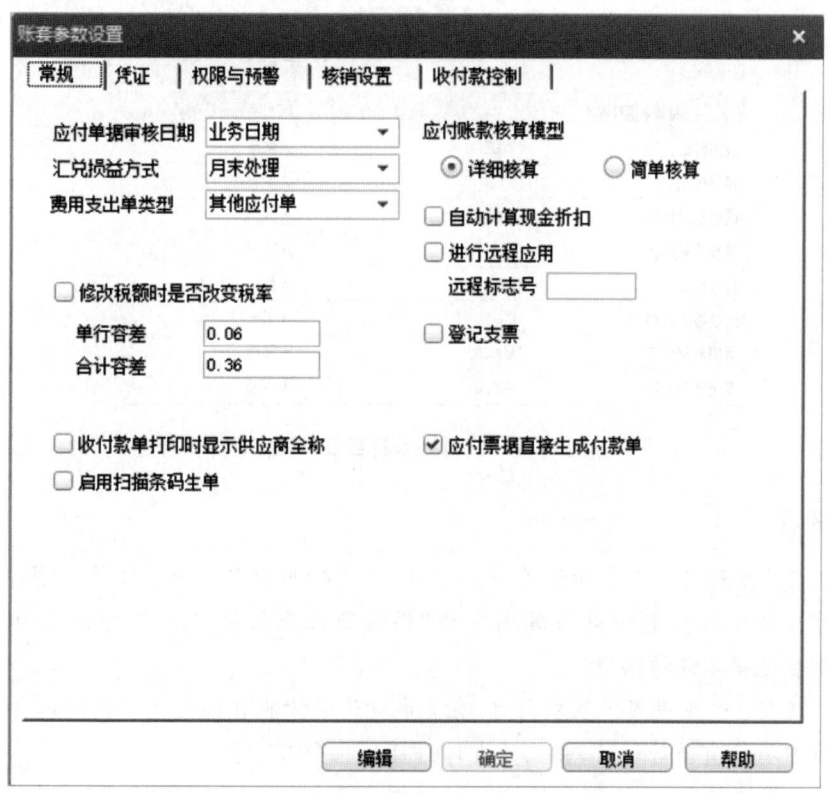

图 8-3 "账套参数设置"对话框

(4)单击"权限与预警"页签。单击"是否启用供应商权限"前的复选框,单击"是否根据单据自动报警"复选框,在提前天数栏选择提前天数"7",点击"确定"。

特别提示

（1）在进入应付款系统之前应在建立账套后启用应付款系统，或者在企业应用平台中启用应付款系统。应付款系统的启用会计期间必须大于等于账套的启用期间。

（2）在账套使用过程中可以随时修改账套参数。

（3）如果选择单据日期为审核日期，则月末结账时单据必须全部审核。

（4）关于应付账款核算模型，在系统启用时或者还没有进行任何业务处理的情况下才允许从简单核算改为详细核算，从详细核算改为简单核算随时可以进行。

---

2. 设置基本科目

（1）在应付款管理系统中，单击"设置"|"科目设置"，打开"基本科目"窗口。

（2）在"基本科目"窗口中，录入或选择应付科目及其他的基本科目（请根据系统特别提示，将"应付账款""预付账款"及"应付票据"，在总账系统中设置其辅助核算内容为"供应商往来"，并且其受控系统为"应付系统"），点击"退出"，如图 8-4 所示。

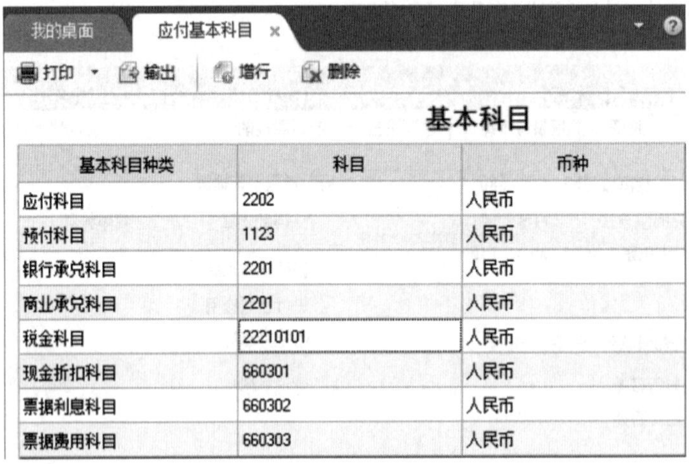

基本科目种类	科目	币种
应付科目	2202	人民币
预付科目	1123	人民币
银行承兑科目	2201	人民币
商业承兑科目	2201	人民币
税金科目	22210101	人民币
现金折扣科目	660301	人民币
票据利息科目	660302	人民币
票据费用科目	660303	人民币

图 8-4　"应付基本科目录入"窗口

特别提示

（1）在基本科目设置中所设置的应付科目"应付账款""预付账款"及"应付票据"，应在总账系统中设置其辅助核算内容为"供应商往来"，并且其受控系统为"应付系统"；否则在这里不能被选中。

（2）只有在这里设置了基本科目，在生成凭证时才能直接生成凭证中的会计科目；否则凭证中将没有会计科目，相应的会计科目只能手工再录入。

（3）如果应付科目、预付科目按不同的供应商或供应商分类分别设置，则可在"控制科目设置"中设置，在此可以不设置。

（4）如果针对不同的存货分别设置采购核算科目，则在此不用设置，可以在"产品科目设置"中进行设置。

---

3. 设置对方科目

（1）在应付款管理系统中，单击"设置"｜"科目设置"，单击"对方科目"菜单，进入应付对方科目设置窗口。

（2）在"应付对方科目"设置窗口，单击"增行"，新增空白行，根据实验要求输入存货编码、采购科目编码、应交增值税科目等内容，设置完成后即可退出，如图8-5所示。

图 8-5 "应付对方科目"设置窗口

4. 结算方式科目

（1）在应付款管理系统中，单击"设置"｜"结算科目设置"，打开"结算科目"窗口。

（2）"结算科目设置窗口"按要求录入结算方式、币种和对应科目。设置完成后，即可退出。

特别提示

（1）结算方式科目设置是针对已经设置的结算方式设置相应的结算科目，即在付款或收款时只要告诉系统结算时使用的结算方式就可以由系统自动生成该种结算方式所使用的会计科目。

（2）如果在此不设置结算方式科目，则在付款或收款时可以手工输入不同结算方式对应的会计科目。

5. 设置账龄区间

（1）在应付款管理系统中，单击"设置"｜"初始设置"，打开"账龄区间设置"窗口。

（2）单击"账龄区间设置"，在总天数栏录入"30"，回车，再在总天数栏录入"60"后回车。依此方法继续录入其他的总天数，设置完成后退出。

特别提示

（1）序号由系统自动生成，不能修改和删除。总天数直接输入截至该区间的账龄总天数。

（2）最后一个区间不能修改和删除。

6. 设置报警级别

（1）在应付款管理系统中，单击"设置"｜"初始设置"，打开"预警级别设置"窗口，如图8-6所示。

图 8-6 "预警级别设置"窗口

（2）单击"预警级别设置"，在总比率栏录入"10"，在级别名称栏录入"A 级"，回车，依此方法继续录入其他的总比率和级别，设置完成后退出。

特别提示

（1）序号由系统自动生成，不能修改、删除。应直接输入该区间的最大比率及级别名称。

（2）系统会根据输入的比率自动生成相应的区间。

（3）单击"增加"按钮，可以在当前级别之前插入一个级别，插入一个级别后，该级别后的各级别比率会自动调整。删除一个级别后，该级别后的各级比率会自动调整。

（4）最后一个级别为某一比率之上，所以在总比率栏不能录入比率，否则将不能退出。

（5）最后一个比率不能删除，如果录入错误则应先删除上一级比率，再修改最后一级比率。

7. 单据编号设置

（1）在"业务导航"中，在"基础设置"页签下，单击"单据设置"，打开"单据编号设置"窗口。

（2）单击左侧"单据类型"窗口中"采购管理"|"采购专用发票"，打开"单据编号设置——采购专用发票"窗口。

（3）在"单据编号设置——采购专用发票"窗口中，单击修改按钮，单击"手工改动，重号时自动重取"前的复选框。

（4）保存后，单击"退出"按钮，依次设置其他单据编号规则，退出。

8. 录入期初采购发票

（1）在应付款管理系统中，单击"设置"|"期初余额"，打开"期初余额——查询"窗口。

（2）单击"确认"按钮，打开"期初余额明细表"窗口。

（3）单击"增加"按钮，打开"单据类别"窗口。

(4) 单击"确认"按钮,打开"采购专用发票"窗口,如图 8-7 所示。

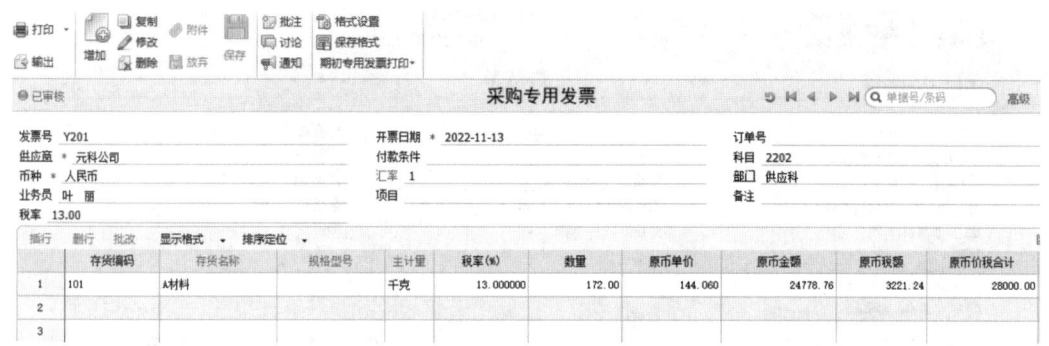

图 8-7 "采购专用发票"窗口

(5) 根据资料在采购专用发票的票头录入开票日期、发票号、供应商、科目、部门等信息;在表体录入材料名称、数量和总价。

(6) 单击"保存"按钮。依此方法继续录入第二张采购专用发票。

特别提示

(1) 在初次使用应付款系统时,应将启用应付款系统时未处理完的所有供应商的应付账款、预付账款、应付票据等数据录入本系统。当进入第二年度时,系统自动将上年度未处理完的单据转为下一年度的期初余额。在下一年度的第一会计期间里,可以进行期初余额的调整。

(2) 在日常业务中,可对期初发票、应付款、预付款、票据进行后续的核销、转账处理。

(3) 如果退出了录入期初余额的单据,在"期初余额明细表"窗口中并没有看到新录入的期初余额,应单击"刷新"按钮,就可以列示所有的期初余额的内容。

(4) 在录入期初余额时一定要注意期初余额的会计科目,如商业承兑汇票的会计科目为"应付票据"。应付款系统的期初余额应与总账进行对账,如果科目错误将会导致对账错误。

(5) 如果并未设置允许修改采购专用发票的编号,则在填制采购专用发票时不允许修改采购专用发票的编号。其他单据的编号也一样,系统默认的状态为不允许修改。

9. 录入期初预付款单

(1) 在应付款管理系统中,单击"设置"|"期初余额",打开"期初余额——查询"窗口。

(2) 单击"确认"按钮,打开"期初余额明细表"窗口。

(3) 单击"增加"按钮,打开"单据类别"窗口。

(4) 单击单据名称栏下三角按钮,选择"预付款"。

(5) 单击"确认"按钮,打开"付款单"窗口,如图 8-8 所示。

(6) 根据资料在付款单的票头录入单据编号、日期、供应商、结算方式、付款金额和票据号等信息。

图 8-8　"付款单"窗口

（7）单击"保存"按钮，依此方法继续录入第二张付款单。

┌─── **特别提示** ─────────────────────────────┐

录入预付款的单据类型仍然是"付款单"，但是款项类型为"预付款"。

└───┘

10. 录入期初应付票据

（1）在应付款管理系统中，单击"设置期初余额"，打开"期初余额——查询"窗口。

（2）单击"确定"按钮，打开期初余额明细表窗口。

（3）单击"增加"，打开"单据类别"窗口。

（4）打开单据名称栏下三角按钮，选择单据名称为"应付票据"，单据类型为"商业承兑汇票"，方向"正向"，点击"确认"按钮，进入票据增加界面。

（5）点击"增加"按钮，按照业务内容输入相关信息，点击"保存"，如需输入多条记录，点击"增加"菜单，重复以上步骤，所有信息输入完毕后退出，如图 8-9 所示。

	期初票据
票据编号 ＊ C569	收票单位 ＊ 青胜公司
承兑银行	科目 2201
票据面值 93600.00	票据余额 ＊ 0.00
面值利率 0.00000000	签发日期 2022-09-07
到期日 ＊ 2022-12-07	部门 供应科
业务员 叶 丽	项目
摘要	币种 人民币　　汇率 1.000000

图 8-9　"期初票据"窗口

11. 应付款系统与总账系统对账

在"期初余额明细表"窗口中,单击"对账"按钮,打开"期初对账"窗口,如图 8-10 所示。单击"退出"按钮,退出。

| 科目 | | 币种 | 应付期初 | | 总账期初 | | 差额 | |
编号	名称		原币	本币	原币	本币	原币	本币
1123	预付账款	人民币	-40,000.00	-40,000.00	-40,000.00	-40,000.00	0.00	0.00
2201	应付票据	人民币	93,600.00	93,600.00	93,600.00	93,600.00	0.00	0.00
2202	应付账款	人民币	80,000.00	80,000.00	80,000.00	80,000.00	0.00	0.00
	合计			133,600.00		133,600.00		0.00

图 8-10 "期初对账"窗口

特别提示

(1) 当完成全部应付款期初余额录入后,应通过对账功能将应付系统期初余额与总账系统期初余额进行核对。当保存了期初余额结果,或在第二年使用需要调整期初余额时可以进行修改。当第一个会计期已结账后,期初余额只能查询,不能再修改。

(2) 期初余额所录入的票据保存后自动审核。

(3) 应付款系统与总账系统对账,必须要在总账与应付系统同时启用后才可以进行。

实验二 应付款系统的日常业务处理

一、实验要求

1. 应付单据处理
2. 付款单据处理
3. 票据管理
4. 核销处理
5. 转账处理
6. 制单处理
7. 单据查询

二、实验资料

20××年12月1日~12月31日,本公司发生应付子系统核算的经济业务,税率按13%和9%计算,业务员为叶丽。

(1) 12月1日,向元科公司签发一张无息的商业承兑汇票,票据号 C570,面值为 28 000 元,到期日为次年6月1日(对应发票号:Y201)。

（2）12 月 7 日，接到商业承兑汇票到期通知，向青胜公司签发的无息商业承兑汇票（票据号 C569）到期，银行代扣 93 600 元。

（3）12 月 10 日，按照购货合同，永鑫公司把 B 材料 375 千克发运到本公司，不含税单价 96 元（发票编号：Y203），永鑫公司代垫运费 400 元，材料已验收入库（发票编号：Y301）。

（4）12 月 11 日，开出转账支票一张（Z1011）支付永鑫 公司剩余货款，金额 1 080 元。

（5）12 月 12 日，从晨昕公司采购 A 材料 100 千克，不含税单价 120 元，材料已经入库，货款未付（发票编号：Y204）。

（6）12 月 15 日，从元科公司采购 B 材料 200 千克，不含税单价为 110 元，材料已经入库，货款未付（发票编号：Y205）。

（7）12 月 22 日，开出转账支票（Z1015）支付晨昕公司货款，金额 13 560 元（对应发票号：Y204）。

（8）12 月 25 日，经三方同意将应向元科公司支付的货款 24 860 元转给天得公司（对应发票号：Y205）。

（9）12 月 31 日，向天得公司签发一张带利商业承兑汇票，票据号：C571，面值为 76 860 元，年利率 3%，到期日为次年 3 月 31 日。

三、实验指导

1. 应付单据处理

1）采购专用发票的填制

（1）在应付款管理系统中，单击"应付处理"|"采购发票"|"采购专用发票录入"，打开"采购专用发票录入"窗口。

（2）在"采购专用发票"窗口，点击"增加"，输入发票号，修改开票日期，在相应栏目直接或选择输入有关内容，单击"保存"按钮，单击"退出"按钮，退出，如图 8-11 所示。

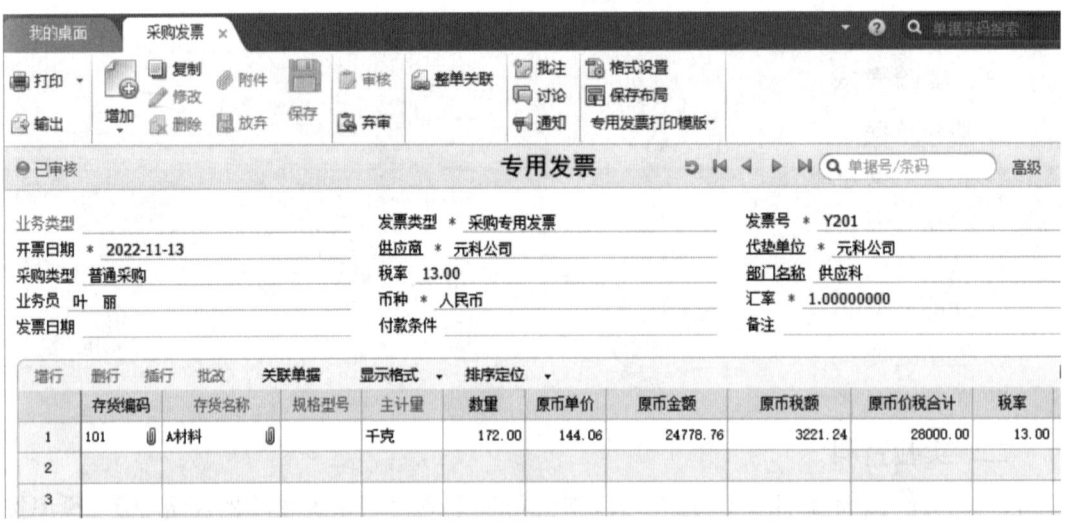

图 8-11 "采购专用发票"窗口

（3）单击"保存"按钮，单击"退出"按钮，退出。

特别提示

（1）在填制采购专用发票时，税率由系统自动生成，可以修改。

（2）采购发票与应付单是应付款管理系统日常核算的单据。如果应付款系统与采购系统集成使用，采购发票在采购管理系统中录入，在应付系统中可以对这些单据进行查询、核销、制单等操作。此时，应付款系统需要录入的只限于应付单。

（3）如果没有使用采购系统，则所有发票和应付单均需在应付系统中录入。

（4）在不启用供应链的情况下，在应付款系统中只能对采购业务的资金流进行会计核算，即可以对应付款、已付款以及采购情况进行核算，而其物流的核算，即存货入库成本的核算还需在总账系统中进行手工结转。

（5）已审核的单据不能修改或删除，已生成凭证或进行过核销的单据在单据界面不再显示。

（6）在录入采购发票后可以直接进行审核，在直接审核后系统会提示特别提示："是否立即制单"，此时可以直接制单。如果录入采购发票后不直接审核，可以在审核功能中审核，再到制单功能中制单。

（7）已审核的单据在未进行其他处理之前取消审核后再修改。

2）修改、删除采购专用发票

（1）在应付款管理系统中，单击"应付处理"|"采购发票"|"采购专用发票录入"，打开"采购专用发票录入"窗口。

（2）单击"放弃"按钮，再单击"上张"按钮，找到需要修改的采购专用发票，可对此发票上的内容进行修改，单击"保存"按钮后退出。

（3）或是单击"删除"按钮，系统提示特别提示："单据删除后不能恢复，是否继续"。单击"是"按钮，再单击"退出"按钮，退出。

特别提示

（1）因为在进入"采购专用发票"窗口时，系统是处在增加状态，如果想查找某一张采购专用发票，则应放弃当前的增加操作，进入查询状态，否则将不能翻页。

（2）采购发票被修改后必须保存。保存的采购发票在审核后才能制单。

3）审核采购专用发票

（1）在应付款管理系统中，单击"应付处理"|"采购专用发票"|"采购发票审核"。打开"采购发票列表"窗口，如图8-12所示。

（2）单击"全选"按钮，选择"审核"按钮，系统会出现特别提示："本次审核成功单据4张"，如图8-13所示。

（3）单击"确认"按钮，再单击"退出"按钮，退出。

4）制单

（1）在应付款管理系统中，单击"凭证处理"|"生成凭证"，打开"制单查询"窗口。

（2）单击"发票制单"，单击"确定"按钮，打开"发票列表制单"窗口，如图8-14所示。

采购发票列表

查询方案: **暂无查询方案,请点击"更多>>"添加,有助于您更加方便快捷的进行查询!**

查询条件: 发票类型 _____ 币种 _____
供应商 _____ 到 _____ [查询] [更多>>]

序号	□	单据编号	供应商	币种	汇率	原币金额	原币余额	本币金额	本币余额
1	□	Y201	元科公司	人民币	1.00000000	28,000.00	28,000.00	28,000.00	28,000.00
2	□	Y202	天得公司	人民币	1.00000000	52,000.00	52,000.00	52,000.00	52,000.00
3	□	Y204	晨昕公司	人民币	1.00000000	13,560.00	13,560.00	13,560.00	13,560.00
4	□	Y205	元科公司	人民币	1.00000000	24,860.00	24,860.00	24,860.00	24,860.00
5	小计					118,420.00	118,420.00	118,420.00	118,420.00
6	合计					118,420.00	118,420.00	118,420.00	118,420.00

图 8-12 "采购发票列表"窗口

图 8-13 采购发票审核界面

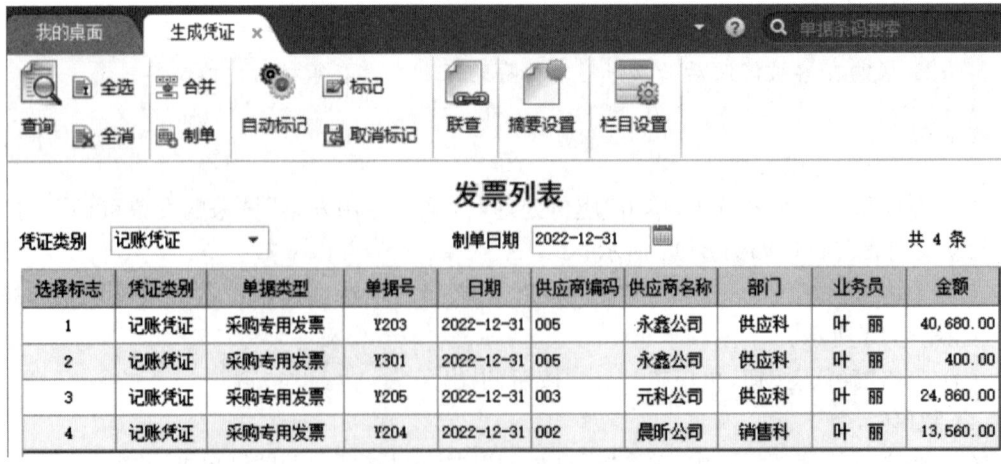

图 8-14 "采购发票制单"窗口

（3）单击"全选"按钮，单击凭证类别栏下三角按钮，选择"记账凭证"。

（4）单击"制单"按钮，生成第 1 张记账凭证，单击"保存"按钮。单击"下张"按钮，再单击"保存"按钮。

特别提示

（1）在"制单查询"窗口中，系统已默认制单内容为"发票制单"，如果需要选中其他内容制单，可以选中要制单内容前的复选框。

（2）如果所选择的凭证类型错误，可以在生成凭证后再修改。

（3）如果一次生成了多张记账凭证，可以在保存了一张凭证后再打开其他凭证，直到全部保存为止，未保存的凭证视同放弃本次凭证生成的操作。

（4）只有在凭证保存后才能传递到总账系统，再在总账系统中进行审核和记账等。

---

2. 付款单据处理

1）填制付款单

（1）在应付款管理系统中，单击"付款处理"|"付款单据录入"。打开"付款单录入"窗口。

（2）单击"增加"按钮。修改开票日期，在相应栏目直接或选择输入有关内容，单击"保存"按钮，如图 8-15 所示。

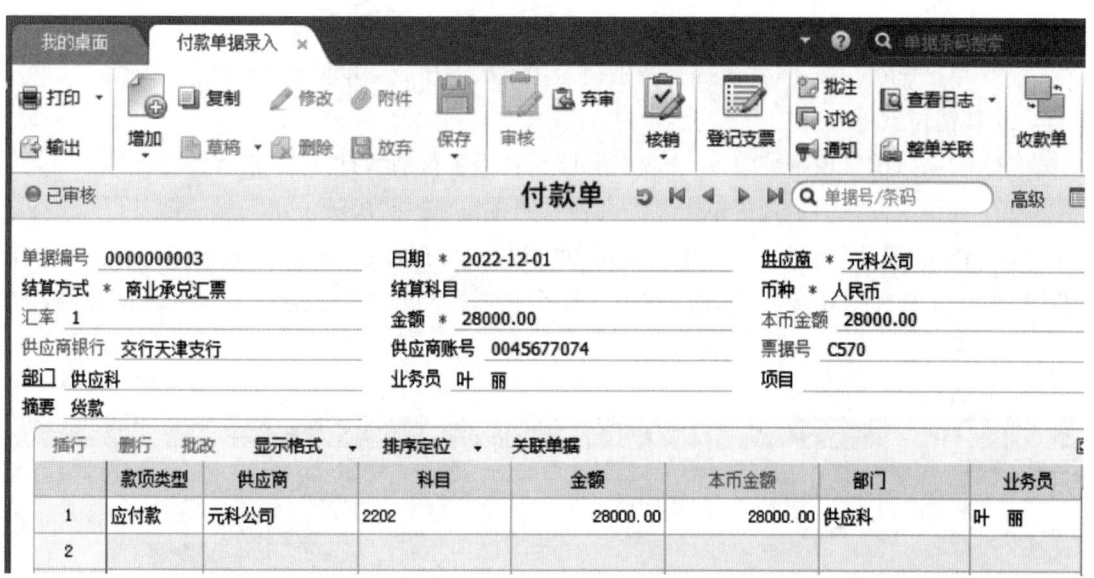

图 8-15 "付款单录入"窗口

（3）再单击"增加"按钮，继续录入第二张及第三张付款单。

特别提示

（1）在单击付款单的"保存"按钮后，系统会自动生成付款单表体的内容。

（2）表体中的款项类型系统默认为"应付款"，可以修改。款项类型还包括"预付款"和"其他费用"。

（3）若一张付款单中，表头供应商与表体供应商不同，则视表体供应商的款项为代收款。

（4）在填制付款单后，可以直接单击"核销"按钮进行单据核销的操作。

（5）如果是供应商退款，则可以单击"切换"按钮，填制红字付款单。

2）修改、删除付款单

（1）如有需要修改、删除的付款单，在应付款管理系统中，单击"付款处理"|"付款单据录入"，打开"付款单"窗口。

（2）单击"下张"按钮，找到要修改的"付款单"，在要修改的"付款单"中，单击"修改"按钮。保存后退出。

（3）单击"下张"按钮。找到要删除的付款单。单击"删除"按钮，系统特别提示："单据删除后不能恢复，是否继续？"。单击"是"，退出。

3）审核付款单

（1）在应付款管理系统中，单击"付款处理"|"付款单据审核"，打开"收款单列表"窗口。

（2）单击"查询"按钮，列示未审核的收款单，单击"全选"按钮。

（3）单击"审核"按钮，系统提示特别提示："本次审核成功单据2张"。

4）核销付款单

（1）在应付款管理系统中，单击"核销处理"|"手工核销"，打开"核销条件"窗口。

（2）在供应商栏中录入或单击供应商栏参照按钮，选择"晨昕公司"。

（3）单击"确认"按钮，打开"单据核销"窗口，在"单据核销"窗口中上半部分的"本次结算"栏的录入本次结算金额，同时，在下半部分的"本次结算"栏也录入本次结算金额，如图8-16所示。

图8-16 "单据核销"窗口

（4）单击"保存"按钮，再单击"退出"按钮，退出。核销后结果，如图8-17所示。

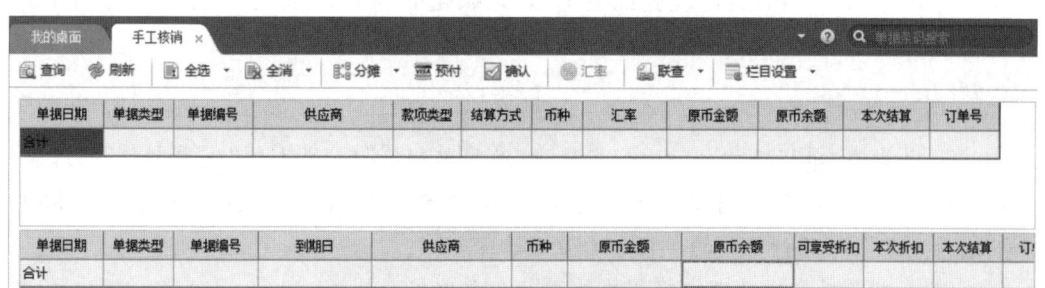

图8-17 "单据核销结果"窗口

特别提示

（1）在保存核销内容后，单据核销窗口中将不再显示已被核销的内容。结算单列表显示的款项类型为应付款和预付款的记录，而款项类型为其他费用的记录不允许在此作为核销记录。

（2）核销时，结算单列表中款项类型为应付款，其缺省的本次结算金额为该记录的原币金额；款项类型为预付款的记录，其缺省的本次结算金额为空。核销时可以修改本次结算金额，但是不能大于该记录的原币金额。

（3）在结算单列表中，单击"分摊"按钮，系统将当前结算单列表中的本次结算金额合计自动分摊到被核销单据列表的本次结算栏中。核销顺序依据被核销单据的排列顺序。

（4）手工核销时一次只能显示一个供应商的单据记录，且结算单列表根据表体记录明细显示。当结算单有代付处理时，只显示当前所选供应商的记录。

（5）一次只能对一种结算单类型进行核销，即手工核销的情况下需要将收款单和付款单分开核销。

（6）手工核销保存时，若结算单列表的本次结算金额大于或小于被核销单据列表的本次结算金额合计，系统将出现特别提示：结算金额不相等，不能保存。

（7）若发票中同时存在红蓝记录，则核销时先进行单据的内部对冲。

（8）如果核销后未进行其他处理，可以在期末处理中利用"取消操作"功能取消核销操作。

5）制单

（1）在应付款管理系统中，单击"凭证处理"|"生成凭证"。打开"制单查询"窗口。

（2）单击"收付款单制单"。

（3）单击"确认"按钮。打开"收付款单制单"窗口。

（4）单击"全选"按钮。

（5）单击"制单"按钮，生成记账凭证。

（6）修改第一张凭证的凭证类别为"记账凭证"，再单击"保存"按钮。

（7）单击"下张"按钮，再修改凭证类别为"记账凭证"，单击"保存"按钮，单击"退出"按钮，退出。

特别提示

（1）如果在"单据查询"窗口中，在选中"结算单制单"后，再去掉"发票制单"的选项后，则会打开"结算制单"窗口。如果并不去掉"发票制单"选项，虽然制单窗口显示的是"发票制单"，但两种待制的单据都会显示出来。

（2）在制单功能中还可以根据需要进行合并制单。

3. 票据管理

1）填制商业承兑汇票

（1）在应付款管理系统中，单击"票据管理"｜"票据录入"，打开"票据管理"窗口。

（2）单击"增加"按钮，打开"票据增加"窗口。

（3）单击结算方式栏下三角按钮，选择"商业承兑汇票"，在相应栏目，直接或选择输入相应内容，单击"确认"按钮，返回"票据管理"窗口。依此方法继续录入第二张承兑汇票。

特别提示

（1）保存一张商业票据之后，系统会自动生成一张付款单。这张付款单审核之后才能生成记账凭证。

（2）由票据生成的付款单不能修改。

（3）在票据管理功能中可以对商业承兑汇票和银行承兑汇票进行日常业务处理，包括票据的取得、结算、背书、转出和计息等。

（4）商业承兑汇票不能有承兑银行，银行承兑汇票必须有承兑银行。

2）商业承兑汇票结算

（1）在应付款管理系统中，单击"票据管理"｜"票据列表"，打开"票据列表"窗口。单击"查询"按钮，打开"票据管理"窗口。

（2）单击选中要承兑的商业承兑汇票。

（3）单击"结算"按钮，打开"票据结算"窗口。

（4）修改结算日期，录入结算金额，在结算科目栏录入结算科目，或单击结算科目栏参照按钮选择，如图 8-18 所示。

（5）单击"确认"按钮，出现"是否立即制单"提示。

（6）单击"是"按钮，生成结算的记账凭证，在修改凭证类别后，单击"保存"按钮，退出，如图 8-19 所示。

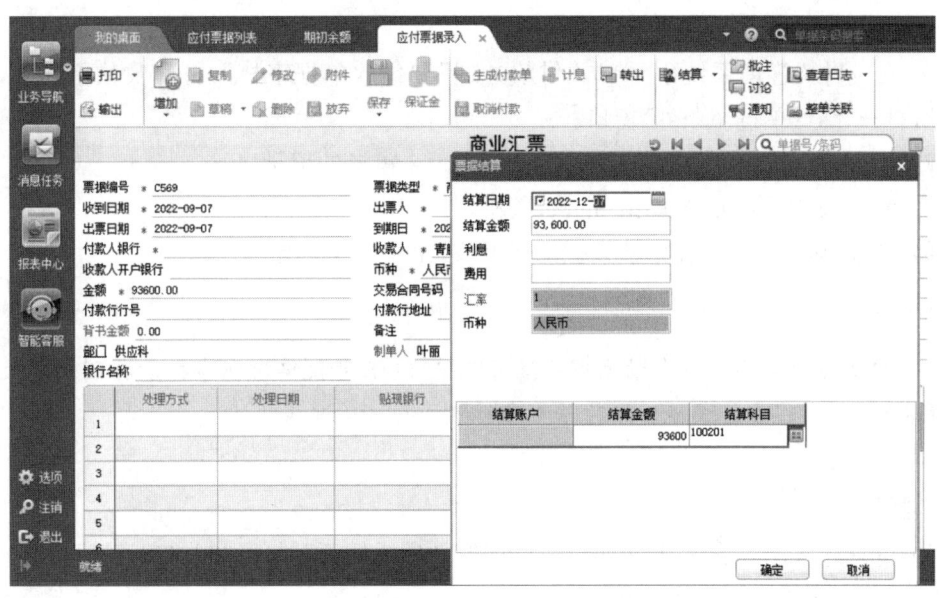

图 8-18　"票据结算"窗口

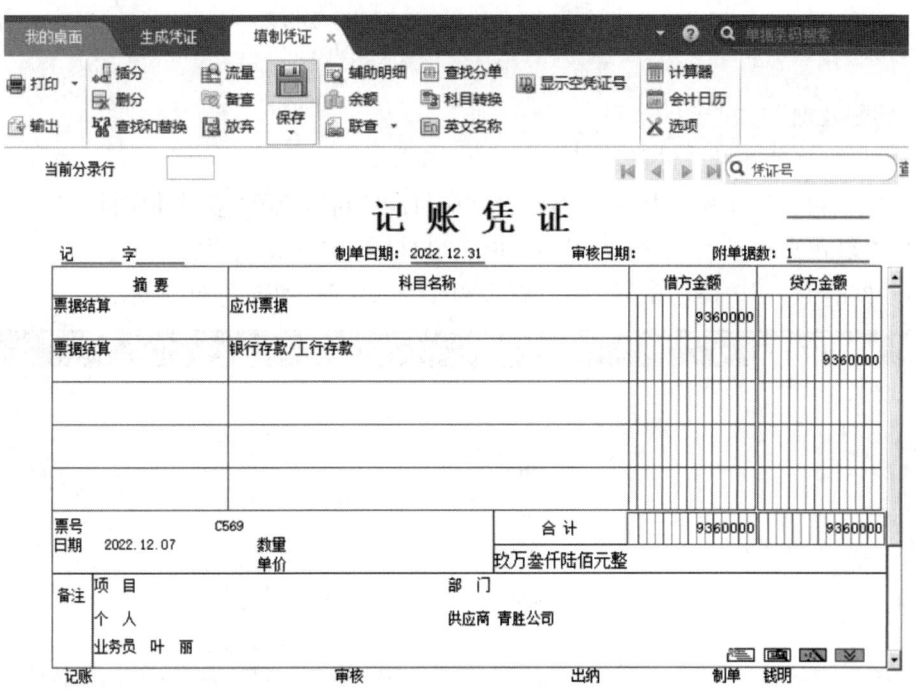

图 8-19　"凭证生成"窗口

特别提示

（1）当票据到期付款时，执行票据结算处理。

（2）进行票据结算时，结算金额应是通过结算实际支付的金额。

（3）票据结算后，不能再进行其他与票据相关的处理。

3）审核付款单

（1）在应付款管理系统中，单击"付款处理"|"付款单据审核"，打开收款单列表，点击"查询"，打开"结算单过滤条件"窗口。

（2）单击"确定"按钮，"结算单列表"窗口列示未审核的记录。

（3）单击"全选"按钮，再单击"审核"按钮。

（4）单击"确认"按钮，在审核人栏出现审核人的签字，退出。

特别提示

在票据保存后由系统自动生成一张付款单，这张付款单应在审核后再到制单处理中生成记账凭证，才完成应付账款转为应付票据的核算过程。

4）制单

（1）在应付款管理系统中，单击"凭证处理"|"生成凭证"，打开"制单查询"窗口。

（2）单击选中"收付款单制单"。

（3）单击"确认"按钮，打开"应付制单"窗口，单击凭证类别栏下三角按钮，选择"记账凭证"，再单击"全选"按钮，单击"制单"按钮，出现第一张记账凭证，单击"保存"按钮，退出。

4. 转账处理

1）将应付账款冲抵应付账款

（1）在应付款管理系统中，单击"转账"|"应付冲应付"，打开"应付冲应付"窗口。

（2）在转出户栏录入"元科公司"，再在转入户栏录入"天得公司"。

（3）单击"查询"按钮。在第2行并账金额栏录入金额，如图8-20所示。

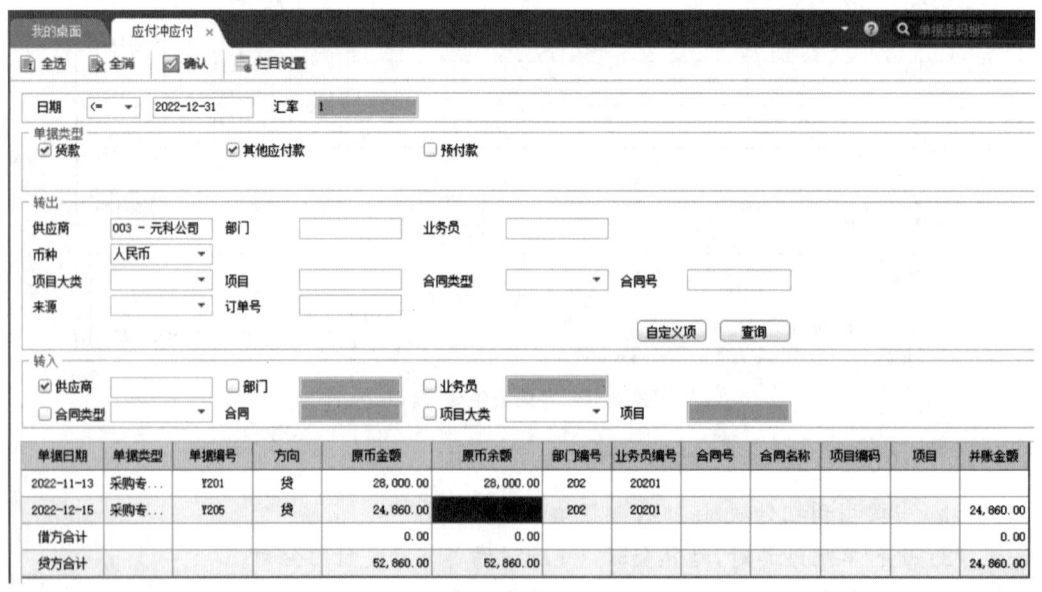

图8-20 "应付冲应付"窗口

（4）单击"确认"按钮，出现"是否立即制单"，单击"否"按钮，单击"取消"按钮退出。

特别提示

（1）每一笔应付款的转账金额不能大于其余额。

（2）每次只能选择一个转入单位。

（3）将预付账款冲抵应付账款，操作同上。可以在输入转账总金额后单击"自动转账"按钮，系统自动根据过滤条件进行成批的预付冲抵应付款工作。

（4）应付款的转账金额合计应该等于预付款的转账金额合计。

（5）如果是红字预付款和红字应付单进行冲销，要把过滤条件中的"类型"选为"收款单"。

2）预付冲应付

（1）点击"转账"菜单下的"预付冲应付"，进入"预付冲应付"窗口。

（2）单击"预付款"选项卡，选择供应商，单击"过滤"，显示客户的预付款记录。

（3）单击"应付款"选项卡，单击"过滤"，显示该供应商应付款记录。

（4）在预付款记录中输入转账金额，在应付款的转账金额中也输入同样的金额，单击确定完成预付冲应付任务，如图 8-21 所示。

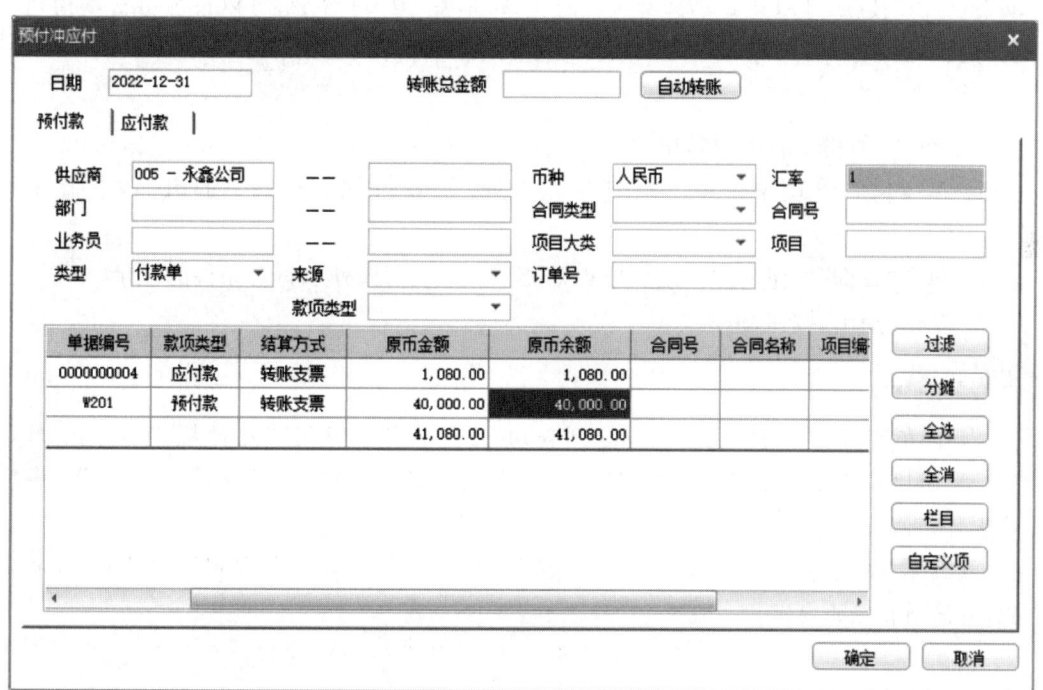

图 8-21　"预付冲应付"窗口

3）制单

（1）在应付款管理系统中，单击"凭证处理"|"生成凭证"，打开"制单查询"窗口。

（2）单击选中"应付冲应付"。

（3）单击"确认"按钮，打开"转账制单"窗口，单击"全选"按钮，再单击凭证类别栏参照按钮，选择"转账凭证"。

（4）单击"制单"按钮，出现第一张记账凭证，单击"保存"按钮，退出。

5. 单据查询

1）查询12月份填制的所有采购专用发票

（1）在应付款管理系统中，单击"应付处理"|"采购发票"|"采购发票查询"，打开"采购发票列表"窗口。

（2）单击"查询"，进入"查询条件"窗口，点击"确定"。

（3）单击"确认"按钮，打开"发票列表"窗口展示发票。

（4）单击"退出"按钮，退出。

特别提示 ||||

（1）在发票查询功能中可以分别查询"已审核""未审核""已核销"及"未核销"的发票。还可以按"发票号""单据日期""金额范围"或"余额范围"等条件进行查询。

（2）在"发票查询"窗口中，单击"查询"按钮，可以重新输入查询条件，单击"单据"按钮，可以调出原始单据卡片，单击"详细"按钮，可以查看当前单据的详细结算情况，单击"凭证"按钮，可以查询单据所对应的凭证，单击"栏目"按钮，可以设置当前查询列表的显示栏目、栏目顺序、栏目名称、排序方式，可以保存设置内容。

2）查询12月份所有的付款单

（1）在应付款管理系统中，单击"付款处理"|"收付款单查询"，打开"收付款单列表"窗口。

（2）单击"查询"按钮，打开"结算单查询"窗口，列表窗口列示符合条件的记录。

（3）单击"退出"按钮，退出。

特别提示 ||||

（1）在结算单查询功能中可以分别查询"已核销""未核销""应付款""预付款"及"费用"的核算情况。还可以按"单据编号""金额范围""余额范围"或"单据日期"等条件进行查询。

（2）在"结算单"查询窗口中，也可以分别单击"查询""详细""单据"及"凭证"等按钮，查询到相应的内容。

3）删除记账凭证

（1）在应付款管理系统中，单击"凭证处理"|"查询凭证"，打开"凭证查询条件"窗口。单击"确定"按钮，打开"凭证查询"窗口。

（2）单击选中要删除的记账凭证。

（3）单击"删除"按钮，系统提示特别提示："确定要删除此凭证吗？"

（4）单击"是"按钮，退出。

（1）在"凭证查询"功能中，可以查看、修改、删除或冲销由应付款系统生成并传递到总账系统中的记账凭证。

（2）如果凭证已经在总账系统中记账，又需要对形成凭证的原始单据进行修改，则可以通过冲销方式冲销凭证，然后对原始单据进行其他操作后再重新生成凭证。

（3）一张凭证被删除后，它所对应的原始单据及相应的操作内容可以重新制单。

（4）只有未在总账系统中审核的凭证才能删除。如果已经在总账系统中进行了出纳签字，应取消出纳签字后再进行删除操作。

实验三　账表管理与期末处理

一、实验要求

1. 对供应商进行付款账龄分析

2. 查询20××年12月的业务总账

3. 查询应付账款科目余额表

4. 取消操作

5. 将未制单的单据制单

6. 结账

二、实验资料

以前面资料为基础。

三、实验指导

1. 应付账龄分析

（1）在应付款管理系统中，单击"应付处理"|"账龄分析"|"付款账龄分析"，打开"付款账龄分析"窗口。

（2）单击"确定"按钮，打开"付款账龄分析"窗口。

（3）单击"退出"按钮，退出。

在"统计分析"功能中，可以按定义的账龄区间，进行一定期间内应付款账龄分析、付款账龄分析、往来账龄分析，了解向各个供应商付款的周转天数、周转率，了解各个账龄区间内应付款、付款及往来情况，以及时发现问题，加强对往来款项的动态监督管理。

2. 查询业务总账

(1) 在应付款管理系统中,单击"账表管理"|"业务账表"|"业务总账",打开"应付总账表"窗口。

(2) 单击"过滤"按钮,打开"应付总账表"。

(3) 单击"退出"按钮,退出。

特别提示

(1) 通过业务账表查询,可以及时了解一定期间内期初应付款结存汇总情况,应付款发生、付款发生的汇总情况、累计情况及期末应付款结存汇总情况,还可以了解各个供应商期初应付款结存明细情况,应付款发生、付款发生的明细情况、累计情况及期末应付款结存明细情况,以及时发现问题,加强对往来款项的监督管理。

(2) 业务总账查询是对一定期间内应付款汇总情况的查询。在业务总账查询的应付总账表中不仅可以查询"本期应付"款,还可以查询"本期支付"应付款及应付款的"余额"情况。

---

3. 查询科目明细账

(1) 在应付款管理系统中,单击"账表管理"|"科目账查询"|"科目明细账",打开"供应商往来科目明细账"对话框。

(2) 单击"确认"按钮,打开"科目明细账"。

(3) 单击"退出"按钮,退出。

特别提示

(1) 科目账查询包括科目明细账和科目余额表。

(2) 科目明细账查询可以查询供应商往来科目下往来供应商的往来明细账,细分为科目明细账、供应商明细账、三栏明细账、部门明细账、项目明细账、业务员明细账等。

(3) 科目余额表查询可以查询应付受控科目各个供应商的期初余额、本期借方发生额合计、本期贷方发生额合计、期末余额,细分为科目余额表、供应商余额表、三栏余额表、部门余额表、项目余额表、业务员余额表、供应商分类余额表及地区分类余额表。

---

4. 取消操作

(1) 在应付款管理系统中,单击"其他处理"|"取消操作",打开"取消操作条件"窗口。

(2) 在"取消操作条件"窗口中,选择供应商。单击"确认"按钮,打开"取消操作"窗口。

(3) 在"取消操作"窗口中,双击"选择标志"栏。单击"确认"按钮,退出。

特别提示 ▮▮▮▮

（1）取消操作类型包括取消核销、取消转账、取消汇兑损益、取消票据处理、取消并账等几类。

（2）取消操作必须在未进行后续操作的情况下进行，如果已经进行了后续操作，则应在恢复后序操作后再取消操作。

5. 结账

（1）在应付款管理系统中，单击"其他处理"│"期末处理"中的"月末结账"，打开"月末处理"窗口。

（2）在"月末处理"窗口中，双击××月结账标志栏。

（3）单击"下一步"按钮，出现"月末处理——处理情况表"。

（4）单击"确认"按钮，出现"××月份结账成功"，单击"确定"按钮。

特别提示 ▮▮▮▮

（1）如果当月业务已经全部处理完毕，应进行月末结账。只有当月结账后，才能开始下月的工作。

（2）进行月末处理时，一次只能选择一个月进行结账，前一个月未结账，则本月不能结账。

（3）在执行了月末结账后，该月将不能再进行任何处理。

思政小故事——科技创新 强国之基

创新中国 逐梦新征程

创新是一个民族进步的灵魂，是一个国家兴旺发达的不竭动力。中国有这样一家企业，在专业领域以科技情怀、匠人精神，不断创新默默耕耘三十多载。

20世纪80年代，当国内会计还在使用算盘记账的时候，美国已经开始运用了计算机编程。王文京（"用友"创始人，现任用友网络科技股份有限公司董事长兼CEO）看到了这一问题，毅然决然地舍掉了"铁饭碗"，走上科技创新发展新道路。1988年，"用友软件"诞生。

春风洗礼"领头雁"，烈火淬炼"掌舵人"。1997年8月，"用友"即推出了第一批企业管理软件ERP，为企业管理提供从财务到购、销、存等软件综合应用，满足了大部分企业改革中"上管理、上技术、上水平"的需求。随后几年，"用友"通过ERP软件服务了200多万家企业的信息化建设。这不仅奠定了"用友"企业管理软件第一的地位，还把科技创新的基因深蕴在"用友"的企业骨髓之中，成为"用友"以后筑梦世界前列的不懈动力和源泉。

当云化、数智化、平台化成为未来商业创新的发展趋势。"用友"于2015年开启互联网＋转型，形成以"用友云"为核心，云服务与软件融合发展的新战略布局，正式进入"用友3.0"

时代。2020年，面对数智化、国产化、全球化三浪叠加，"用友"向用户推出了商业创新平台——用友BIP，成为助推中国企业实现新"智造"的重要力量。

伴随着企业发展，"用友"已成为全球领先的云服务与软件提供商。创始人王文京表示，"用友"将携手生态伙伴，营建全球领先的聚合型企业服务生态，抓住新一轮产业变革的机遇，共同实现高质量发展，为产业进步与经济社会的高质量发展贡献力量。

第三篇
供应链管理

第九章 采购系统

学习目标

知识目标:熟悉采购系统的功能和应用流程;明确采购系统与其他子系统的关系;熟练掌握采购系统初始设置的方法;熟知采购子系统各种业务处理流程。

能力目标:能够结合企业实际,掌握普通采购业务操作技能及技巧。

思政目标:培养学生廉洁自律的职业道德,通过规范采购流程抵制商业腐败,强化国家反腐败战略的实践认同。

概述

1. 功能概述

采购管理系统是用友 ERP—U8 供应链管理系统的一个子系统,是对请购、订货、到货、入库、采购发票和采购结算等采购业务全过程的管理。企业可根据实际业务情况,对采购业务处理流程进行可选配置。系统可以提供各种采购账表的查询,同时提供采购成本等综合分析。

2. 采购系统与其他系统的关系

供应链管理是用友管理软件的重要组成部分,它突破了财务核算软件单一财务管理的局限,实现了从财务管理到企业财务业务一体化的管理,实现了物流、资金流和信息流三流合一的管理。供应链管理系统包括采购管理、销售管理、库存管理和存货管理四大模块,同时与应收、应付模块配合,最终将凭证传递至总账,同时,UFO 报表也可以通过从供应链系统中取数来编制个性化报表。供应链管理系统的各模块既可以单独使用,也可以集成使用。

采购系统与其他系统的关系,如图 9-1 所示。

3. 应用流程

供应链业务流程的种类特别多,不同的行业或不同的企业,由于面对的产品不同,内控的要求也不同,企业设计的操作流程也不会相同。以普通采购业务为例,其应用流程,如图 9-2 所示。该流程适合于大多数企业的日常采购业务,提供对采购请购、采购订货、采购入库、采购发票、采购成本核算和采购付款全过程管理。

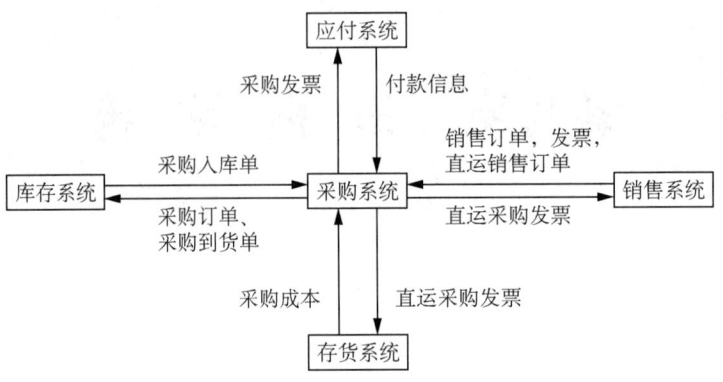

图 9-1 采购系统与其他系统的关系

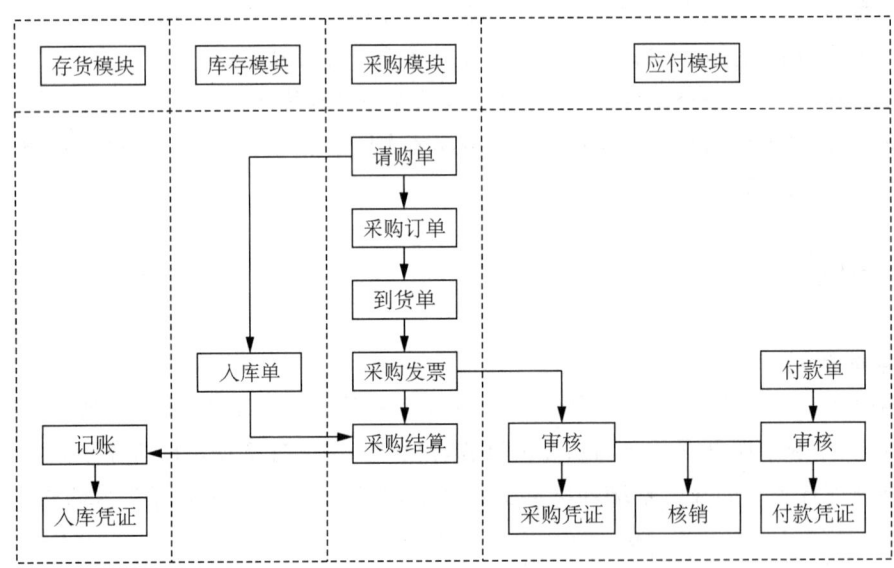

图 9-2 采购系统应用流程

实验一 采购系统初始设置

一、实验要求

1. 确保同时启用了应收系统、应付系统、销售系统、采购系统、库存系统和存货系统

2. 根据所给的实验资料补充设置用户权限

3. 单据编号设置

4. 采购选项设置

二、实验资料

1. 系统启用时间：20××年 12 月 1 日

2. 用户权限资料

（1）005　叶丽——角色：采购主管、仓库主管、存货核算员。所在部门：供应科，主要负责采购业务处理。具有公共目录设置、应收款管理、应付款管理、总账管理、采购管理、销售管理、库存管理、存货核算的全部操作权限。

（2）004　吴永斌——角色：销售主管、仓库主管、存货核算员。所在部门：销售科，主要负责销售业务处理。权限同叶丽。

3. 设置采购专用发票、采购普通发票和采购运费发票的发票号为"手工改动，重号时自动重取"，其他系统相关单据编号设置与此相同

4. 采购系统的采购选项设置按默认设置

5. 无采购期初记账

三、实验指导

关于系统启用和权限设置参照之前操作说明，此处不再重复。

1. 单据编号设置

在"基础设置"|"单据设置"|"单据编号设置"，打开"单据编号设置"窗口，在"单据类型"下选择"采购管理"|"采购专用发票"，点击对话框中左上角的"修改"，勾上"手工改动，重号时自动重取"并保存，如图9-3所示。同理，设置采购普通发票和采购运费发票等为"手工改动，重号时自动重取"。

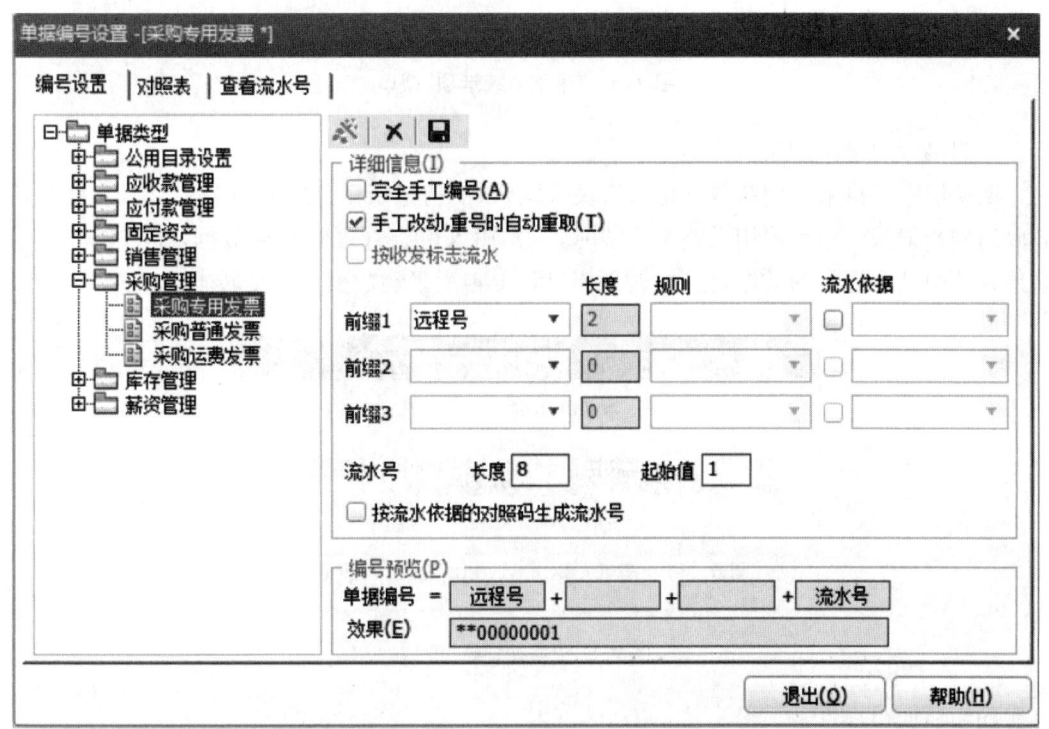

图 9-3　"单据编号设置"窗口

2. 采购子系统的采购选项设置按默认设置

如果实际需要修改，可根据实际要求修改，如图9-4所示。

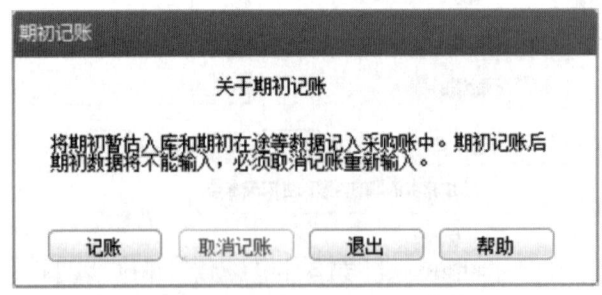

图 9-4 "采购系统选项"窗口

3. 本期无采购期初记账

期初记账是将采购期初数据记入有关采购账；期初记账后，期初数据不能增加、修改，除非取消期初记账。初次使用采购子系统时，应先输入采购管理的期初数据，如图9-5所示。如果系统中已有上年的数据，在"结转上年"后，上年度采购数据自动结转本年。

图 9-5 "期初记账"窗口

期初数据包括：

期初暂估入库：将启用采购子系统时，没有取得供货单位的采购发票，而不能进行采购结算的入库单输入系统，以便取得发票后进行采购结算。

期初在途存货：将启用采购子系统时，已取得供货单位的采购发票，但货物没有入库，而不能进行采购结算的发票输入系统,以便货物入库填制入库单后进行采购结算。

期初受托代销商品:将启用采购子系统时,没有与供货单位结算完的受托代销入库记录输入系统,以便在受托代销商品销售后,能够进行受托代销结算。

期初代管挂账确认单:将启用采购子系统时,已与代管的供应商进行了耗用挂账,但还没有取得供应商的采购发票,而不能进行采购结算的代管挂账确认单输入系统,取得发票后再与之进行结算。

实验二　采购系统日常业务处理

一、实验要求

1. 掌握普通采购业务处理

2. 掌握现结业务处理

3. 掌握采购运费处理

4. 了解采购退货业务

5. 了解估价处理

二、实验资料

20××年12月1日至20××年12月31日本公司发生采购业务:

(1) 12月10日,按照购货合同,永鑫公司把B材料375千克发运到本公司,不含税单价96元(发票编号:Y203),永鑫公司代垫运费400元,材料已验收入库(发票编号:Y301),开出转账支票一张(Z1011)支付永鑫公司剩余货款,金额1 080元。

(2) 12月12日,从晨昕公司采购A材料100千克,不含税单价120元,材料已经入库,货款未付(发票编号:Y204)。

(3) 12月15日,从元科公司采购B材料200千克,不含税单价为110元,材料已经入库,货款未付(发票编号:Y205)。

(4) 12月31日,从青胜公司采购A材料50千克,不含税单价120元,材料已经入库,货款未付(发票编号:Y206),同时开出一张转账支票(票号:Z1024)支付货款。

三、实验指导

(一)采购业务的基本操作流程

采购业务根据实际工作情形,分不同形式,具体有普通采购业务、请购比价采购业务、采购退货业务、现结业务、采购运费处理、估价处理等。对每一笔采购业务,都应严格按照该类型业务操作流程进行操作,主要步骤基本顺序如下:

(1) 以业务日期进入库存管理系统,对该笔采购业务的入库单进行录入并审核。

(2) 以业务日期进入采购管理系统,对该笔采购业务的采购发票进行录入、审核、结算。

(3) 以业务日期进入存货核算系统,对该笔采购业务所生成的入库单进行记账;对上月

收到的货物当月进行采购结算的入库单进行暂估处理;生成入库凭证。

（4）以业务日期进入应付款系统,进行发票审核、制单,录入付款单并制单。

（二）普通采购业务的操作指导

1. 在采购子系统中填制并审核请购单

进入采购子系统的业务工作界面,点击"请购"|"请购单",进入"采购请购单"窗口,如图 9-6 所示。单击"增加",输入相关时间、部门、业务员和存货数据,输入后点击"保存",再单击"审核",退出。

图 9-6 "采购请购单"窗口

2. 在采购子系统中填制并审核采购订单

单击"采购订货"|"采购订单",进入"采购订单"窗口,如图 9-7 所示。单击"增加"|"请购单",打开"过滤条件选择"对话框,进行"过滤",出现"拷贝并执行"窗口,选择要拷贝的请购单,单击"确定",自动将采购请购单的信息带入采购订单,保存。再单击"审核",退出。

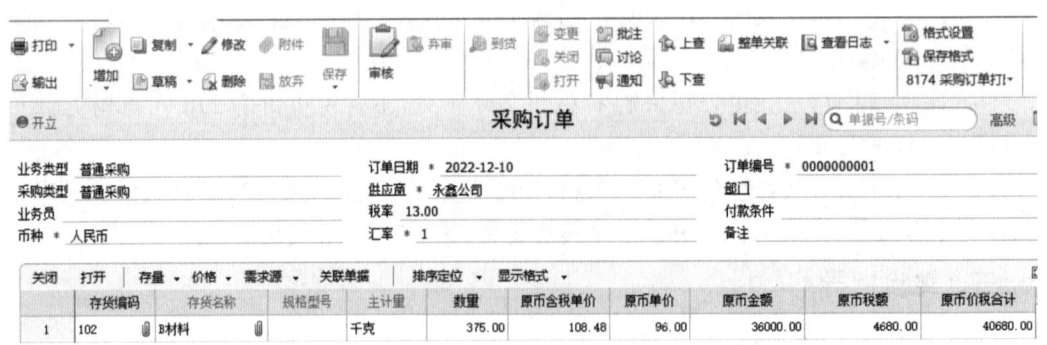

图 9-7 "采购订单"窗口

3. 在采购子系统中填制到货单

单击"采购到货"|"到货单",进入"到货单"窗口,如图 9-8 所示。单击"增加"|"采购订单",打开"过滤条件选择"对话框,进行过滤,弹出"拷贝并执行"窗口,选择要拷贝的采购订单,单击"确定",自动将采购订单的信息带入采购到货单,保存。再单击"审核",退出。

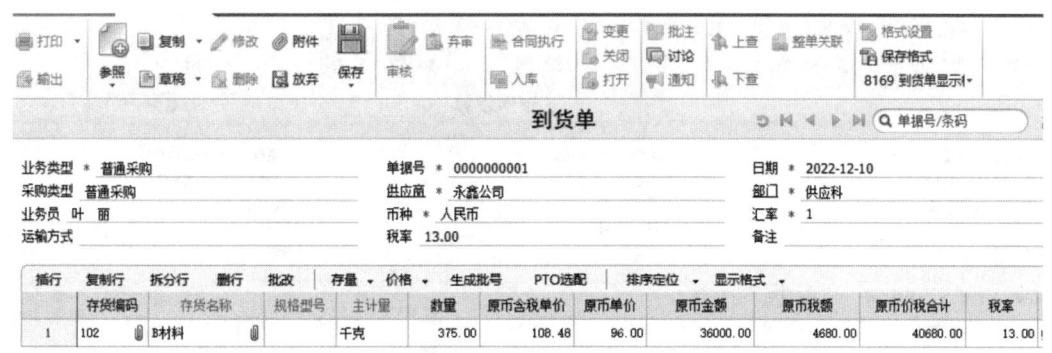

图 9-8 "到货单"窗口

4. 在库存子系统中填制并审核采购入库单

进入库存管理子系统的业务工作界面,单击"采购入库"|"采购入库单",弹出"采购入库单"窗口,如图 9-9 所示。单击"增加"(增加则为手工录入)|"采购到货单",打开"过滤条件选择"对话框,进行过滤。此时会弹出"到货单生单列表"窗口,选择要拷贝的采购到货单,点击"确定",自动将到货单的信息带入采购入库单,选择仓库为"原料库",单击"保存"后,单击"审核",退出。

图 9-9 "采购入库单"窗口

特别提示

只有采购管理、库存管理联用方可用"生单";生单时参照的是采购管理系统中已审核未关闭的采购订单或到货单。

5. 在采购子系统中填制并审核采购发票

回到采购子系统的业务工作界面,单击"采购发票"|"专用采购发票",进入"专用发票"窗口,如图 9-10 所示。单击"增加"|"入库单",打开"过滤条件选择"对话框,进行过滤,此时弹出"发票拷贝入库单"窗口,选择要拷贝的入库,单击"确定",自动将采购入库单的信息带入采购专用发票,输入发票编号,保存并退出。

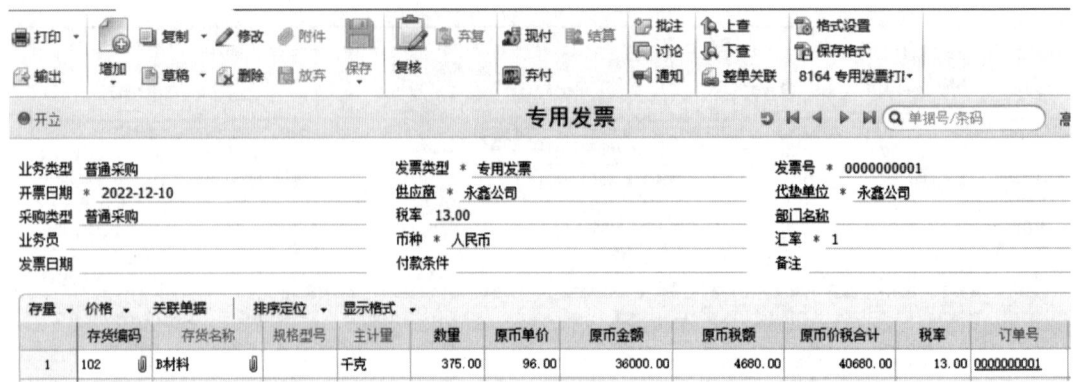

图 9-10 "采购专用发票"窗口

6. 在采购子系统中执行采购结算

单击"采购结算"|"自动结算",弹出"采购自动结算"对话框,从结算模式中选择:"入库单和发票",如图 9-11 所示。单击"过滤",系统提示"结算成功",点击确定并退出。

图 9-11 "采购自动结算"对话框

> **特别提示** ‖‖‖‖
>
> 若需取消结算,选结算单列表,选中要取消结算的单据,进行删除,然后才能修改或删除入库单、采购发票。

7. 在应付款管理系统中审核采购专用发票并生成应付凭证

（1）进入"财务会计"|"应付款管理"子系统,单击"采购发票"|"采购发票审核"。弹出"采购发票列表"对话框,按供应商进行过滤。再进入"采购发票"窗口,选择要审核的采购专用发票,单击"审核",系统提示"审核成功"后,点击确定并退出。

（2）再据此进行制单处理,打开"制单查询"对话框,单击"发票",再单击"确定",进入"采购发票制单"窗口,选择需要制单的发票（如供应商）,如图 9-12 所示。选择凭证类别为"记账凭证",单击"制单",进入"填制凭证"窗口,单击"保存",出现"已生成"标记,退出。

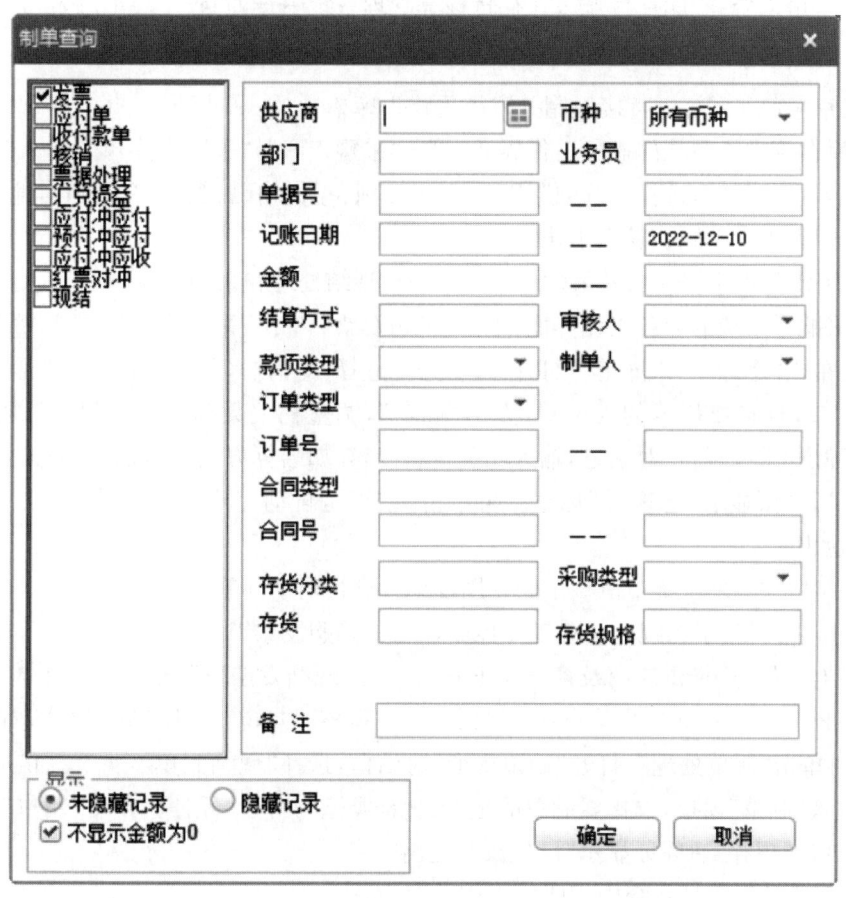

图 9-12 "制单查询"对话框

8. 在存货管理子系统中记账并生成入库凭证

（1）进入存货子系统的业务工作界面,单击"记账"|"正常单据记账",打开"过滤条件选择"对话框,点击"过滤"按钮,进入"正常单据记账列表"窗口,选择要记账的采购专用发票,单击"记账",确定后退出。

（2）在"凭证处理"|"生成凭证",打开"生成凭证"窗口,单击工具栏上的"选择",弹出"查询条件",全选状态下,直接单击"确定",弹出"未生成凭证单据一览表",选择要制单的记录,确定,进入"生成凭证"窗口,选择凭证类型为"记账凭证",单击"生成",进入填制凭证窗口,单击"保存",出现"已生成"标记,退出。

9. 在应付款子系统中进行付款处理并生成付款凭证

进入"财务会计"|"应付款管理"|"付款处理"|"付款单据录入",进入"付款单录入"窗口。单击"增加",选择供应商,结算方式及金额,点击保存。单击"审核",系统提示"是否立即制单?"选择"是",进入填制凭证窗口,选择凭证类型为"记款凭证",单击"保存",系统标记"已生成",退出。

10. 相关查询

在采购子系统提供"到货明细表""入库明细表""采购明细表"等报表查询;同时在库存管理系统中,可以查询"库存台账";在存货核算管理系统中查询"收发存汇总表"。

（三）现结业务

1. 在库存管理系统中直接填制并审核采购入库单

进入库存管理子系统的业务工作界面,单击"采购入库"|"采购入库单",进入"采购入库单"窗口。点击"增加",选择仓库、供应商、入库类别、存货编码、数量、单价等信息。录入资料内容完毕后"保存"再"审核",退出。

2. 在采购管理系统中录入采购专用发票进行现结处理和采购结算

回到采购子系统的业务工作界面,单击"采购发票"|"专用采购发票",进入"采购专用发票"窗口。单击"增加"|"入库单",打开"过滤条件选择"对话框,单击"过滤",出现"发票拷贝入库单"窗口,选择要拷贝的入库单,点击"确定",调整相关数据,点击"保存",再点击"现付",系统弹出"采购现付"对话框,输入相关资料内容,如结算方式、金额、支票号、银行账号,点击"确定",发票显示"已现付"标记。再单击"结算",自动完成采购结算,发票显示"已结算"标记,退出。

3. 在应付款管理系统中审核采购专用发票并进行现结制单

（1）进入应付款子系统的业务工作界面,点击"采购发票"|"采购发票审核",打开"采购发票列表"对话框,选择供应商及窗口左下角"包含已现结发票"标记,单击"确定",进入"单据处理"窗口。选择要审核的采购专用发票,单击"审核","审核成功!"后单击"确定",退出。

（2）再单击"制单处理",打开"制单查询"对话框,选择"现结制单",再选择供应商,单击"确定",进入"制单"窗口,选择要制单的记录,凭证类型为"记款凭证",单击"制单",进入"填制凭证"窗口,"保存"后凭证显示"已生成",退出。

4. 在存货核算管理系统中记账并生成入库凭证

进入存货子系统的业务工作界面,录入该笔存货的入库凭证,操作步骤与普通采购业务的存货入库操作步骤类同（参见前普通采购业务第8步）。

（四）采购运费处理

采购运费处理基本与现结业务类同,只是多一张运费发票,需在采购子系统中填制并进行采购结算。

1. 在库存管理系统中填制并审核采购入库单

参考现结业务中采购入库单的填制与审核步骤。

2. 在采购管理系统中参照采购入库单填制采购专用发票

参考现结业务中填制采购专用发票的相应步骤。

3. 在采购管理系统中填制运费发票并进行采购手工结算

进入采购子系统的业务工作界面,单击"采购发票"|"运费发票",进入"采购运费发票"窗口,如图9-13所示。单击"增加",输入发票号、供应商、存货为"运输费"及金额等资料内容,单击"保存",退出。

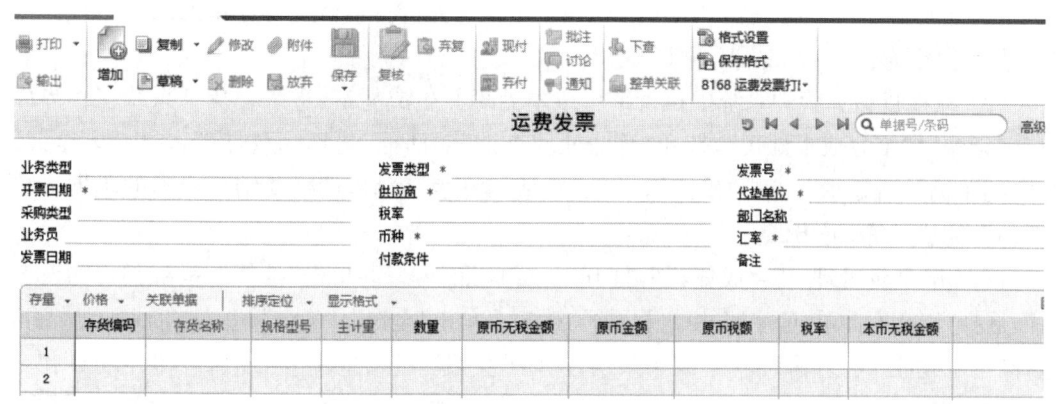

图9-13 "采购运费发票"窗口

再单击"采购结算"|"手工结算",进入"手工结算"窗口,点击"选单",进入"结算选单"窗口。点击"过滤",选择要结算的单据,单击"确定",返回"手工结算"窗口。选择运费分摊方式"按数量",进行"分摊",系统弹出分配方式的确认信息,确认后,单击"结算",系统提示"完成结算!"单击"确定",退出。

特别提示

(1) 运费属存货中的"应税劳务"属性。

(2) 采购结算后,采购入库单上的单价都自动修改为发票上的存货单价。

4. 在应付款管理系统中审核发票并合并制单

同理,在应付款子系统中进行采购专用发票和运费发票的审核,具体操作步骤详见普通采购业务。并进行制单处理,打开"制单处理"对话框,选择"发票制单",单击"确定",进入"制单"窗口,选择凭证类型为"记账凭证",单击"合并",再单击"制单",进入"填制凭证"窗口,"保存",退出。

5. 在存货核算管理系统中记账并生成入库凭证

具体操作步骤详见普通采购业务。

(五)估价处理

暂估业务分两种:一是上月货到票未到,只得在上月月末暂估业务,本月发票已到,修改发票并结算制单;二是本月月末发票未到,只得在月底录入暂估入库成本并记账生成凭证。

1. 上月暂估业务,本月发票已到,发票数量单价与入库时数量单价不一定相同

(1) 在采购子系统中填制采购发票:进入采购子系统工作界面,单击"采购发票"|"专用采购发票",进入"专用发票"窗口。单击"增加"|"入库单",打开"过滤条件选择"对话框,单

击"过滤",系统弹出"发票拷贝入库单列表"窗口。选择要拷贝的入库单,单击"确定",采购专用发票则依据选择的入库单生成,修改输入发票号、数量、单价,单击"保存",退出。

(2)在采购管理系统中手工结算:在采购子系统,单击"采购结算"|"手工结算",进入"手工结算"窗口。单击"选单",进入"结算选单"窗口。单击"过滤",弹出"过滤条件选择"对话框,选择要结算的单据,单击"确定"。返回"手工结算"窗口,修改入库单的结算数量,点击"结算",系统提示"完成结算!"确定,退出。

(3)在存货核算管理系统中执行结算成本处理并生成凭证:进入存货子系统工作界面,单击"记账"|"结算成本处理",打开"暂估处理查询"对话框,选择"原料库",勾中"未全部结算完的单据是否显示",点击"确定",进入"暂估结算表"窗口,选择要结算成本的单据,单击"暂估",完成结算,退出。

再单击"凭证处理"|"生成凭证",打开"生成凭证"窗口。单击"选择",系统弹出"查询条件",选择"红字回冲单、蓝字回冲单(报销)",确定。单击"全选"|"确定",进入"生成凭证"窗口,选择"记账凭证"类型,输入科目"材料采购",单击"生成",进入"填制凭证"窗口,保存并退出。

(4)应付款管理系统中审核发票并制单:具体操作步骤同普通采购业务中的相应处理。

(5)在采购管理系统中查询暂估入库余额表:在采购子系统工作界面,单击"汇总表"|"暂估材料余额表",打开"过滤条件选择"对话框,进行过滤,查看上期结余数量、本期结算数量、本期结余数量等相关数据,退出。

2. 本月月末发票未到,暂估入库处理

(1)在库存管理系统中填制并审核采购入库单:具体操作步骤同现结业务中的相应处理,采购入库单不填写单价。

(2)月末发票未到,在存货管理系统中录入暂估入库成本并记账生成凭证:进入存货子系统工作界面,单击"记账"|"暂估成本录入",打开"采购入库单成本成批录入查询"对话框,单击"确定",进入成本录入窗口,录入单价,点击"保存",退出。

再单击"记账"|"正常单据记账",过滤,进入"未记账单据一览表"窗口,选择要记账的采购专用发票,单击"记账",退出。

再单击"凭证处理"|"生成凭证",弹出"生成凭证"窗口,单击"选择",弹出"查询条件",选择"采购入库单(暂估记账)",确定,全选,进入"生成凭证"窗口,选择"转账凭证"类型,补充输入"材料采购"科目,单击"生成",保存凭证后,退出。

(六)退货处理

按退货所在的结算时间点,可以分为结算前部分退货和结算后部分退货,两者处理因此有所不同。

1. 结算前部分退货

(1)在库存管理系统中填制并审核采购入库单:具体操作步骤同现结采购业务中的相应处理。

(2)在库存管理系统中填制红字采购入库单:具体操作步骤同前,入库单为红字。

(3)在采购管理系统中根据采购入库单生成采购专用发票:参考前面所讲。

(4)在采购管理系统中处理采购手工结算:参考前面所讲。

2. 结算后部分退货处理

（1）在库存管理系统中填制红字采购入库单并审核：参考前面相应步骤，入库单为红字。

（2）在采购管理系统中填制红字采购专用发票并执行采购结算：在采购子系统中，单击"采购发票"|"红字专用采购发票"，进入"采购专用发票（红字）"窗口，单击"增加"|"入库单"，打开"过滤条件选择"对话框，过滤选择红字入库单，出现"拷贝并执行"窗口，选择要拷贝的红字入库单，点击"确定"，生成"红字采购专用发票"，输入发票号，保存，退出。再进行结算，退出。

实验三　月末结账与报表查询

一、实验要求

1. 期末结账及取消

2. 报表查询

二、实验资料

以前期实验资料为基础。

1. 进行 12 月采购子系统结账

2. 查询本公司 12 月份采购统计明细表

3. 查询本公司 12 月份采购账簿

4. 进行本公司 12 月份采购成本分析

5. 进行本公司 12 月份采购类型结构分析

三、实验指导

（一）结账处理

（1）进入采购子系统，单击"月末结账"，打开"月末结账"对话框，选择结账月份。

（2）点击"选择标志"，做"选中"标志。

（3）单击"结账"，系统提示"月末结账完毕！"点击"确定"，在"是否结账"栏显示"已结账"，退出。

（二）取消结账

（1）进入采购子系统，单击"月末结账"，打开"月末结账"对话框，选择取消结账月份。

（2）点击"选择标志"，做"选中"标志。

（3）点击"取消结账"，系统提示"取消月末结账完毕！"点击"确定"，在"是否结账"栏显示"未结账"，退出。

注意：若应付、库存、存货管理系统已结账，则采购管理系统不能取消结账。

（三）报表查询

采购子系统提供关于采购、入库、结算等一系列报表查询功能，操作简便，直接点击"报表"菜单下各个功能子菜单，进行查询，在此不再赘述。

第十章 销售系统

学习目标

知识目标:熟悉销售系统的功能和应用流程;明确销售系统与其他子系统的关系;熟练掌握销售系统初始设置的方法和各种业务处理流程。

能力目标:能够结合企业实际,掌握普通销售业务操作技能及技巧。

思政目标:强化学生市场合规意识与诚信经营理念;通过销售数据赋能实体经济高质量发展,深化对"创新驱动发展"国家战略的理解。

概述

1. 功能概述

销售系统是用友ERP—U8供应链管理系统的一个子系统。它主要处理销售报价、销售订货、销售发货、销售开票、销售退回和发货折扣等,并根据审核后的发票或发货单自动生成销售出库,处理随同货物销售所发生的各种代垫费用,以及在货物销售过程中发生的各种销售。它可以提供各种销售明细账、销售明细表及统计表,还可以提供各种销售分析及综合查询统计分析。

2. 销售系统与其他系统的关系

销售系统与其他系统的关系,如图10-1所示。

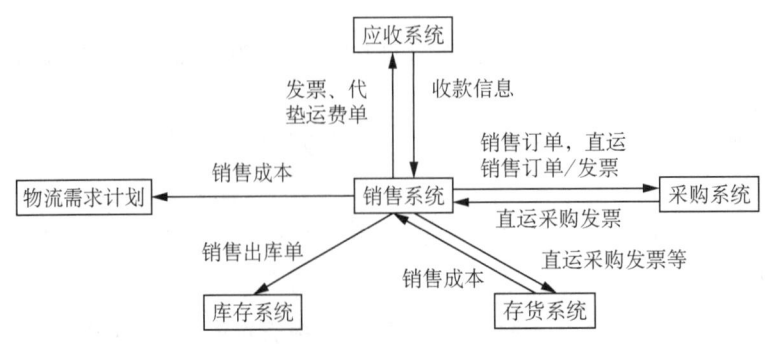

图10-1 销售系统与其他系统的关系

3. 销售业务操作流程

一笔完整的销售业务需要销售模块、库存模块、存货模块和应收模块分工协同工作才完成。不同类型的销售业务,其业务流程具有一定的差异性,以先发货后开票普通销售业务为例,按模块展示销售业务流程,如图 10-2 所示。

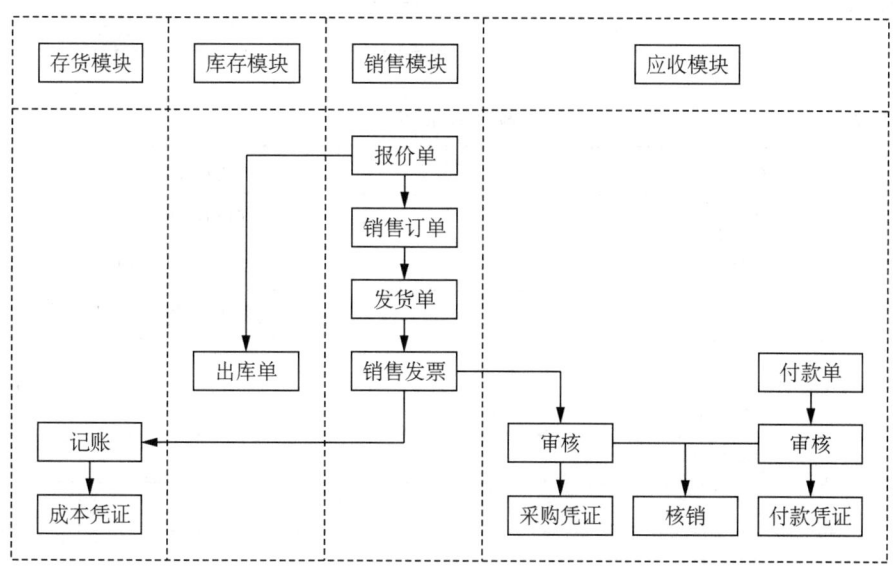

图 10-2　销售业务操作流程

实验一　销售系统初始设置

一、实验要求

1. 销售选项设置

2. 期初录入

二、实验资料

实验资料,见表 10-1 和表 10-2。

表 10-1 　　　　　　　　　　　　销售管理选项设置

选项卡	项目	设置参数
业务控制	销售生成出库单	是
	有委托代销业务	是
	近效失效存货检查	是
	单据按存货编码排序	是
	订单变更保存历史记录	是
其他控制	新增发票默认"参照发货"	

（续表）

选项卡	项目	设置参数
可用量控制	允许超可用量发货	
价格管理	取价方式	最新售价
	报价参照设置	销售发票历次售价

表 10-2　　　　　　　　　　　　　期 初 录 入

发货单类型	期初发货单
发货单号	0000000001
发货日期	20××.11.30
业务类型	普通销售
销售类型	普通销售
客户简称	荷都公司
销售部门	销售科
仓库名称	成品库
存货编码	202
存货名称	乙产品
数量	20 箱
无税单价	5 000.00 元

三、实验指导

1. 销售管理选项设置

销售选项设置具体操作步骤如下：登录企业应用平台，时间为 20×× 年 12 月 1 日，进入"业务导航"|"供应链"|"销售管理"|"设置"|"销售选项"。在"业务控制"页面，将"有委托代销业务""改变税额反算税率""销售生成出库单""订单变更保存历史记录"几个选项打勾，其余选项均为空白。在"可用量控制"页面，批次存货、非批次存货均允许超可用量发货，其他所有选项均变为空白。在"价格管理"页面，选择"取价方式"为"最新售价"，"报价参照设置"为"历次售价"并选择"销售发票"，其余选项均为空，如图 10-3 所示。

（1）业务控制页面主要选项意义如下：

零售日报业务：指商业企业用户将商品销售给零售客户的业务。系统通过零售日报的方式接收用户的零售业务原始数据。选择"有零售日报业务"，系统将增加"零售日报"菜单项，相关报表中将包含零售日报的数据；否则系统不能处理零售日报业务。

销售调拨业务：一般用于处理集团企业内部有销售结算关系的销售部门或分公司之间的销售业务，与正常销售开票相比，该业务不涉及销售税金。选择"有销售调拨业务"，系统将增加"销售调拨"菜单项，相关报表中将包含销售调拨单的数据；否则系统不能处理内部销售调拨业务。

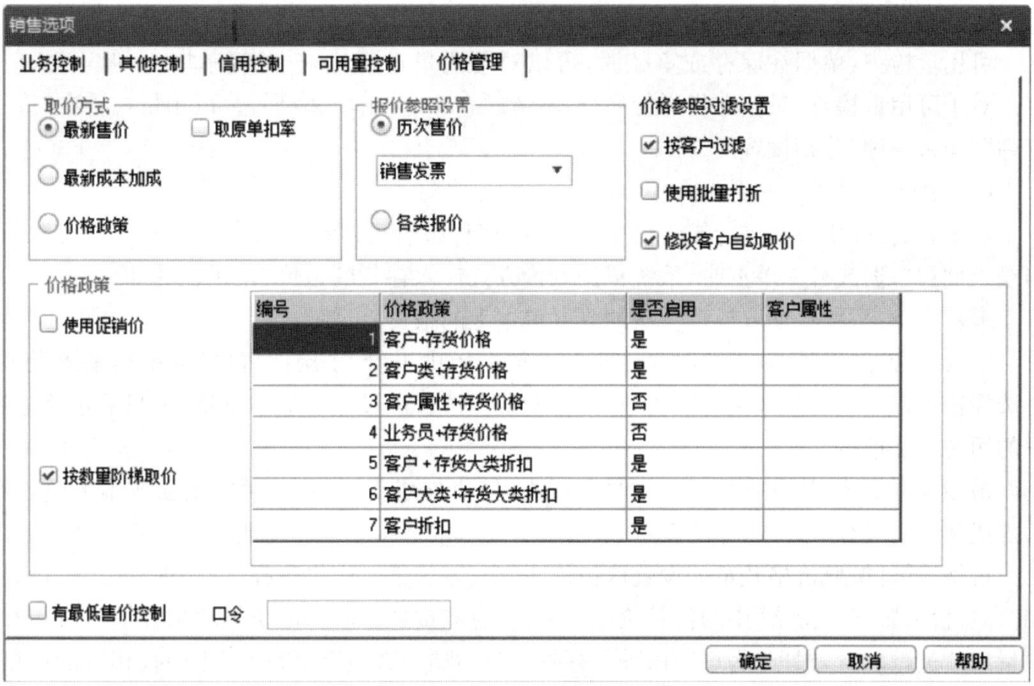

图 10-3 销售选项设置

委托代销业务:指企业将商品委托他人进行销售但商品所有权仍归本企业的业务。委托代销商品销售后,受托方与企业进行结算,并开具正式的销售发票,形成销售收入,商品所有权转移。选择"有委托代销业务",系统将增加"委托代销"菜单项、委托代销明细账等内容;否则系统不能处理委托代销业务。

分期收款业务:类似于委托代销业务,货物提前发给客户,分期收回货款。一次发货,当时不确认收入,分次确认收入,在确认收入的同时配比性地转成本。选择"有分期收款业务",填制销售单据时可选择分期收款的业务类型;否则不可用。

直运销售业务:产品无须入库即可完成购销业务,由供应商直接将商品发给企业的客户的业务。结算时,由购销双方分别与企业结算。

销售生成出库单:选中,则"销售管理"系统中的发货单、销售发票、零售日报、销售调拨单在"审核|复核"时,自动生成销售出库单,并传到"库存管理"和"存货核算"系统,"库存管理"系统不可修改出库数量,即一次发货一次全部出库。不选中,销售出库单由"库存管理"系统参照销售发货单生成;在参照时,可以修改本次出库数量,即一次发货多次出库。

扣率小数位数:录入销售订单、发货单、销售发票上的扣率栏的小数位,默认为 2 位,可修改。

订单变更保存历史记录:打勾选择。选中,订单在变更时,系统会自动记录订单的变更历史,并可以查询。不选中,则系统不记录订单的变更历史,只记录最后一次的变更结果。

(2) 可用量控制选项页面主要选项意义如下:

可用量控制:可按仓库进行设置。若设置不允许超可用量发货,则系统进行严格控制,按"仓库+存货+自由项+批号"进行控制;当超可用量时,单据不能保存。用户还可以分别

设置批次存货、非批次存货是否允许超可用量发货,出库跟踪入库存货不可超可用量发货。

可用量检查:单据在保存或审核时,可以对可用量进行检查,并提示用户,但不强制控制。对于可用量检查,只按存货进行检查,不考虑仓库、自由项和批号。可用量检查在"库存管理""销售管理"分别设置。

(3) 价格管理页面主要选项意义如下:

取价方式:即用户在进行销售价格管理时,销售报价可以根据参数设置方式进行取值。当录入期初单据或日常单据时,系统根据取价方式代入存货的报价、扣率、零售价。

最新售价:系统自动取最近一次的设置单据上的报价,可修改。

历次售价:选择是,则参照时显示来源单据的历史报价。"历次售价"的单据来源设置,可选择销售报价单、订单、销售发货单、销售发票。按客户过滤在显示价格时,只显示所选客户的历史价格信息。

最新成本加成:从存货档案代入最新成本、销售加成率,报价=存货最新成本×(1+销售加成率%)。出库跟踪入库的存货,取对应入库单的成本单价并加成。

价格政策:按照价格政策的设置取报价、扣率、零售价。如果选择"使用促销价",可以使用"存货价格""客户价格"中的促销价。如果选择"按数量阶梯取价",单据在取价时,录入数量后才进行取价,根据"客户+币种+存货+自由项+数量"到价格列表中找相应的价格;不选中此项,单据在取价格时,不根据数量取价,按"客户+存货+自由项+币种"进行取价,输入存货后即带出价格,修改数量时,价格不变;取价时,如果当前存货按数量阶梯设置了几个价格,则取价时,只取数量下限为0的当前行的价格,如果没有对应价格,则取空。

各类报价:选择是,根据"价格政策"显示相应的报价。

价格参照过滤设置:选择按客户过滤,默认为考虑客户,则按照当前单据的客户带入参照报价。选择"使用批量打折",在取价时根据数量将"设置|价格管理|批量折扣"带入(扣率2%)。

最低售价控制:可以设置存货的最低售价和"客户+存货"的最低售价。选中此选项,在保存销售订单、发货单、销售发票、委托代销发货单、委托代销结算单时,系统检查当前存货的实际销售价格是否低于"最低售价",如果低于最低售价,则需要输入口令。如果口令输入正确,方可确认操作,否则不可保存。不选此选项,在进行以上操作时系统不做存货最低售价的检查。

特别提示

(1) 零售日报不是原始的销售单据,是零售业务数据的日汇总。

(2) 销售调拨业务必须在当地税务机关许可的前提下方可使用,否则处理内部销售调拨业务必须开具发票。

(3) 只有"库存管理"与"销售管理"集成使用时,才能在"库存管理"中使用委托代销业务。委托代销业务只能先发货后开票,不能开票直接发货。

(4) 直运业务包括直运销售业务和直运采购业务,没有实物的出入库,货物流向是直接从供应商到客户,财务结算通过直运销售发票、直运采购发票解决。"销售管理"的直运业务选项影响"采购管理"的直运业务。

（5）在由"库存管理"生单向"销售管理"生单切换时，如果有已审核|复核的发货单、发票未在"库存管理"生成销售出库单的，将无法生成销售出库单，因此，应检查已审|复核的销售单据是否均已全部生成销售出库单后再切换。

（6）存货的最低售价在存货档案中设置，"客户＋存货"的最低售价在客户调价单中设置。最低售价在取值时，如果设置了"客户＋存货"的最低售价，则取"客户＋存货"的最低售价，如果未设置，则取存货的最低售价。对于参照来源单据生单的单据，最低售价取来源单据的最低售价，而不再重新从客户价格表和存货档案中取。

2. 期初录入

"期初录入"具体操作步骤如下：进入"供应链"，选择"销售管理"|"设置"|"期初发货单"。点击界面左边树形结构图中的"期初发货单"，点击菜单栏"增加"，依次按业务内容输入"发货单号""发货日期""业务类型""销售类型""客户简称""销售部门""仓库名称""存货编码""存货名称""数量""无税单价"等内容，点击"保存"，如图10-4所示，完成期初发货单的录入。如需继续录入，点击"增加"，重复以上步骤。

图10-4 期初发货单录入

如需对发货单进行修改和删除，可在相关发货单界面点击菜单栏"修改"或"删除"得以实现。发货单录入完毕可以选择对发货单进行审核，点击菜单栏"审核"即可完成，如需取消审核，则点击"弃审"。需要查看已经录入的全部期初发货单可以通过菜单栏的"上张""下张"图标实现翻页查看。

特别提示

（1）期初发货单按照正常发货单录入，发货日期小于系统启用日期。

（2）期初发货单不影响现存量、可用量、待出库数等数据。

（3）期初发货单在"销售管理"的开票处理同正常发货单，但加期初标记。

（4）期初分期收款发货单被"存货核算"取数后就不允许再弃审。

实验二   销售系统日常业务处理

一、实验要求

1. 销售发货单(退货单)录入和审核
2. 根据发货单填制、复核销售发票
3. 代垫费用和费用支出的处理

二、实验资料

实验资料,如表 10-3 至表 10-7 所示。

表 10-3 　　　　　　　　　　　　销 售 发 货 单

发货单号	0000000002	0000000003	0000000004	0000000005
发货日期	20××年 12 月 9 日	20××年 12 月 20 日	20××年 12 月 27 日	20××年 12 月 29 日
客户简称	源仕公司	荷都公司	新星公司	朝阳公司
存货编码	201	202	201	202
存货名称	甲产品	乙产品	甲产品	乙产品
数量(箱)	3	50	80	120
无税单价(元)	7 000.00	5 000.00	7 000.00	5 000.00
收款方式	款未收	两个月、无息、商业承兑汇票 X789、票款 273 380 元	30 日收到 63 2800 元(Z2014)	12 月 4 日预收 240 000 元(Z2010)12 月 30 日补收 438 000 元(Z2013)

注:以上发货单中,业务类型和销售类型均为"普通销售";仓库名称均为"成品库";销售部门均为"销售科";业务员均为"吴永斌",详见应收系统相关业务。

表 10-4 　　　　　　　　　　　　销 售 退 货 单

退货单号	0000000006
退货日期	20××年 12 月 31 日
业务类型	普通销售
销售类型	普通销售
客户简称	荷都公司
销售部门	销售科
仓库名称	成品库
存货编码	201
存货名称	乙产品
数量	-2 箱
无税单价	5 000.00 元

表 10-5 费用项目分类表

费用项目分类	编码	费用项目
1 运杂费	101	运费
	102	装卸费
	103	保险费
2 包装费	2	包装费
3 销售费用	301	销售费用
	302	商机费用
	303	活动费用
	304	客户费用
	305	业务员费用
4 其他	4	其他

表 10-6 代 垫 费 用 单

代垫单号	0000000001
代垫日期	20××年 12 月 20 日
客户简称	荷都公司
销售部门	销售科
业务员	吴永斌
费用项目	运费
代垫金额	2 180.00 元
存货编码	202
存货名称	乙产品
结算方式	(202)转账支票
支票号	Z1017

表 10-7 销售费用支出单

支出单号	0000000002
支出日期	20××年 12 月 27 日
客户简称	新星公司
销售部门	销售科
业务员	吴永斌
费用项目	(301)销售费用
支出金额	1 000.00 元

（续表）

存货编码	301
存货名称	甲产品
结算方式	（201）现金支票
支票号	×1003

三、实验指导

（一）销售业务的基本操作流程

销售业务根据实际工作情形，分不同形式，具体有普通销售业务、销售退货业务、现结业务、代垫运费处理和销售折扣处理等。对每一笔销售业务，都应严格按照该类型业务操作流程进行操作，主要步骤基本顺序如下：

（1）以业务日期进入销售管理系统，填制并审核销售发货单。

（2）在销售管理系统根据销售发货单填制并复核销售发票，如果是现结业务，复核前需先进行现结处理。

（3）以业务日期进入应收款系统，对应收单据进行审核（如果是现结业务在"单据过滤条件"界面需选中"包含已现结发票"复选框）、制单，录入收款单并制单。

（4）以业务日期进入库存管理系统审核销售出库单。

（5）以业务日期进入存货核算系统，对销售出库单进行记账并生成凭证。

下面主要介绍涉及销售系统部分的操作过程，其他处理可以参照应收系统和采购系统、库存系统、存货系统相关操作。

（二）销售发货单（退货单）录入和审核

1. 录入销售发货单

录入销售发货单的具体操作步骤如下：进入"销售发货|销售发货单"界面，点击菜单栏"增加"，选择"空白单据"（如需参照，也可选择输入相应条件后，点击按钮"过滤"）。在具体的发货单界面，按照业务要求输入"发货单号""发货日期""业务类型""销售类型""客户简称""销售部门""仓库名称""存货编码""存货名称""数量""无税单价"等内容，点击"保存"，如图10-5所示，完成发货单的录入。如需继续录入，点击"增加"，重复以上步骤。

图10-5 销售发货单录入

如需对发货单进行修改和删除,可在相关发货单界面点击菜单栏"修改"或"删除"得以实现。发货单录入完毕可以选择对发货单进行审核,点击菜单栏"审核"即可完成,如需取消审核,则点击"弃审"。需要查看已经录入的全部销售发货单可以通过菜单栏的"上张""下张"图标实现翻页查看。

2. 录入销售退货单

录入销售退货单的具体操作步骤如下:进入"销售发货|销售退货单"界面,点击菜单栏"增加",选择"空白单据"(如需参照,也可选择输入相应条件后,点击按钮"过滤")。在具体的退货单界面,按照业务要求输入"退货单号""退货日期""业务类型""销售类型""客户简称""销售部门""仓库名称""存货编码""存货名称""数量""无税单价"等内容,点击"保存",如图 10-6 所示,完成退货单的录入。如需继续录入,点击"增加",重复以上步骤。

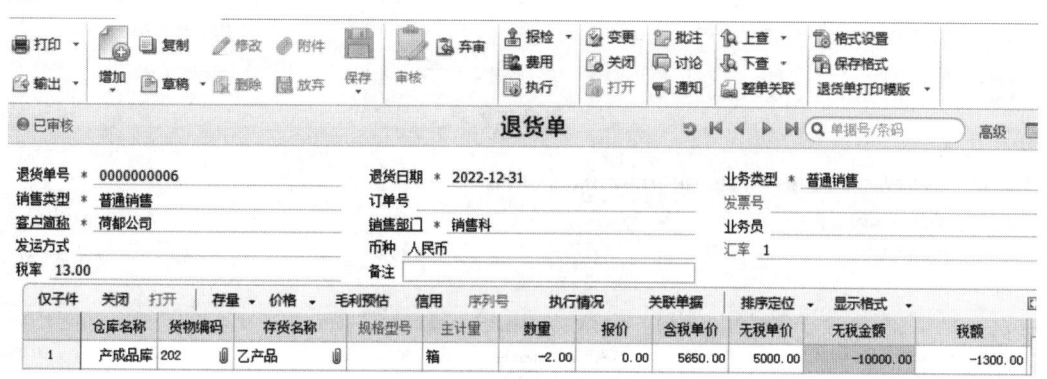

图 10-6 录入销售退货单

如需对退货单进行修改和删除,可在相关退货单界面点击菜单栏"修改"或"删除"得以实现。退货单录入完毕可以选择对退货单进行审核,点击菜单栏"审核"即可完成,如需取消审核,则点击"弃审"。需要查看已经录入的全部销售退货单可以通过菜单栏的"上张""下张"图标实现翻页查看。

特别提示

(1)销售发货单对应两种业务流程:先开票后发货;开票直接发货。

(2)先开票后发货流程下:销售发货单可以手工增加,也可以参照销售订单生成;必有订单业务模式,销售发货单不可手工新增,只能参照生成;销售发货单可以修改、删除、审核、弃审、关闭、打开,可以行关闭、行打开;已审核未关闭的销售发货单可参照生成销售发票。

(3)与"库存管理"集成时,"设置|销售选项|业务控制"中"销售生成出库单"选择"是",则销售发货单审核时生成销售出库单;否则在"库存管理"根据发货单生成出库单;与"质量管理"集成时,可以进行发货报检、退货报检。

（4）开票直接发货流程下：销售发票复核时，自动生成销售发货单；销售发货单不可以修改、删除、弃审，但可以关闭、打开；与"库存管理"集成时，"设置|销售选项|业务控制"中"销售生成出库单"选择"是"，则销售发货单审核时生成销售出库单；否则在"库存管理"根据发货单生成出库单；与"质量管理"集成时，可以进行发货报检、退货报检。

3. 发货单审核

发货单审核可以通过单张发货单录入后直接在相关界面点击菜单栏"审核"实现发货单审核，也可以将全部发货单录入完毕以后，通过"销售发货|发货单列表"，进入发货单列表，点击菜单栏"全选"，然后选择"批审"，取消审核则选择"批弃"，如图 10-7 所示。

图 10-7　发货单审核

（三）根据发货单填制、复核销售发票

1. 销售开票

销售开票可以实现红蓝字销售专用和普通发票的开具，具体操作步骤如下：进入"销售管理"|"销售开票"，如需开具销售专用发票，点击"销售专用发票"后，再点击"增加"按钮，系统出现"过滤条件选择"界面，点击"过滤"按钮，进入"参照生单"界面，选中需要开票的发货单，点击"确定"即可开具发票，如图 10-8 所示。如需开具销售普通发票，在进入"销售开票"时选择"销售普通发票"后操作步骤与上述类似。

销售开票还可以通过"销售管理"|"销售开票"|"批量生成发票"实现。具体操作步骤如下，进入"销售管理"|"销售开票"|"发货单"|"批量生成发票"后，点击菜单栏"查询"，出现"过滤条件选择"界面，点击"过滤"按钮，出现发货单列表，选中需要生成专用发票的记录条，点击菜单栏的"专票"生成销售专用发票；选中需要生成普通发票的记录条，点击菜单栏的"普票"生成销售普通发票。

发票参照发货单表头

	税率（%）	业务类型	销售类型	发货单号	发货日期	币 名	汇 率	开票单位编码	客户简称
☑	13.00	普通销售	普通销售	0000000001	2022-11-30	人民币	1.00000000	007	荷都公司
☐	13.00	普通销售	普通销售	0000000002	2022-12-31	人民币	1.00000000	005	源仕公司
☐	13.00	普通销售	普通销售	0000000003	2022-12-20	人民币	1.00000000	007	荷都公司
☐	13.00	普通销售	普通销售	0000000004	2022-12-27	人民币	1.00000000	004	新星公司
☐	13.00	普通销售	普通销售	0000000005	2022-12-29	人民币	1.00000000	006	朝阳公司

共5条记录 已选择行数:1　　　　☐ 选中合计　　　每页显示 20 条　|< < 1 /1 > >|　跳转

	订单号	订单行号	仓库	货物编号	存货代码	货物名称	规格型号	未开票数量	税率（%）
☑			原料库	202		乙产品		20.00	13.00
合计								20.00	

图 10-8　销售发票参照生单界面

2. 销售发票的复核

销售发票生成,点击"保存"后,再点击"复核"按钮,复核销售发票。注意,如果是现结业务,复核前必须先进行现结处理。

（四）代垫费用和费用支出的处理

1. 增加代垫费用单

增加代垫费用单的具体操作办法如下:通过"供应链|销售管理|代垫费用|代垫费用单",点击菜单栏"增加",依业务内容输入"代垫日期""客户简称""销售部门""业务员""费用项目""代垫金额""存货编码""存货名称"等内容,"代垫费用单号"由系统自动生成,点击"保存"后即可完成代垫费用单的增加,如图 10-9 所示。如需录入多张代垫费用单则重复上述步骤。菜单栏的"修改"和"删除"可以实现对代垫费用单有关内容的修改和记录条的删除。

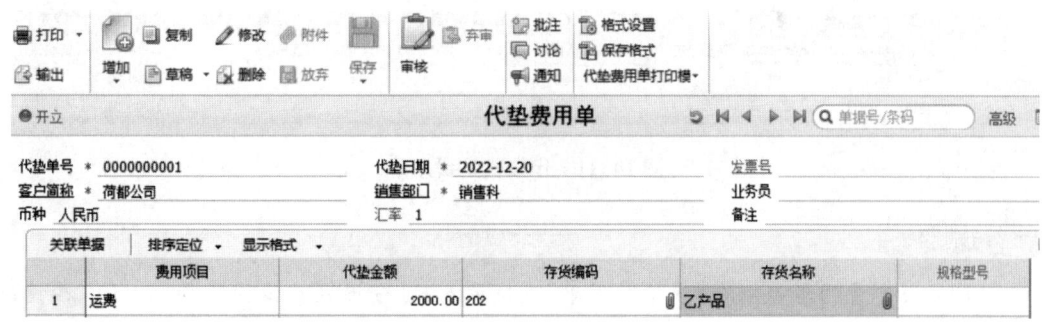

图 10-9　增加代垫运费设置

代垫费用单的增加过程中需要用到"费用项目分类""费用项目"等信息。增加"费用项

目分类"的具体操作办法是:登录企业应用平台,进入"基础设置"板块,选中"基础档案|业务|费用项目分类",点击菜单栏"增加"录入费用项目分类信息,保存。同时,可以通过"修改"和"删除"实现对相关内容的修改和删除处理,如图 10-10 所示。增加"费用项目"的具体操作办法是:进入"基础档案|业务|费用项目",先在界面左边的树形结构图中选中将要增加的项目类别,然后点击菜单栏"增加"录入费用项目信息,保存。同时,可以通过"修改"和"删除"实现对相关内容的修改和删除处理。

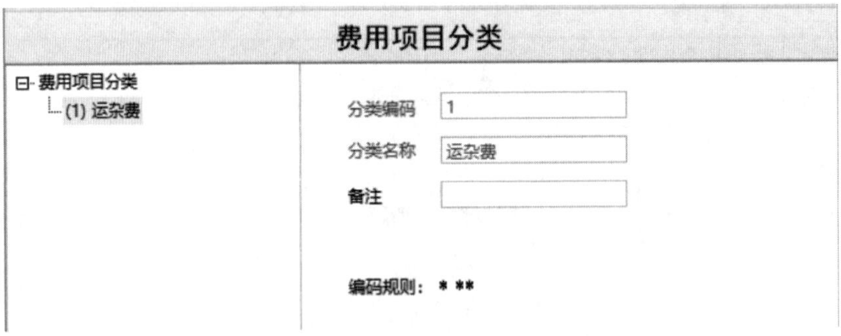

图 10-10　费用项目分类操作界面

2. 审核代垫费用单

代垫费用单的审核可以在单张代垫费用单录入保存之后,点击菜单栏的"审核"完成单据审核,取消审核则点击"弃审"。也可以待所有代垫费用单录入完毕以后,通过"销售管理|代垫费用|代垫费用单列表","过滤条件选择"界面点击"过滤"后,进入"代垫费用单列表"界面,点击菜单栏"全选"后,点击"批审"完成所有代垫费用单的审核,取消审核则点击"批弃",如图 10-11 所示。

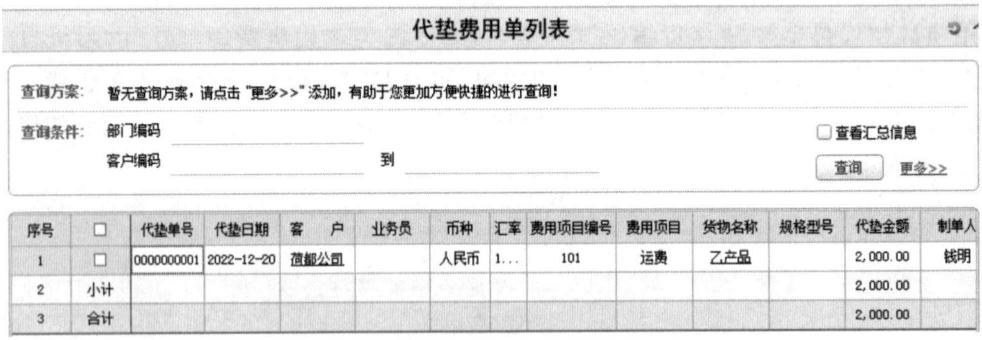

图 10-11　审核代垫费用单

特别提示

(1)代垫费用单可以在"代垫费用单"直接录入,可分摊到具体的货物;也可以在销售发票、销售调拨单、零售日报中按"代垫"录入,与发票建立关联,可分摊到具体的货物。

（2）代垫费用单审核后,在"应收款管理"生成其他应收单;弃审时删除生成的其他应收单。

（3）与"应收款管理"集成使用时,在"应收款管理"已核销处理的代垫费用单,不可弃审。

（4）代垫费用单的税额为 0,不能做现结处理。

（5）红字发票中也可输入负数的代垫费用。

3. 增加销售费用支出单

增加销售费用支出单的具体操作步骤如下:进入"供应链|销售管理|费用支出|销售费用支出单",点击菜单栏"增加",在"销售费用支出单"界面,依业务内容输入"支出日期""客户简称""销售部门""业务员""费用项目""支出金额""存货编码""存货名称"等内容,"销售费用支出单号"由系统自动生成,点击"保存"后即可完成销售费用支出单的增加,如图 10-12 所示。如需录入多张销售费用支出单,则重复上述步骤。菜单栏的"修改"和"删除"可以实现对销售费用支出单有关内容的修改和记录条的删除。

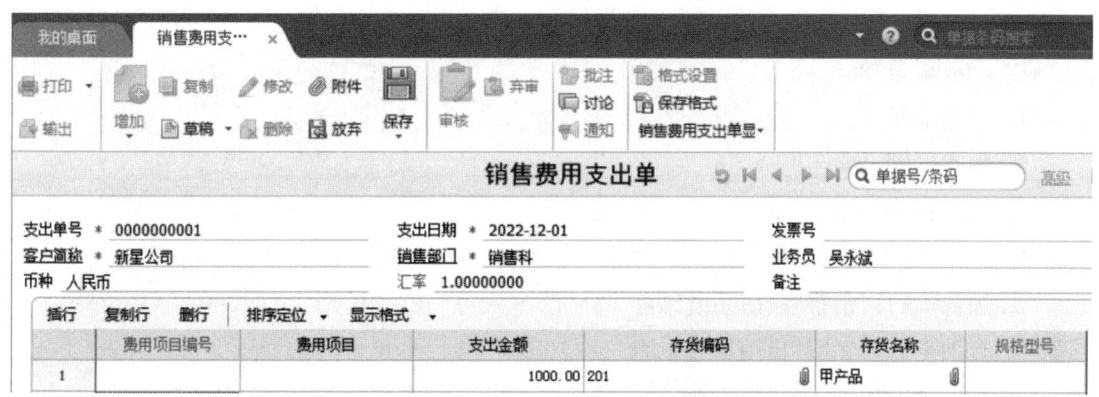

图 10-12 增加销售费用支出单

4. 销售费用支出单的审核

销售费用支出单的审核可以在单张销售费用支出单录入保存后,点击菜单栏的"审核"完成单据审核,取消审核则点击"弃审";也可以待所有销售费用支出单录入完毕后,通过"销售管理|销售费用|销售费用支出单列表","过滤条件选择"界面点击"过滤"后,进入"销售费用支出单列表"界面,如图 10-13 所示,点击菜单栏"全选"后,点击"批审"完成所有销售费用支出单的审核,取消审核则点击"批弃"。

特别提示

销售费用支出单可以在"销售费用支出单"直接录入,可分摊到具体的货物,不与发票发生关联;也可以在销售发票、销售调拨单、零售日报中按"支出"录入,与发票建立关联,可分摊到具体的货物。

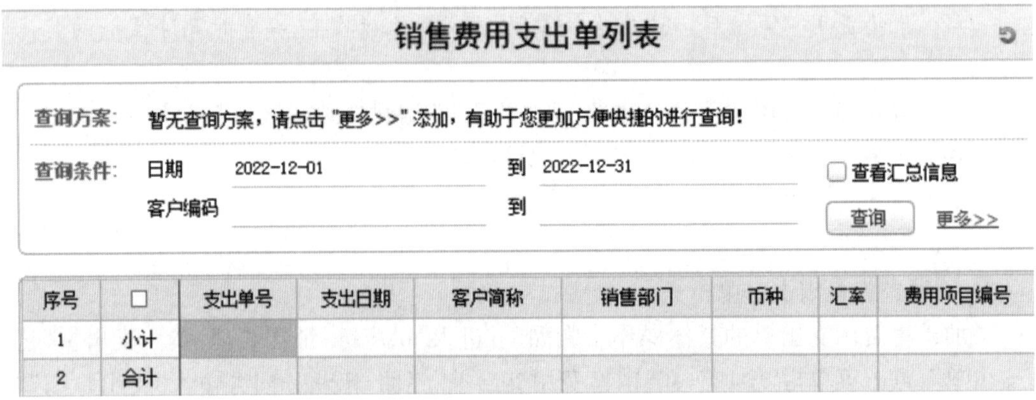

销售费用支出单列表

查询方案: 暂无查询方案，请点击"更多>>"添加，有助于您更加方便快捷的进行查询!

查询条件: 日期　2022-12-01　　　　到　2022-12-31　　　　□ 查看汇总信息

客户编码 ＿＿＿＿＿＿＿＿＿＿　到　＿＿＿＿＿＿＿＿＿＿　　查询　更多>>

序号	□	支出单号	支出日期	客户简称	销售部门	币种	汇率	费用项目编号
1	小计							
2	合计							

图 10-13 "销售费用支出单列表"界面

实验三 月末结账与报表查询

一、实验要求

1. 月末结账

2. 报表查询

二、实验资料

以前期实验资料为基础。

1. 进行 12 月"销售管理"系统结账

2. 查询本公司 12 月份销售月报表

3. 查询本公司 12 月份销售明细账

4. 进行本公司 12 月份销售增长分析

5. 进行本公司 12 月份货物流向分析

三、实验指导

1. 月末结账

"销售管理"月末结账的具体操作步骤如下：进入"供应链│月末结账│月末结账"，点击"月末结账"界面的"月末结账"按钮，即可完成结账。如需取消结账则点击"取消结账"即可完成操作，如图 10-14 所示。

2. 报表查询

查询销售月报表的操作办法：进入"供应链│销售管理│报表│统计表"，点击"销售统计表"，进入"过滤条件选择"界面，输入查询的月份，点击"过滤"按钮，即可完成销售月报查询，如图 10-15 所示。

查询销售明细账的操作办法：进入"供应链│销售管理│报表│明细表"，选中"销售明细账"，进入"过滤条件选择"界面，点击"过滤"按钮，即可完成销售明细账的查询，如图 10-16 所示。

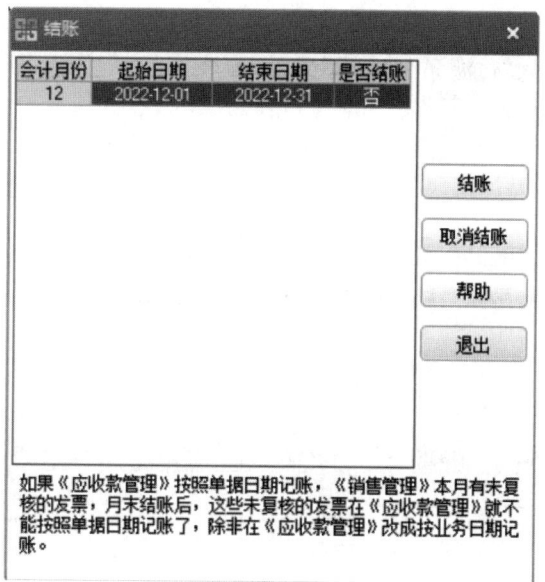

如果《应收款管理》按照单据日期记账，《销售管理》本月有未复核的发票，月末结账后，这些未复核的发票在《应收款管理》就不能按照单据日期记账了，除非在《应收款管理》改成按业务日期记账。

图 10-14　月末结账

销售统计表

查询方案：　暂无查询方案，请点击"更多>>"添加，有助于您更加方便快捷的进行查询！

查询条件：　开票日期 2022-12-01　　　　到　2022-12-31

结算日期 2022-12-01　　　　到　2022-12-31　　　　　　查询　更多>>

	部门名称	业务员名称	存货名称	数量	单价	金额	税额	价税合计	折
1	销售科		乙产品	120.00	5,000.00	600,000.00	78,000.00	678,000.00	
2	销售科		乙产品	50.00	5,000.00	250,000.00	32,500.00	262,500.00	
3	销售科	吴永斌	乙产品	20.00	5,000.00	100,000.00	13,000.00	113,000.00	
4	销售科		甲产品	80.00	7,000.00	560,000.00	72,800.00	632,800.00	
5	销售科		甲产品	3.00	7,000.00	21,000.00	2,730.00	23,730.00	
6	总计			273.00	5,608.06	1,531,000.00	199,030.00	1,730,030.00	

图 10-15　销售统计表

销售明细账

查询方案：　暂无查询方案，请点击"更多>>"添加，有助于您更加方便快捷的进行查询！

查询条件：　开票日期 2022-12-01　　　　到　2022-12-31

结算日期　　　　　　　　到　　　　　　　　查询　更多>>

	年	月	日	销售类型	单据类型	单据号	数量	金额	无税单价	税额	价税合计	折扣	成本
1	202	12	31	普通销售	销售专…	0000000001	20.00	100,000.00	5,000.00	13,00…	113,000…		
2	202	12	31	普通销售	销售专…	0000000002	3.00	21,000.00	7,000.00	2,730…	23,730.00		
3	202	12	31	普通销售	销售专…	0000000003	50.00	250,000.00	5,000.00	32,50…	282,500…		
4	202	12	31	普通销售	销售专…	0000000004	80.00	560,000.00	7,000.00	72,80…	632,800…		
5	202	12	31	普通销售	销售专…	0000000005	120.00	600,000.00	5,000.00	78,00…	678,000…		
6	202	12	(小)…				273.00	1,531,0…	5,608.06	199,0…	1,730,0…		
7	202	(……					273.00	1,531,0…	5,608.06	199,0…	1,730,0…		

图 10-16　销售明细账

进行销售增长分析的具体操作步骤如下:进入"供应链|销售管理|报表|销售分析",选中"销售增长分析",进入"过滤条件选择"界面,点击"过滤"按钮,即可完成销售增长分析。如图10-17所示。

销售金额趋势分析

查询方案: 暂无查询方案,请点击"更多>>"添加,有助于您更加方便快捷的进行查询!

查询条件: 年度 2022

月份 1 到 12 查询

	客户编码	客户名称	存货编码	存货名称	规格型号	2022年11月	2022年12月	合计
1	004	新星公司	201	甲产品			632,800.00	632,800.00
2	005	源仕公司	201	甲产品			23,730.00	23,730.00
3	006	朝阳公司	202	乙产品			678,000.00	678,000.00
4	007	荷都公司	202	乙产品		0.00	395,500.00	395,500.00
5	总计					0.00	1,730,030.00	1,730,030.00

图 10-17 销售增长分析

进行货物流向分析的具体操作步骤如下:进入"供应链|销售管理|报表|销售分析",选中"货物流向分析",进入"过滤条件选择"界面,点击"过滤"按钮,即可完成货物流向分析,如图10-18所示。

货物流向分析

查询方案: 暂无查询方案,请点击"更多>>"添加,有助于您更加方便快捷的进行查询!

查询条件: 时间 2022-12-01 到 2022-12-31

存货编码 到 存货分类编码 查询 更多>>

	客户分类	客户	部门	业务员	存货名称	发货数量	发货数量%	发货金额原币	%	发货金额本币	发货金额本币%
1	短期客户	朝阳公司	销售科		乙产品	120.00	47.81%	678,000.00	42.22%	678,000.00	42.22%
2	短期客户	(小计)朝…				120.00	47.81%	678,000.00	42.22%	678,000.00	42.22%
3	短期客户	荷都公司	销售科		乙产品	48.00	19.12%	271,200.00	16.89%	271,200.00	16.89%
4	短期客户	荷都公司	销售科	吴永斌	乙产品						
5	短期客户	(小计)荷…				48.00	19.12%	271,200.00	16.89%	271,200.00	16.89%
6	(小计)…					168.00	66.93%	949,200.00	59.11%	949,200.00	59.11%

图 10-18 货物流向分析

特别提示

（1）上月未结账，本月单据可以正常操作，不影响日常业务的处理，但本月不能结账。

（2）如果"应收款管理"按照单据日期记账，"销售管理"本月有未复核的发票，月末结账后，这些未复核的发票在"应收款管理"就不能按照单据日期记账了，除非在"应收款管理"改成按业务日期记账。

（3）结账前用户应检查本会计月工作是否已全部完成，只有在当前会计月所有工作全部完成的前提下，才能进行月末结账，否则会遗漏某些业务。

（4）只能对当前会计月进行结账，即只能对最后一个结账月份的下一个会计月进行结账。

（5）月末结账后将不能再做当前会计月的业务，只能做下个会计月的日常业务。

（6）"销售管理"月末结账后，才能进行"库存管理""存货核算""应付款管理""应收款管理"的月末结账。

（7）如果"销售管理"要取消月末结账，必须先通知"库存管理""存货核算""应付款管理""应收款管理"的操作人员，要求他们的系统取消月末结账。

第十一章 库存系统

学习目标

知识目标：了解库存子系统的功能和应用流程；明确库存子系统与其他子系统的关系；熟知库存子系统初始设置的方法；熟知库存子系统各种业务处理流程。

能力目标：掌握库存子系统选项设置、期初结存录入、入库和出库业务处理；掌握库存子系统中查询账表、对账和结账。

思政目标：引导学生树立资源高效利用的可持续发展观，培养科学管理中的创新思维与实践能力。

概述

1. 功能概述

库存管理系统是用友 ERP—U8 供应链管理系统的一个子系统，它的主要功能包括以下几个方面：

（1）日常收发存业务处理。对采购管理系统、销售管理系统及库存管理系统填制的各种出入库单据进行审核，并对存货的出入库数量进行管理。除管理采购业务和销售业务形成的入库和出库业务外，还可以处理仓库间的调拨业务盘点业务、组装拆卸业务和形态转换业务等。

（2）库存控制。库存管理系统支持批次跟踪、保质期管理、委托代销商品管理、不合格品管理、现存量（可用量）管理和安全库存管理，可对超储、短缺、呆滞积压和超额领料等情况进行报警。

（3）库存账簿及统计分析。库存管理系统可以提供出入库流水账、库存台账、受托代销商品备查簿、委托代销商品备查簿和呆滞积压存货备查簿供用户查询，同时提供各种统计汇总表。

2. 库存管理系统与其他系统的关系

库存管理系统既可以和采购管理、销售管理、存货核算集成使用，又可以单独使用。在集成应用模式下，库存管理系统与其他系统的关系，如图 11-1 所示。

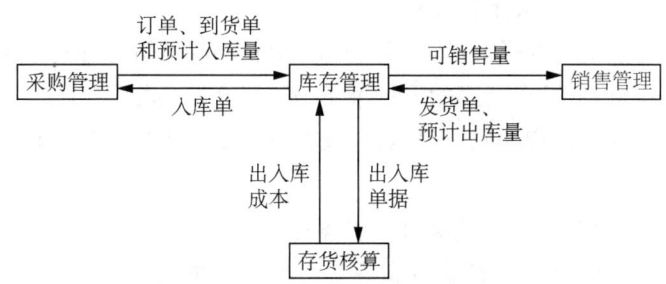

图 11-1　库存系统与其他系统的关系

实验一　库存系统初始设置

一、实验要求

1. 库存选项设置

2. 期初结存录入

二、实验资料

1. 库存管理的参数：库存生成销售出库单、允许超可用量出库、其他参数基本采用系统默认设置

2. 将 A 材料的存货属性设置为出库跟踪入库

3. 期初录入

期初录入，如表 11-1 所示。

表 11-1　　　　　　　　　　库存和存货管理系统期初余额

仓库名称	存货编码	名称	数量	结存单价(元)	结存金额(元)	存货科目
原料库	101	A 材料(千克)	2 000	140.00	280 000	原材料——A 材料
	102	B 材料(千克)	1 900	100.00	190 000	原材料——B 材料
成品库	201	甲产品(箱)	55	4 429.090 9	243 600	库存商品——甲产品
	202	乙产品(箱)	60	2 940.00	176 400	库存商品——乙产品

三、实验指导

1. 设置库存管理系统的参数

(1) 在企业应用平台中单击"业务导航"，在系统菜单中选择"供应链"|"库存管理"|"设置"|"选项"，进入选项设置窗口；

(2) 在选项设置窗口，按照实验资料进行初始设置后，单击"确定"后退出。

2. 在企业应用平台中修改存货属性

进入基础档案的"存货设置"，单击"存货档案"，选择"A 材料"，在"控制"选项卡中，选择"出库跟踪入库"选项。

3. 录入库存管理系统期初余额并对账

（1）在库存管理系统中选择"设置"菜单下的"期初结存"，进入库存期初录入窗口。

（2）在库存期初窗口中，在仓库的下拉菜单中选择仓库名称。

（3）按实验资料输入存货编码、存货名称及存货数量和单价，单击"保存"。

（4）单击"审核"后退出。

注意：各个仓库存货的期初余额既可以在库存管理系统录入，也可以在存货管理系统中录入；如果要和总账对账，期初余额最好在存货核算系统中录入。在这种情况下，库存管理系统的期初余额的设置应按以下步骤操作：

（1）在库存管理系统中，选择"设置"菜单中的"期初结存"，进入期初结存窗口。

（2）在仓库下拉菜单中选择仓库名称，单击"修改"，再单击"取数"后点击保存。

（3）录入完成后，单击"审核"按钮，系统提示审核成功后，单击提示窗口上的"确定"按钮。

（4）所有数据录入完成后，单击"对账"，即库存管理系统和存货核算系统的期初数据核对是否一致，如果核对一致，即正确；反之，则应修改。

（5）单击"确定"后返回。

实验二　库存系统日常业务处理

一、实验要求

1. 入库业务处理

2. 出库业务处理

3. 其他业务处理

二、实验资料

20××年12月份库存业务如下所述。

1. 出库跟踪入库

在库存管理时，需要对每一笔入库的出库情况做详细的统计，以 A、B 材料为例：

（1）12 月 10 日，采购部向永鑫公司购入 B 材料 375 千克，材料验收入原料库。

（2）12 月 12 日，采购部向晨昕公司购入 A 材料 100 千克，材料验收入原料库。

（3）12 月 15 日，采购部向元科公司购进 B 材料 200 千克，材料验收入原料库。

（4）12 月 20 日，收到上述 3 笔入库的专用发票一张。

2. 材料领用

（1）12 月 31 日，车间向原料库领用 A 材料 1 010 千克，用于生产；管理部门领用 20 千克，记材料明细账，生成领料凭证。

（2）12 月 31 日，车间向原料库领用 B 材料 1 564 千克，用于生产；管理部门领用 16 千克，记材料明细账，生成领料凭证。

3. 产成品入库业务

（1）12 月 15 日，成品库收到甲产品 80 箱，填写产品入库单。

（2）12月16日，成品库收到乙产品160箱，填写产品入库单。

（3）随后收到财务部门提供的完工产品成本。其中，甲产品的成本为3 894.454 0元，乙产品的成本为2 719.609 08元，随即做成本分配，记账生成凭证。

4. 盘点预警

12月20日，根据上级主管要求，A材料应在每周五进行盘点一次。如果周五未进行盘点，需进行提示。

5. 盘点业务

12月25日，根据实存账报告单反映：B材料发生非常损失，盘亏40千克，单价100元。

6. 假退料

12月31日，根据生产部门的统计，有A材料10千克当月未用完。先做假退料处理，下个月再继续使用。

三、实验指导

（一）出库跟踪入库

1. 在基础设置中设计材料出库单单据格式

（1）单击"基础设置"选项卡，选择"单据设置"菜单下的"单据格式设置"，进入"单据格式设置"窗口。

（2）选择"库存管理"|"材料出库单"|"显示"|"材料出库单"选项，进入"材料出库单"窗口。

（3）单击"编辑"菜单下的"表体项目"或者单击"表体项目"按钮，进入"表体项目"对话框。

（4）在"表体项目"对话框中的"项目"中选择"对应入库单号"，单击"确定"。

（5）单击"保存"后退出。

2. 在库存管理系统中分别填制并审核采购入库单

（1）在库存管理系统中，选择"入库业务"菜单下的"采购入库单"，进入"采购入库单"窗口。

（2）单击"增加"，进入采购入库单填制窗口。

（3）在采购入库单填制窗口根据资料进行输入。

3. 在采购管理系统中参照采购入库单生成采购专用发票

（1）进入采购管理系统，选择"采购发票"菜单下的"专用采购发票"，进入"专用发票"窗口。

（2）单击"增加"，再单击"生单"，在生单的下拉菜单中选择"入库单"，进入"过滤条件选择"对话框。

（3）单击"过滤"，进入"拷贝并执行"窗口。

（4）在拷贝并执行窗口中，双击要拷贝的入库单的"选择"栏，单击"确定"，回到专用发票窗口。

（5）修改日期、输入发票号后单击"保存"后退出。

4. 在存货核算管理系统中对采购入库单记账并生成凭证

（1）进入存货核算系统，选择"记账"菜单中的"正常单据记账"，进入"过滤条件选择"对

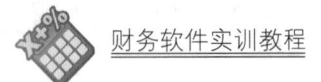

话框。

(2) 单击"过滤",进入"未记账单据一览表"窗口。

(3) 选择要记账的采购专用发票,单击"记账",再单击"确定"后退出。

(4) 选择"财务核算"菜单中的"生成凭证",打开"生成凭证"窗口。

(5) 单击"选择",弹出"查询条件"窗口。

(6) 选择"采购入库单(报销记账)",单击"确定",再依次单击"全选""确定",进入"生成凭证"窗口。

(7) 选择"转账凭证",单击"生成",进入填制凭证窗口,保存后退出。

5. 在库存管理系统中填制材料出库单并审核

(1) 进入库存管理系统,选择"出库业务"菜单下的"材料出库单",进入"材料出库单"窗口。

(2) 输入根据资料填写材料出库单,单击"审核"后退出。

特别提示

(1) 对于出库跟踪入库的存货,不允许超量出库,出库时需要输入相应的入库单号。

(2) 设置自动入库跟踪出库时,系统分配入库单号的方式有"先进先出"和"后进先出"两种,可在库存管理系统的初始设置中选择"选项",在"库存选项设置"中选择"通用设置"。

(二) 材料领用出库

1. 在库存管理系统中填制材料出库单

(1) 在库存管理系统中单击"材料出库"菜单中的"材料出库单",进入"材料出库单"窗口。

(2) 单击"增加",根据实验资料输入相关内容,单击"保存"后。

(3) 单击"审核",单击"退出"。

2. 在存货核算管理系统中对材料出库单记账并生成凭证

(1) 进入存货核算系统,选择"记账"菜单下的正常单据记账,进入"正常单据记账"窗口,单击"记账"后退出。

(2) 选择"凭证处理"菜单下的"生成凭证",在"生成凭证"窗口中选择材料出库单,单击"生成"后退出。

(三) 产成品入库

1. 在库存管理系统中录入产成品入库单并审核

(1) 在库存管理系统中单击"生产入库"菜单下的"产成品入库单",进入"产成品入库单"窗口。

(2) 单击"增加",根据实验资料录入(不需填写单价),单击"保存"。

(3) 单击"审核",同理输入第二张产成品入库单,单击"退出"。

2. 在存货核算管理系统中录入生产总成本并对产成品成本分配

(1) 在存货核算系统单击"记账"菜单中的"产成品成本分配",进入"产成品成本分配表"窗口。

(2) 打开查询对话框,选择"成品库",单击"确定"。

(3) 输入产成品成本,单击"分配"(清空则取消分配)。

(4) 单击"确定",退出。

(5) 单击"日常业务"下的"产成品入库单",进入"产成品入库单"窗口。

(6) 查看入库存货单价,单击"退出"。

3. 在存货核算管理系统中对产成品入库单记账并生成凭证

(1) 在存货核算系统中选择"记账"菜单中的"正常单据记账",弹出"过滤条件选择"。

(2) 单击"过滤",进入正常单据记账列表,选择要记账的单据,单击"记账"。

(3) 退出正常单据记账列表后单击"财务核算"下的"生成凭证",进入"生成凭证"窗口。

(4) 单击"生成"凭证,完成凭证生成工作。

(四) **库存调拨——仓库调拨**

1. 在库存管理系统中填制调拨单

(1) 进入"库存管理"系统,选择"调拨业务"菜单下的调拨单,进入"调拨单"窗口。

(2) 单击"增加",录入资料内容(转出仓库的计价方式是移动平均、先进先出、后进先出时,调拨单单价不需录入,系统自动计算)后单击"保存"。

(3) 单击"审核"后退出。

> **特别提示**
>
> 保存后自动生成其他入库单和其他出库单,且不得被修改。

2. 在库存管理系统中对调拨单生成的其他入库单审核

(1) 进入库存管理系统,选择"其他入库"菜单下的其他入库单,进入"其他入库单"窗口。

(2) 选择要审核的记录,单击"审核"后退出。

3. 在存货核算管理系统中对其他入库单记账

(1) 进入"存货核算"系统,选择"记账"菜单下的"特殊单据记账",进入"特殊单据记账"窗口。

(2) 选择"调拨单",单击"确定",进入"特殊单据记账"窗口。

(3) 选择要记账的调拨单,单击"记账"后退出。

> **特别提示**
>
> 在库存商品科目不分明细的情况下,库存调拨业务不会涉及账务处理,故无须对调拨业务生成的其他出入库单据制单。

4. 相关账表查询

（1）进入"库存管理"系统，选择"业务报表"菜单下中"库存账"的"入库跟踪表"，打开"入库跟踪表"对话框。

（2）选择"原料库"，单击"确定"后进入"入库跟踪表"窗口。

（3）查看出库跟踪入库情况。

（五）盘点预警

1. 在库存管理系统中设置相关选项

（1）进入"库存管理"系统，选择"初始设置"菜单下的"选项"，打开"库存选项设置"对话框。

（2）在"专用设置"选项卡中选择"按仓库控制盘点参数"，单击"确定"。

2. 在基础档案中修改存货档案

进入"基础档案""存货""存货档案"，进入存货档案窗口，在控制选项卡中将 A 材料的盘点周期修改为"周"，每周第五天盘点，单击"保存"后退出。

3. 检验

以一周后日期注册进入库存管理系统，若周五未对 A 材料进行盘点，系统会给出提示。

（六）盘点业务

1. 在库存管理系统中增加盘点单

（1）在库存管理系统中选择"盘点业务"，进入"盘点单"窗口。

（2）单击"增加"，输入盘点日期，仓库名称，出库类别为"盘亏出库"。

（3）单击"盘库"，进入"盘点处理"窗口。

（4）选择"按仓库盘点"，单击"确定"。

（5）修改存货单价和盘点数量，单击"保存"。

（6）单击"审核"后退出。

2. 在库存管理系统中对盘点单生成的其他入库单审核

（1）进入库存管理系统，选择"其他出库"菜单下的"其他出库单"，进入"其他出库单"窗口。

（2）找到要审核的单据，单击"审核"后退出。

（七）假退料业务

1. 在存货核算管理系统中填制假退料单

（1）进入存货核算系统，在"出库单"下拉菜单中选择"假退料单"，进入"假退料单"窗口。

（2）单击"增加"后输入资料内容（数量"−10"），单击"保存"后退出。

2. 在存货核算管理系统中对假退料单单据记账

（1）在存货核算系统中选择"记账"菜单中的"正常单据记账"，弹出"过滤条件选择"。

（2）单击"过滤"，进入正常单据记账列表，选择要记账的单据，单击"记账"。

3. 在存货核算管理系统中查询明细账

（1）进入存货核算系统，在"账簿"菜单中选择"明细账"，打开"明细账查询"对话框。

（2）选择要查询的存货，查看假退料的影响。

（八）其他入库——赠品入库

1. 在库存管理系统中录入其他入库单并审核

（1）进入库存管理系统，选择"其他入库"菜单下的"其他入库单"，进入"其他入库单"窗口。

（2）单击"增加"，录入资料内容，单击"保存"。

（3）单击"审核"后退出。

2. 在存货核算管理系统中对其他入库单记账并生成凭证

（1）进入存货核算管理系统，选择"记账"|"正常单据记账"，完成存货信息单据记账。

（2）选择"凭证处理"|"生成凭证"，选择需要生成凭证的信息记录。

（九）其他出库——样品出库

1. 在库存管理系统中录入其他出库单并审核

（1）进入库存管理系统，选择"其他出库"菜单中的"其他出入库单"，进入"其他出库单"窗口。

（2）单击"增加"，录入资料内容，单击"保存"。

（3）单击"审核"后退出。

2. 在存货核算管理系统中对其他出库单记账。

进入存货核算管理系统，点击"记账"|"正常单据记账"。

3. 在存货核算系统中生成凭证

生成凭证后需要补充输入对方科目，然后再生成凭证。

实验三　账表管理和期末处理

一、实验要求

1. 查询账表

2. 对账

3. 结账

二、实验指导

1. 查询账表

（1）单击"业务报表"菜单下的库存账。

（2）在库存账的下拉菜单中，可以选择"库存账"，进入"现存量查询窗口"。

（3）查询各种存货的库存余额。

2. 对账

（1）在库存管理系统中，"对账"中单击"库存与存货对账"。

（2）选择对账月份，单击"确认"。

3. 月末结账

（1）在库存管理系统中，单击"月末处理"中选择"月末结账"，进入"月末结账"对话框。

（2）单击"确定"，再单击"确定"。

第十二章　存　货　系　统

 学习目标

知识目标：了解存货子系统的功能和应用流程；明确存货子系统与其他子系统的关系；熟知存货子系统初始设置的方法；熟知存货子系统各种业务处理流程。

能力目标：掌握存货子系统基础科目设置和期初余额的录入；掌握存货子系统入库、出库业务处理、存货单据记账和生成凭证；掌握存货系统中综合查询功能和月末处理。

素质目标：培养学生成本控制与价值创造意识；践行"精益求精"的工匠精神与全局性经济思维。

 概述

1. 功能概述

存货核算系统是用友 ERP—U8 供应链管理系统的一个子系统，主要针对企业存货的收发存业务进行核算，掌握存货的耗用情况，及时、准确地把各类存货成本归集到各成本项目和成本对象上，为企业的成本核算提供基础数据。存货核算系统的主要功能包括存货出入库成本的核算、暂估入库业务处理、出入库成本的调整和存货跌价准备的处理等。

2. 存货系统与其他系统的关系

库存管理系统既可以和采购管理、销售管理、存货核算集成使用，又可以单独使用。在集成应用模式下，库存管理系统与其他系统的关系，如图 12-1 所示。

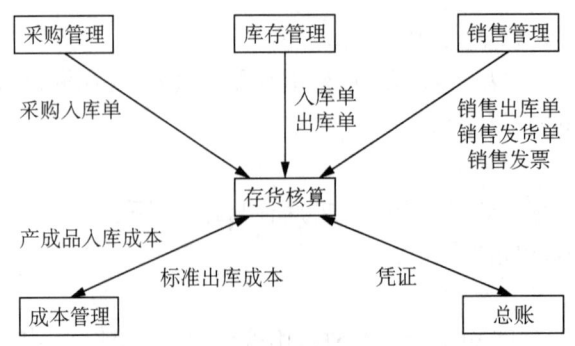

图 12-1　存货系统与其他系统的关系

实验一　存货系统初始设置

一、实验要求

1. 设置基础科目

2. 录入存货核算系统的期初余额

二、实验资料

1. 设置基础科目

存货核算系统科目设置，如表 12-1 所示。

表 12-1　　　　　　　　　　　　存货核算系统科目设置

大类	规则	设置科目
存货科目设置	按照存货分类设置存货科目	原材料——A 材料 　　　　——B 材料
		库存商品——甲产品 　　　　——乙产品
对应科目设置	根据收发类别设置对方科目	采购入库——材料采购
		成品入库——生产成本(直接材料)
		盘盈入库——以前年度损益调整
		销售出库——主营业务成本
		发料出库——生产成本(直接材料)

2. 期初录入

存货期初余额见库存管理初始化资料，此处不再重复。

三、实验指导

1. 存货核算系统基础科目设置

(1) 进入存货核算系统，选择"设置"菜单中的"科目设置"。

(2) 单击"存货科目"，进入"存货科目设置"窗口，按实验资料进行设置。

(3) 单击"对方科目"，进入"对方科目设置"窗口，按实验资料进行设置。

2. 录入存货核算系统的期初余额

(1) 进入存货管理系统，选择"设置"菜单中的"期初余额"，进入"期初余额"窗口。

(2) 选择"仓库"和存货分类，单击增加。

(3) 按实验资料内容输入存货编码、数量、单价、金额和存货科目。

(4) 录入完成后单击"记账"，即系统对所有仓库记账后退出。

实验二　存货系统日常业务处理

一、实验要求

1. 入库业务处理

2. 出库业务处理

3. 单据记账

4. 生成凭证

二、实验资料

20××年12月份存货业务如下:

(1) 根据采购系统的业务,进行存货系统的处理。

(2) 根据销售系统的业务,进行存货系统的处理。

(3) 12月20日,将12月1日发生的采购B材料的入库成本增加100元。

(4) 12月21日,调整12月9日出售给源仕公司的甲产品的出库成本4 000元。

三、实验指导

(一) 存货业务1

(1) 在库存管理系统中,输入采购入库单并审核。

(2) 在存货核算系统中记账并生成凭证。

(二) 存货业务2

(1) 在存货核算系统中,选择"设置"|"选项"|"选项录入",选择销售成本结算方式为"销售出库单"。

(2) 在销售管理系统中,选择"设置",在设置窗口中的销售选项中设置:业务控制为报价不含税。

(3) 在销售管理系统中输入销售发货单并审核。

(4) 在库存管理系统中审核销售出库单。

(5) 在存货核算系统中记账并生成凭证。

（三）存货业务 3

1．在存货核算系统中录入调整单据

（1）进入存货核算系统,选择"调整单"菜单下的"入库调整单",进入"入库调整单"窗口。

（2）单击"增加"后选择"原料库",输入"时间,采购入库,采购部,广东华顺公司,B材料,100",单击"保存"。

（3）单击"记账"后退出。

2．在存货核算系统中生成入库调整凭证

（1）进入存货核算系统,选择"凭证处理"菜单中的"生成凭证",打开"生成凭证"窗口。

（2）选择弹出"查询条件",选择"入库单调整单"后单击"确定"。

（3）单击"全选"后单击"确定",进入"生成凭证"窗口。

（4）选择转账凭证,单击"生成",进入填制凭证窗口。

（5）单击"保存"后退出。

3．查询相关账簿

（1）进入存货核算系统,选择"入库成本分析表",打开"入库成本分析"对话框。

（2）选择"原料库"后单击"确定"。

（3）可以看到 B 材料库存成本的变化,单击"退出"。

（四）存货业务 4

1．在存货核算系统中录入调整单据

（1）进入存货核算系统,选择"调整单"菜单中的"出库调整单",进入"出库调整单"窗口。

（2）单击"增加",选择"成品库,20××-12-21,销售出库,销售部,北京华丰公司,甲产品,7100",单击"保存"。

（3）单击"记账"后退出。

2．在存货核算系统中生成出库调整凭证

（1）进入存货核算系统,选择"凭证处理"菜单中的"生成凭证",打开"生成凭证"窗口。

（2）单击"选择",弹出"查询条件"。

（3）选择"出库单调整单",单击"确定"。

（4）单击"全选"后单击"确定",进入"生成凭证"窗口。

（5）选择转账凭证后单击"生成",进入填制凭证窗口。

（6）单击"保存"后退出。

实验三　账簿查询和月末处理

一、实验要求

1．综合查询

2．月末处理

二、实验指导

1. 账簿查询

在存货日常业务处理完毕后，进行存货账表查询。

2. 月末处理

（1）进入存货管理系统，选择"记账"菜单中的"期末处理"，进"期末处理"对话框。

（2）选择"仓库"，单击"确定"。

（3）系统弹出窗口信息提示框，单击"确定"。

（4）系统提示期末处理完成，单击"确定"。

3. 对账

（1）进入存货管理系统，选择"财务核算"菜单中的"与总账系统对账"命令，进入"与总账对账表"窗口。

（2）单击"退出"。

4. 月末结账

（1）进入存货管理系统，选择"记账"菜单中的"月末结账"，打开"月末结账"对话框。

（2）单击"确认"，系统弹出"月末结账完成"信息提示框，单击"确认"后退出。

 思政小故事——提高效率　合作共赢

财务共享助力蒙牛提效共赢

蒙牛集团作为乳业龙头企业，有着极长的产业链，其生产加工等各环节流程复杂，所需分析的数据众多，数字化转型成为必然。近年来，蒙牛集团实施了 ERP、CRM，实现了产供销一体化、财务业务一体化以及产品质量信息化；建设财务共享服务中心，实现数据互联互通，打破了产业链上的"信息孤岛"状态；同时，还搭建 BI 平台和商业智能分析体系，建立数据模型和数据洞察等。

在一系列的数字化转型进程中，作为集团管理的生命线，财务管理的创新转型是集团数字化转型制胜的关键。蒙牛集团为实现高目标业务，率先建立了财务共享服务中心，这与其财务组织的形成及战略紧密相关。蒙牛集团对于财务组织的整体定位是三位一体的支柱化结构，即专业支柱——战略财务、支持支柱——运营财务、高效支柱——共享财务。由共享中心开道，把大量重复的财务工作集中起来规模化、高效化运作，促进业务财务、核算财务的权责分离，真正让业务财务走近业务，为业务发展及战略提供支持。

蒙牛财务共享服务中心于 2015 年 11 月成功上线投入运营。其具有明确的四大定位，即人才中心、数据中心、知识中心和服务中心。基于集团国际化、数字化、生态圈建设的发展战略，财务共享服务中心进行多方位赋能，包括构建大数据共享平台，形成可复制的支撑国际化业务扩展的团队组织，与生态圈的合作伙伴共享交易数据，实现高效共赢。

第四篇
NC 财 务

第十三章 用友 NC 系统

第一节 用友 NC 系统概述

用友 NC 系统是为集团与行业企业提供的全线管理软件,为集团企业提供了包括集团财务、管理会计、集团资金管理、集团供应、集团分销、多工厂制造、集团人力资源、分析决策等完整的管理解决方案。用友 NC 系统主要为集团企业和企业集团使用,它是中国第一个集团级的高端 ERP 产品。

NC 管理软件包括客户化、财务会计、管理会计、资金管理和供应链等功能。这里以客户化和财务会计为主介绍用友 NC 的功能。

一、客户化

客户化是使用用友 NC 系统的基础平台,包含了以下部分。

1. 系统管理

系统管理主要是为企业提供账套管理、建公司账、权限管理、日志、风格、维护工具、辅助工具、单据号管理等的功能,用于系统管理员对系统进行维护。其中,建账、设立公司、用户管理及权限分配使系统的安全性得到保障,系统维护工具、日志信息等使用户能够对系统的使用情况有详细的了解;模板管理使用户能够快速选择或配置适合企业自身需要的模板,在模板设置中提供业务模板管理。

2. 基础数据

基础数据包括参数设置、基础数据、基本档案、工程基础数据。NC 管理软件为了企业在软件应用过程中能够有效达成管理控制的效果,专门开发了参数设置平台。参数设置平台中输入和设置系统所有的参数,实现参数的逐级分配,使上级可以控制一些重要参数,不允许下级公司修改,只能够使用。

基础数据、基本档案、工程基础数据模块可以定义企业的组织结构、人员信息、会计信息、物料信息、客商信息以及一些业务管理的信息。

3. 平台设置

客户化设置平台包括流程配置平台、审批流、财务会计平台、管理会计平台和预警平台。客户化设置平台主要是为用户提供快速客户化配置和实施工具,有助于项目实施工作的顺利进行。

财务会计平台的设计思想是根据事先定义好的会计描述,包括入账科目定义、定义影响因素、定义科目分类对照表、凭证模板定义,对各系统的原始单据与业务处理自动生成实时凭证,并可以按照用户的设置将实时凭证生成会计凭证,传到总账系统。

管理会计平台实现的功能是根据用户定义的单据模板生成项目单据,具体地说就是把原始数据按照一定的规则转变为成本要素的信息来反映。即根据事先定义好的项目描述,包括项目要素定义、项目单据模板定义,对各系统的原始单据与业务处理自动生成项目单据,传到项目成本管理系统。

4. 其他工具

其他工具包括数据交换平台、自定义查询工具、二次开发工具,主要是一些辅助功能。

二、财务会计

财务会计中包含总账、现金管理、应收、应付、网上报销、固定资产和存货核算这几个模块,主要完成企业日常的财务核算,并对外提供会计信息。

1. 总账系统

总账系统主要提供凭证管理、现金银行、财务折算、往来核销、集团对账、月末结转、现金流量、账簿查询等功能。

2. 现金管理

现金管理主要提供企业的现金、银行存款、票据资金的管理,包括票据实物管理、银行对账等功能。

3. 应收系统

应收款系统主要提供应收单的录入、客户信用的控制、客户收款的处理、现金折扣的处理、单据核销处理、坏账的处理、客户利息处理等业务处理功能,并提供应收账龄分析、欠款分析、回款分析等统计分析,提供资金流入预测。

4. 应付系统

应付款系统主要提供应付单的录入,提供资金流出预算。

5. 网上报销

网上报销系统提供了个人网上报销的管理,包括报销单的录入、审核、查询等功能。

6. 固定资产系统

固定资产系统主要提供卡片录入、卡片查询、资产变动、资产评估、资产减值、资产拆分合并、资产调出调入、折旧与摊销等功能。

7. 存货核算系统

存货核算系统主要认定从其他系统传来的各种出入库单据的成本,完成对采购的暂估业务的处理、存货成本的调整、材料成本差异的计算分摊及财务描述等功能,并提供多种成本计价方式,提供实时的出库动态成本及对成本的模拟计算。

可见,用友 NC 系统的很多功能和用友 U8 软件相似,如基础档案、总账、应收系统、应付系统、固定资产系统,作为普通的会计人员,如果掌握了用友 U8 等软件的操作,想掌握用友 NC 系统也是比较容易的。

第二节　客　户　化

一、参数设置

在 NC 系统中,参数设置平台管理系统所有的参数,并对参数按实际需要进行逐级分

配,实现既能统一控制,又能单位灵活运用。参数设置从集团应用角度,分为集团控制账套参数和公司账参数;从功能系统的角度,分为公共参数和各系统参数。

集团企业参数设置应用示意图,如图 13-1 所示。

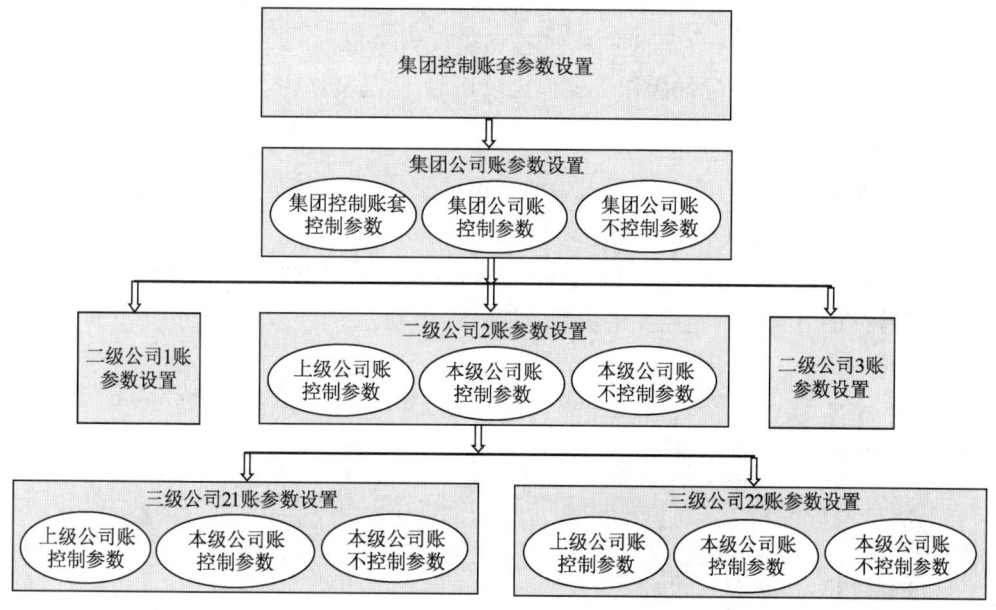

图 13-1　集团企业参数设置应用示意图

对此图附加说明:

(1)在集团控制账套设置的参数将影响所有各级公司账的系统运行,包括集团公司、二级公司、三级公司等,在此设置的参数值在各级公司账中只能查看,无权修改。集团企业公司组织层次,通过建立公司目录时指定上级公司形成。如图 13-1 所示是三级公司结构。

(2)集团公司账、二级公司账及三级公司账等都属于公司账。

(3)NC 参数设置平台通过在参数设置中设定参数是否控制下级,支持集团企业多级管理控制的需要,如集团公司有一些参数需要对所有下属公司进行控制,可以在集团公司账参数设置中把这些参数设置为控制下级,这样下属公司对这些参数只能查看并遵照执行,无权修改;对集团公司不控制的参数,二级公司可以修改,并还可以决定对这些参数是否控制其三级公司,以此类推。

单击"客户化"|"参数设置",打开参数设置界面,通过"参数类型"后的下拉箭头选择集团或其他公司,分别进行集团和各个公司参数的设置。针对不同的节点,在"本级参数"页签录入"参数代码""参数名称""参数值""注释","是否控制下级",录入完毕点击工具栏的"保存"按钮。在"上级参数"页签,可查看上级公司控制的参数。可点击"修改"按钮修改相应内容。

二、基础数据

基础数据包括会计期间方案、币种、会计期间、公司目录的设置。它们属于集体档案,以集团登陆才可编辑,以公司登陆只能浏览。

公司目录用于定义集团公司所有公司的基本信息、联系信息,包括公司编号、名称、联系方式等相关信息,并确定分子公司之间的关系。

单击"客户化"|"基础数据"|"币种",出现币种界面,单击"增加"按钮,录入"币种代码""币种名称""币符""财务系统精度""业务系统精度"等信息,录入完毕后单击"保存"按钮。还可通过"修改"按钮进行修改,通过"删除"按钮进行删除。

会计期间、公司目录设置的操作步骤都比较相似,只是具体内容不同。

三、新建公司账

新建公司账是为已经存在公司目录中的公司建账、增补系统模块,以便初始化业务数据及业务参数,已建账的公司才能处理有关业务。

在新建公司账窗口,单击公司目录中的某个公司,接着单击"建账"按钮,单击"客户化""财务会计"等前的复选框确定启用的模块,如图 13-2 所示。

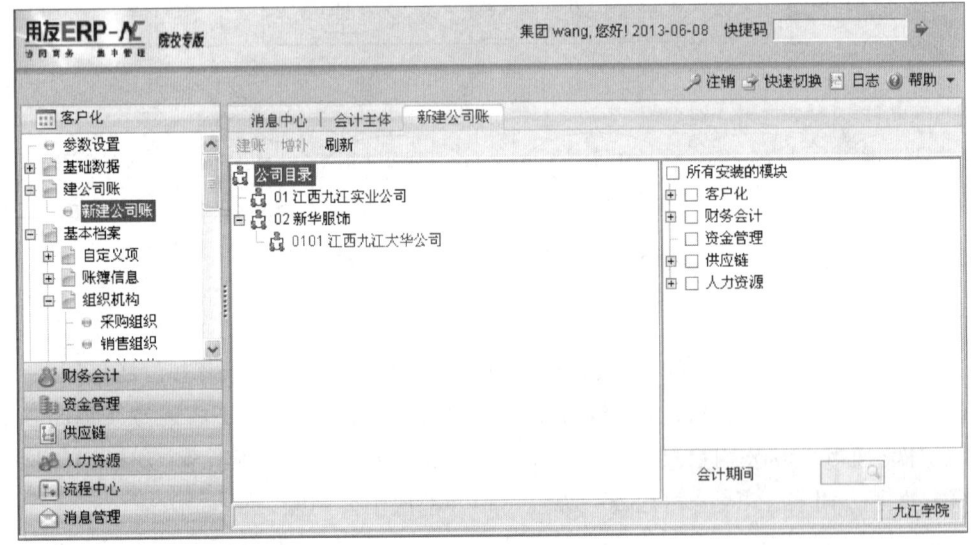

图 13-2 新建公司账界面

一般也可在"公司目录"节点直接建账。

四、基本档案

基本档案为集团和公司建立基本信息,包括自定义项、账簿信息、组织机构、人员信息、客商信息、库位信息、存货信息、项目信息、结算信息、财务会计信息、业务信息、管理会计信息、工作日历、资产信息、薪资信息和其他信息等。基本档案的设置,是开展日常核算与管理的前提,也是基础数据共享的平台。

虽然用友 NC 系统可供集体及集体内多个公司使用,但集团和公司登录后的界面会不一样。有的操作节点属于集团档案,集团可以编辑集团数据,下级公司不能编辑集团数据;有的操作节点属于公司档案,公司可以编辑公司数据;有的操作节点,集团和公司都可使用编辑,属于集团、公司共享档案,如表 13-1 所示。

表 13-1　　　　　　　　　　　　　　　基本档案节点分类

客户化节点	集团档案	公司档案	共享档案	说　　明
基本档案——账簿信息——核算账簿	是			公司登陆不可见
基本档案——组织机构				
库存组织、部门档案、仓储与成本域关系		是		
采购组织、会计主体	是			
销售组织			是	
基本档案——人员信息				
人员类别			是	下级公司能否编辑本公司数据由集团参数决定
集团人员档案	是			集团不能编辑
人员管理档案		是		
基本档案——客商信息				
地区分类			是	下级公司能否编辑本公司数据由集团参数决定
地点档案			是	
客商基本档案	是			可分配下级公司
客商管理档案		是		可对集团分配客商的公司属性编辑,下级公司能否编辑由集团参数决定
基本档案——库位信息				
仓库档案、货位档案		是		
基本档案——存货信息				
产品线档案、计量档案	是			
存货基本档案	是			可分配下级公司
存货分类、存货批次号规则定义			是	下级公司能否编辑公司数据由集团参数决定
存货管理档案、存货 ABC 分类		是		
物料生产档案		是		可对公司分配给库存组织的档案内容进行修改,不能直接增加库存组织的存货档案
基本档案——项目信息				
项目类型			是	下级公司能否编辑公司数据由集团参数决定

客户化节点	集团档案	公司档案	共享档案	说　明
项目基本档案	是			可分配下级公司
项目管理档案		是		可修改集团分配项目的公司属性等内容,下级公司能否编辑由集团参数决定
基本档案——结算信息				
结算单位			是	公司登陆能否编辑受参数控制
开户银行			是	下级公司(不含结算中心)能否编辑公司数据由集团参数决定
账户档案			是	集团可分配给公司,下级公司能否编辑公司数据由集团参数决定
结算方式、收付款协议、账龄区间设置			是	下级公司能否编辑公司数据由集团参数决定
结算中心			是	公司登陆可编辑当前结算中心及所有下级结算中心数据
票据类型设置、内部账户		是		
内部账户		是		必须是结算中心属性的公司
财务会计信息				
科目方案	是			公司不可见节点
科目自由选择项		是		
会计科目			是	集团分配的科目可以编辑
凭证类别			是	
外币汇率、现金流量项目			是	下级公司能否编辑公司数据由集团参数决定
常用摘要			是	
收支项目			是	集团分配的收支项目公司可编辑,下级公司能否编辑由集团参数决定
科目类型	是			
业务信息				
发运方式、收发类别、			是	下级公司能否编辑公司数据由集团参数决定
税目税率、请购业务对照	是			
管理会计信息				
项目要素分类、项目要素			是	下级公司能否编辑公司数据由集团参数决定

（续表）

客户化节点	集团档案	公司档案	共享档案	说　明
责任中心、班次类别定义		是		
作业量定义			是	
资产信息				
卡片样式、卡片项目、账簿信息、变动原因			是	
资产类别、增减方式、使用状况、折旧方法、			是	下级公司能否编辑公司数据由集团参数决定
客商合并			是	

下面以几个重要项目为主来介绍操作。

（一）核算账簿

核算账簿又称账簿体系，是具有相同记账本位币、相同会计科目结构、相同会计期间的多个会计主体的财务账的集合。核算账簿包括总账和固定资产使用的账簿信息。这是用友NC系统能进行多个公司账务处理的关键。

单击"客户化"|"基础档案"|"账簿信息"|"核算账簿"，打开核算账簿界面，单击"增加"按钮，弹出卡片式界面，录入账簿编码、账簿名称、科目方案、会计期间方案、币种核算体系、本位币、辅币等信息。录入完毕后单击"保存"按钮。还可通过"修改"按钮进行修改，通过"删除"按钮进行删除。

（二）会计主体

会计主体是独立进行财务核算的组织机构，包括公司主体、部门二级主体。

单击"客户化"|"基础档案"|"组织机构"|"会计主体"，打开会计主体界面，单击"增加"按钮，录入会计主体编码、名称、关联实体类型、关联实体、上级主体等信息，录入完毕后单击"保存"按钮。还可通过"修改"按钮进行修改，通过"删除"按钮进行删除。选中一个会计主体，在编辑状态，单击"增加账簿"按钮，为会计主体选择一个账簿，编辑主体账簿的编码、名称、分类、是否折算、是否封存等信息，编辑完成后单击"保存"按钮。

（三）会计科目

单击"客户化"|"基础档案"|"财务会计信息"|"会计科目"，打开会计科目界面，单击"增加"按钮，录入会计科目基础信息、辅助核算、自定义项属性的内容，录入完毕后单击"保存"按钮。单击"复制"按钮进行科目属性复制，可以快速新增科目，也可单击"跨方案复制科目"在不同科目方案间复制科目。

集团可以对下属主体账簿分配会计科目。科目分配在同一个科目方案、同一个账簿下进行。先选中要分配的科目，可以多选，单击"分配科目"按钮，弹出分配界面。在待选框中选择要分配的主体账簿，单击"＞"按钮，则把选中主体账簿添加到已分配框；在已分配框中选择主体账簿，单击"＜"按钮，则把选中主体账簿从已分配框中取消。单击"分配"按钮执行

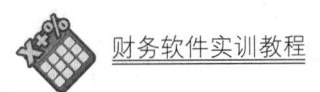

分配操作。

设置辅助核算项目。在辅助核算定义处，单击参照按钮，参照系统的自定义项档案，如人员、客户、部门等，可选择多个基本档案作为辅助核算项目。

五、权限管理

在用户管理界面可以为当前登录公司以及当前登录公司的下级公司增加用户，还可以为在这些公司创建的用户委派角色。权限设置流程如图 13-3 所示。

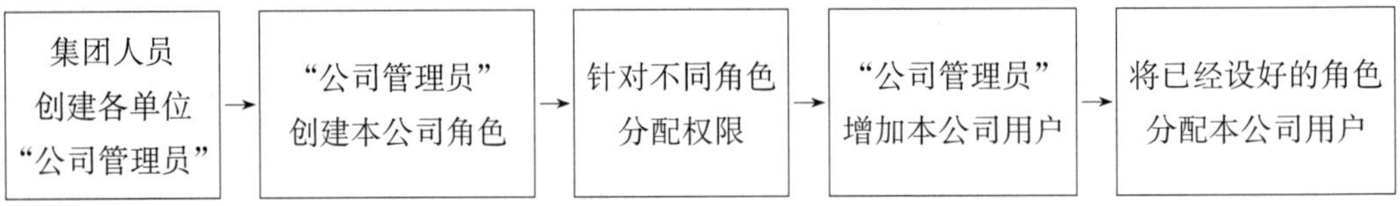

图 13-3　权限设置流程

在 NC 系统中系统自带“CORPAD”——“公司管理员”这个角色。公司管理员角色只负责用户权限管理的角色。担当此角色的用户可以管理本公司和下级公司的用户权限。

集团用户想要此角色，则由账套管理员进行委派；公司用户则由上级公司的管理员委派此角色。账套管理员用于登陆设置的集团公司账，由系统管理员在系统管理界面设置。

图 13-4 中集团 wang 是账套管理员，可以登录集团账套设置用户，增加用户编码为 100、200、202 的集团用户。也可点击“公司”后的参照按钮选择相应的公司，点击“增加”按钮增加用户，填写相关信息后，点击“保存”按钮。也可点击“委派角色”按钮为相应的用户赋予角色。

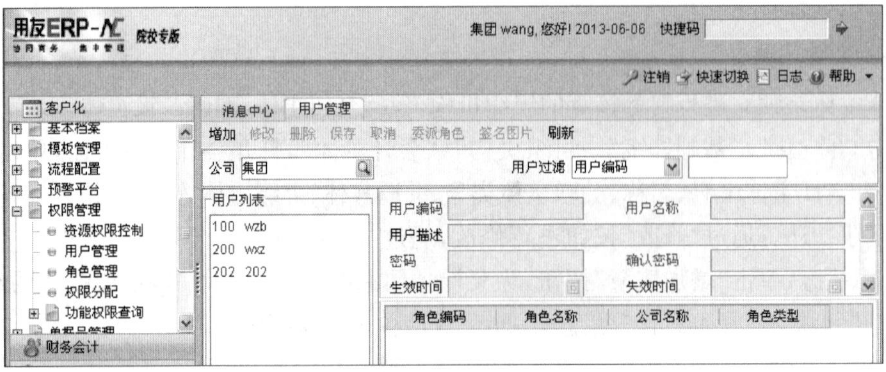

图 13-4　用户管理界面

角色管理界面用来为当前登录公司以及当前登录公司的下级公司创建角色，将创建的角色分配给下级公司以及为角色关联用户。资源类型用来定义角色类型，默认为复合类型，下拉参照中有复合类型、公司资源类型和主体账簿类型。在 NC 系统中，功能权限也就是功能节点的权限分为两大类。一是主体账簿类型功能权限，是指针对主体账簿进行操作的功能节点的权限，包括总账模块下登陆主体账簿才能看到的功能节点以及现金银行产品下账簿查询下面的节点。二是公司资源权限，是指针对公司进行操作的功能节点的权限，除主体账簿类型功能权限外的所有功能节点。对应不同类型的功能权限，角色被分配为主体账簿类型、公司资源类型和复合类型。其中,主体账簿类型角色只能被分配主体账簿类型的功能权限,公司资源类型的角色只能被分配公司资源类型的功能权限,复合类型的角色既可以被分配主体账簿类型的功能权限也可以被分配公司资源类型的功能权限,如图 13-5 所示。

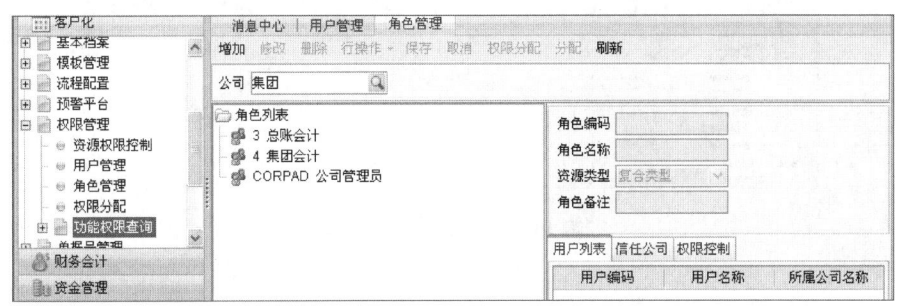

图 13-5　角色管理界面

六、登录

(1) 在网址栏输入相应网址,出现登录界面,选择相应账套,输入用户名和密码,点击"登录"按钮。图 13-6 为集团登陆界面,图 13-7 为公司登陆界面。

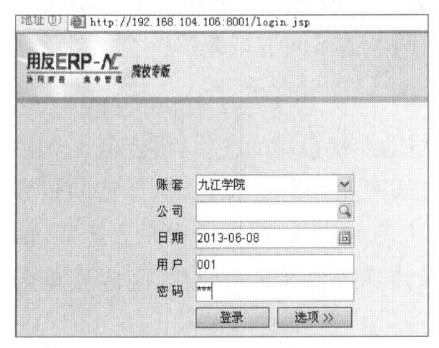

图 13-6　集团登录界面

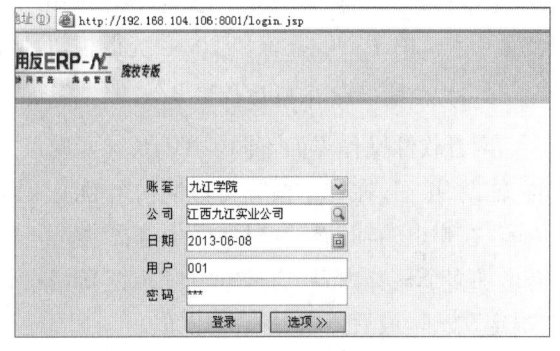

图 13-7　公司登录界面

(2) 在客户化目录窗口,展开相应节点,如图 13-8 和图 13-9 所示。

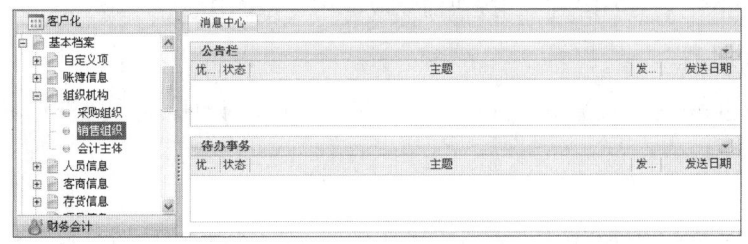

图 13-8　集团客户化界面

集团登陆下,组织机构只有个 3 节点,公司登陆下,组织结构有 6 个节点。这个不同是因为采购组织、会计主体是集团档案,公司登录后可见此节点,但不能编辑;销售组织是集

团、公司共享档案,都能编辑各自数据;库存组织、部门档案、仓储与成本域关系是公司档案,集团登陆不可见此节点。

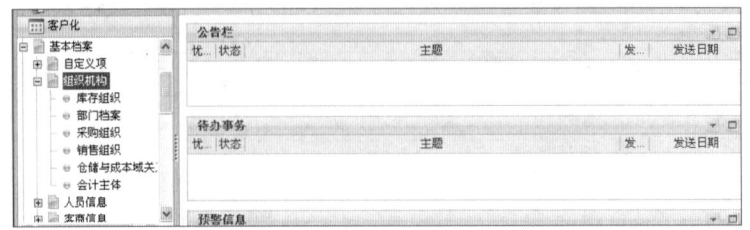

图 13-9　公司客户化界面

第三节　总　账　系　统

一、初始设置

初始设置主要包括参数设置、基础数据、基本档案、期初余额四部分。参数设置、基础数据、基本档案三项在客户化中已经介绍,见第二节内容,此处不再赘述。下面主要介绍期初余额录入。由于 NC 系统和 U8 系统很相似,所以主要从两者的不同进行介绍。

(一)在辅助核算期初数据录入上

两者软件操作界面不同。NC 系统要先点击要录入辅助期初余额的科目,再点击工具栏的"辅助"按钮,在辅助核算科目期初余额录入窗口点击工具栏的"增加"按钮,选择辅助核算内容,在弹出的辅助核算对话框中选择"核算内容",选中内容后确认,在原币中录入金额,如需增加多个核算内容,通过"增加"按钮新增一行,再选择核算内容并录入金额,完成后单击"确定"按钮,最后点击"保存"按钮。

(二)新增期初建账功能

NC 系统在期初余额里增加了期初建账功能。"试算"平衡后必须进行"期初建账"。点击工具栏的"期初建账"按钮,根据提示点击"下一步"按钮 ,出现提示"期初数据通过检查,可以进行期初建账"后,点击"建账"按钮即完成期初建账操作。

二、日常处理

日常处理也就是凭证管理,包括制单、签字、审核、记账、冲销、查询和凭证整理等功能。

1. 制单

制单功能下点击"增加"按钮,增加一张新凭证;点击"查询"按钮,可以查询出满足条件的凭证列表;点击"修改"按钮,修改已有凭证;点击"删除"按钮删除已有凭证。

NC 系统在制单中增加了暂存凭证的功能。在实际制单的过程中,常会碰到临时急需离开去办其他事的情况。当一张很多笔分录的凭证做到一半由于借贷不平衡无法保存时,为了不白费辛苦做好的凭证,可以通过"凭证暂存"功能,将未完成的凭证暂时保存起来(暂存的凭证在查询列表中以红色字体显示,打开后右上角会显示"错误"标志),待回来后再直接查询该"错误"凭证点击"修改"按钮,点"凭证"下的"纠错"按钮,修改完毕后保存,如图 13-10 所示。

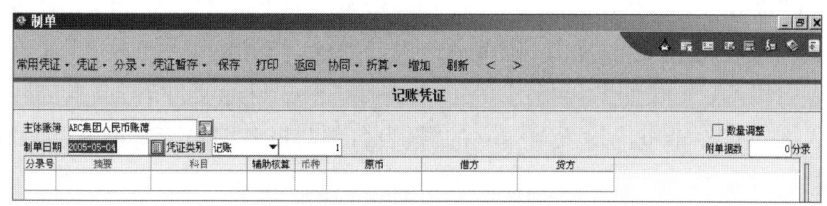

图 13-10 凭证暂存界面

2. 签字、审核、记账、冲销、查询

签字、审核、记账、冲销、查询功能和 U8.72 一致,不再赘述。

3. 凭证整理

在 U8 系统中,此功能包含在制单功能中。NC 系统专门把整理功能单独拿出来。通过"总账"|"凭证管理"|"凭证整理",选择需要整理的凭证,点击"整理"按钮。

三、期末处理

期末处理包括月末结转、试算平衡、结账等功能。月末结转、结账与 U8 系统相似,不再赘述。

单击"总账"|"期末处理"|"试算平衡",在试算平衡窗口,单击"包含未记账凭证"前的单选框,点击"刷新"按钮。

第四节 报 表 系 统

一、新建报表

(一)报表目录建立

单击"我的报表"|"报表表样",把光标移到"目录"菜单上,会显示一个弹出菜单,点击"新建",在弹出的"报表:新建→目录"对话框内输入要建立的"目录名称"和"目录说明",然后点击"确定"按钮,一个新的报表目录就建好了。

如果要修改报表目录信息,可以在目录菜单下点击"修改"按钮来修改。

(二)报表的建立

新建报表的方法有"新建"和"导入"两种。

1. 新建"报表"

(1)新建报表。单击"我的报表"|"报表表样",选择一个报表目录,把光标移到"报表"菜单,显示一个弹出菜单,点击"新建",在弹出的"报表:新建→报表"对话框内输入要建立的"报表名称""报表编码"和"目录说明",然后点击"确定"按钮可返回。

(2)报表设置。前面只是建立了一张空白的报表,还需要对报表的格式和公式进行设

置。点击需要设计格式报表前的复选择框,选择一个报表,把光标移到"工具"菜单,显示一个弹出菜单,点击"设计格式",进入报表格式设计界面。格式设置和用友 U8.72 一致,就不介绍了。

2. "导入"报表

单击"我的报表"|"报表表样",选择一个报表目录,把光标移到"报表"菜单,显示一个弹出菜单,点击"导入",按照向导指引,一步步选择 Excel 目标文件后,点击"导入"按钮,在弹出的"导入 Excel"对话框内输入要建立的"报表名称""报表编码"和"目录说明",然后点击"确定"按钮。

导入的报表同样需要设置"关键字"。

(三)报表的"任务"和"数据源"设置

报表的"任务"和"数据源"设置一般是集团或者有分配权的公司主要进行的工作。

1. 建立"任务"

单击"网络报表"|"任务"菜单,点击"任务",将显示"任务"管理窗口。把光标移到"任务"菜单,显示一个弹出菜单,点击"新建",在弹出的"任务:新建—>任务"对话框"任务"页签界面输入要建立的"任务名称"等信息,在"关键字选择"页签界面把待选框里的关键字移到已选框中,在"报表选择"页签界面把待选框里的报表移到已选框中,然后点击"确定"按钮。

2. 分配任务

在任务管理窗口,单击要分配任务名称前的复选框,选定该任务,把光标移到"其他功能"菜单,弹出一个菜单,点击"分配任务",会显示"任务分配"管理窗口,点击"增加"按钮,在弹出的"任务分配"选择框内单击相应单位,点击"确定"按钮。

3. 配置当前任务和数据源

点击主界面状态栏下的"当前任务",如图 13-11 所示,出现了"设置当前任务"管理窗口,选择某个任务,然后点击"设置"按钮,完成任务设置。

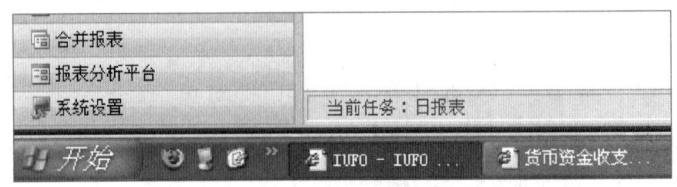

图 13-11　当前任务栏界面

点击主界面状态栏下的"当前数据源",出现"设置当前数据源"管理窗口,点击"数据源信息配置",出现"数据源基础信息配置"对话框,按要求输入"登录单位""用户编码"和"用户口令"后,点击"确定"按钮返回,即完成报表数据源的配置。

4. 报表的公式设置

单击需要公式设置的报表前的复选框,选择一个报表,把光标移到"工具"菜单上,显示一个弹出菜单,点击"设计格式",进入报表格式设计界面,按照 U8 的步骤进行具体公式的设置。

在报表的"数据"菜单下选择"指标提取",出现"指标提取"管理窗口,点击"确定"按钮返回即可。

二、报表生成

在主界面状态栏选择并确定"当前任务",单击"我的报表"|"报表数据",把光标移到"录入"菜单,在弹出的菜单上选择"Web 方式录入",如图 13-12 所示。在弹出的"录入:选择关键字"对话框内选择(或录入)报表所属的时间,点击"确定"按钮返回。出现"报表录入"管理窗口,点击需要提取数据的报表,把光标移动到"数据"菜单上,单击弹出菜单"计算",最后点击"保存"按钮。

图 13-12　Web 方式录入数据界面

三、报表报送管理

报表上报主要用于向上级单位上报报表,上报后的报表不能修改,必须请求取消上报后才能修改。

单击"我的报表"|"报表数据",在"时间"内选择报表所属日期,在主界面状态栏单击"当前任务",在弹出的任务选择窗口选择一个任务,点击"查询"按钮,可显示该任务下所有的报表。在复选框内选择需要上报的报表,把光标移动到"报送管理"菜单上,点击弹出菜单"上报确认",即可完成报表上报,这时报表的"上报标记"显示为"上报"。把光标移动到"报送管理"菜单,点击弹出菜单"请求取消上报",即可发出取消上报的申请,待集团确认后,即可完成取消上报,这时报表的"上报标记"显示为"未报"。

 思政小故事——数字化　智能化

基于全流程数字化的钢铁企业能源一体化智能管控系统

中冶赛迪在山东永锋临港依托全流程的工业互联网平台,构建了以全流程数字化平台＋精益能效管控＋动力能源集控的能源一体化管控系统,实施了动力能源-制氧(含压空)、煤气、水、发电、供电五大工序的专业化集控;建设了融合能源精细化管理、能效平衡优化和设备能效智能分析等多项智能管控应用,实现"集中管理、集中操作、集中调度"的智能闭环管控模式,岗位优化达 30%,通过精益能效管理持续挖掘节能潜力,各项能源管理指标得到有效改善,实现了能源管控集中化、扁平化、精细化,提高了岗位作业效率,有效保障能源系统动态平衡和生产稳定顺行。

项目成果在永锋临港上线投用后,经过几个月的稳定运行,帮助企业实现了煤气、蒸汽、电以及氧气等系统的实时动态优化,实现了高炉煤气、氧气近零放散,转炉煤气零拒收,自发电率等指标提升 10%以上,电力需量降低达 30%,吨钢动力介质平均成本降低 20 元以上,年创效达 8 653 万元。

近年来,本项目技术成果从钢铁冶金领域应用拓展到有色、市政能源领域已在山钢日照、镔鑫钢铁、弘盛铜业、中国一重、凤宝管业、铜陵泰富等项目落地实施,为用户节能减碳、降本增效持续创造价值。

资料来源:中国金属学会 2023 年 9 月 19 日报道,https://www.csm.org.cn/col/col6317/art/2023/art_0c8d4902e2774e659e33168e3b4646e3.html.

参考文献

[1] 罗贤友,施泰因巴特. 会计信息系统[M]. 张瑞君,程玲莎,译. 北京:中国人民大学出版社,2013.

[2] 张瑞君,殷建红,蒋砚章. 会计信息系统[M]. 9版. 北京:中国人民大学出版社,2021.

[3] 艾文国,孙洁,张华,等. 会计信息系统[M]. 4版. 北京:人民邮电出版社,2020.

[4] 毛华扬,李帅,李圆蕊. 会计信息系统原理与应用:基于用友U8+V15.0版[M]. 2版. 北京:中国人民大学出版社,2021.

[5] 宋红尔. 会计信息系统:业务融合篇(用友U8+V15.0版)[M]. 大连:东北财经大学出版社,2022.

[6] 毛华扬,张砾. 田甜. 用友ERP业财一体化应用(新道U8+V15.0)[M]. 北京:人民邮电出版社,2022.

[7] 金阳. 会计信息系统应用(用友ERP—U8 V15.0微课版)[M]. 北京:人民邮电出版社,2024.

[8] 刘大斌,郭玲,苗若婷,等. 会计信息系统应用:财务链(U8+V15.0教学版)(云实训)[M]. 北京:清华大学出版社,2023.